Uni-Taschenbücher

UTB

Eine Arbeitsgemeinschaft der Verlage

Birkhäuser Verlag Basel und Stuttgart
Wilhelm Fink Verlag München
Gustav Fischer Verlag Stuttgart
Francke Verlag München
Paul Haupt Verlag Bern und Stuttgart
Dr. Alfred Hüthig Verlag Heidelberg
J. C. B. Mohr (Paul Siebeck) Tübingen
Quelle & Meyer Heidelberg
Ernst Reinhardt Verlag München und Basel
F. K. Schattauer Verlag Stuttgart-New York
Ferdinand Schöningh Verlag Paderborn
Dr. Dietrich Steinkopff Verlag Darmstadt
Eugen Ulmer Verlag Stuttgart
Vandenhoeck & Ruprecht in Göttingen und Zürich
Verlag Dokumentation Pullach bei München

Phonetik und Phonologie des Englischen

Ein Lernbuch mit Übungen

Andreas Digeser

Ferdinand Schöningh, Paderborn

Filmsatz: Druckerei Ernst Knoth, Melle.
Einbandgestaltung:
ISBN 3–506–99192–2

Seite

Inhaltsverzeichnis V

Verzeichnis der Abbildungen (und Tabellen)

Vorwort

Dieses Lern- und Arbeitsbuch wendet sich hauptsächlich an angehende Lehrer der englischen Sprache. Es ist eine Einführung in das vielschichtige Gebiet der Phonetik und Phonologie der englischen Sprache und könnte sowohl in Übungen und Seminaren Verwendung finden, als auch zum Selbststudium dienen.

Es stellt den Versuch einer Synthese zwischen einer linguistisch-theoretischen Abhandlung einerseits und praktischen Übungen andererseits dar; beide können auf diese Weise nahtlos ineinander übergehen und lerneffizient aufeinander bezogen werden. Praxis, das bedeutet hier natürlich nur: Übungen zum Erlernen und Einprägen der für Lehrer unerläßlichen praxisbezogenen Theorie. Ausspracheübungen können durch das Medium Buch allein nicht übermittelt werden.

Grundlage der Darstellung und Lernziel ist eine der vielen Aussprachevarianten des Englischen: die *General RP (Received Pronunciation),* die im Bereich des *Teaching English as a foreign language (TEFL)* in Mitteleuropa allgemein als „verbindlich" angesehen wird. Eine Wertung ist damit nicht verbunden. (Der Begriff *RP* und andere einschlägige Begriffe werden im Kapitel 2 geklärt). Selbstverständlich bedeutet die deskriptive und präskriptive Darstellung der (nicht exakt abgrenzbaren) *RP* eine Beschränkung insofern, als sie den Reichtum der Aussprachevarianten in der tatsächlich gesprochenen Sprache weitgehend ausklammert.

Was die phonetisch/phonologische Transkription anbelangt, so werden neuere „Bewegungen" zur Veränderung von Symbolen in den Abschnitten 3.2 und 12.4.3 diskutiert. (Ein Verzeichnis der in diesem Buch gebrauchten Symbole findet sich in Abschnitt 3.1).

Der Kurs ist für Sprecher deutscher Muttersprache gedacht, und es wird durch kontrastive Darstellungen versucht, die typischen bei Deutschen auftretenden Fehler zu vermeiden bzw. zu therapieren. Die Besonderheiten der englischen schwach stimmhaften Lenes im Auslaut z. B. und der dadurch bedingten größeren Länge des vorausgehenden Vokals durchziehen die gesamte Arbeit. Die damit zusammenhängende Lernschwierigkeit der teilweise phonologisch bedingten Distribution wichtiger Flexionsallomorphe wird von Anfang an mehrmals aufgezeigt und dann (in Abschnitt 11) gründlich behandelt. Damit soll laufend der Übernahme der deutschen Konsonantenverhärtung und Fortis-Aussprache im Auslaut entgegengewirkt werden.

Der didaktische Aspekt steht im Vordergrund. Deshalb werden wichtige Phänomene mehrmals an verschiedenen Stellen aus unterschiedlicher Sicht dargestellt. Die Detaillierung und Vertiefung im Hinblick auf wissenschaftliche Theorie und Terminologie findet ihre Grenze dort, wo sie der Übersichtlichkeit, Verständlichkeit und leichten Erlernbarkeit abträglich wäre. Der Verfasser bemüht sich um Einsichtvermittlung in die Ursachen vieler Erscheinungen, weil dadurch Zusammenhänge erkennbar werden und weil durch solches kognitives Lernen die Festigung der Kenntnisse erleichtert wird.

Neuere Forschungsergebnisse im Rahmen der Phonetik/Phonologie als eines Teilbereiches der Linguistik sind in die Darstellung einbezogen und auf sinnvolle Anwendung hin integriert. Aus lerntheoretischen Erwägungen wurde dem taxonomischen Ansatz und einer durchgehend synchronischen Betrachtungsweise der Vorzug gegeben. Das schließt marginale Bemerkungen zur generativen Phonologie und zu diachronischen Zusammenhänge nicht aus.

Das Hauptaugenmerk ist auf die mündliche Realisation der Sprache gerichtet. Dabei wird aber das schwierige Verhältnis von Lautung und Schreibung keineswegs ausgeklammert. Es bleibt zu berücksichtigen, daß der Deutsche, der Englisch lernen will, die Fertigkeiten des Lesens und Schreibens im allgemeinen gleichzeitig mit denen des Verstehens und Sprechens erwerben will, und daß diese Fertigkeiten beim Lernen einander stützen können. Er wird auch bei der Anwendung seiner Kenntnisse häufig mit der geschriebenen Form der Fremdsprache konfrontiert. Primär ist stets die Frage nach der Verwendung von Sprache im gesprochenen Kommunikationsprozeß. Da aber gedruckte Texte weder aus dem Bereich des Lernens, noch aus dem der Anwendung wegzudenken sind, muß auch die Frage nach der Aussprache geschriebener Sprache erlaubt sein. Es wäre rein akademisch, diese im Lernprozeß oft praktische Frage als unwissenschaftlich abzulehnen und auszuklammern.

Das Erlernen der Lautschrift geschieht in Lernschritten und soll von der passiven zur aktiven Beherrschung führen. Da die Kenntnis der Transkription eigentlich Voraussetzung zum Verständnis der Phonetik/Phonologie ist, beginnt der erste Ansatz mit Einführung in das Zeichensystem sehr früh. Die weiteren Übungen mit steigendem Schwierigkeitsgrad unterbrechen dann jeweils den Kurs und lockern ihn auf.

Kenntnisse über die Besonderheiten der englischen Intonation sind für den Englischlehrer unerläßlich. Man hat in den letzten Jahren die Bedeutung der suprasegmentalen (prosodischen) Elemente allgemein und der Intonation im besonderen mehr und mehr erkannt. Diese Elemente dienen zur Einteilung des Redestroms in Informationseinheiten, zur semantischen Differenzierung bei gleicher syntaktischer Struktur und ganz besonders zur Übermittlung einer (emotions- und situationsbedingten) inneren Haltung des Sprechers. Man weiß heute, daß die Wahl eines falschen Intonationsmusters den Kommunikationsprozeß mehr beeinträchtigen kann als falsch ausgesprochene Lautsegmente und Fehler im lexikalischen und grammatischen Bereich.

Gleichwohl werden in dieser Hinführung zur englischen Intonation manche Einzelheiten und Feinheiten übergangen und Komplexitäten vereinfacht. Das hat seinen Grund erstens darin, daß viele Forschungsergebnisse noch nicht voll ausgereift und gesichert sind. Zweitens gebietet der Zweck dieses Buches eine knappe lernerleichternde Darstellung und eine hauptsächliche Blickrichtung auf jene Phänomene, die der Deutsche nicht ohne weiteres mit seiner muttersprachlichen Kommunikationsfähigkeit auf das Englische übertragen kann.

Es besteht kein Zweifel, daß die Zuordnung von Sprecherhaltungen zu intonatorischen Abläufen teilweise von individuellen Auffassungen bestimmt wird. Dialektale, soziolektale und ideolektale Einflüsse können dabei eine Rolle spielen. Aber selbst bei Fällen divergierender Auffassungen bleibt der Vorteil erhalten, daß der Lernende für die Bedeutung von Intonationskurven im Kommunikationsprozeß sensibilisiert wird.

Am Schluß des Buches werden für alle Aufgaben die vollen Lösungen gegeben. Manche Fachleute raten von diesem Verfahren ab, weil es dazu verleiten kann, die Lösung vor der Bewältigung der Aufgabe aufzuschlagen. Dieses Bedenken hat jedoch für den vorliegenden Fall keine Gültigkeit, da die hier angesprochenen Leser selbst Lehrer oder angehende Lehrer sind und als Lernende mit hoher Motivation mit derartigen Kursen umzugehen wissen. Werden nur Hinweise zu den Lösungen der Aufgaben gegeben, so besteht die Gefahr, daß wichtige Einzelheiten unklar bleiben, und daß die Auf-

gaben die beabsichtigte Funktion des Sich-selbst-Testens und der Festigung des Wissens nicht erfüllen.
In vielen einschlägigen Veröffentlichungen wird betont, wie sehr gerade im Bereich Phonetik/Phonologie der englischen Sprache jedes neue Buch auf den zahlreichen Vorarbeiten basiert. Das trifft selbstverständlich auch auf die vorliegende Arbeit in hohem Maße zu, und viele Literaturhinweise belegen es. Dazu kam als Quelle von Anregungen, insbesondere für die umfassende didaktische Aufbereitung, die langjährige Arbeit mit Studenten. Von den Fachleuten einerseits und von den Studenten andererseit erhofft sich der Autor kritische Hinweise und Verbesserungsvorschläge.
Miss Patricia Leahy, B. A., bin ich sehr dankbar für ständige Mitarbeit bei der Erstellung und Erprobung der Aufgaben und Übungen. Besonderer Dank gilt Herrn Prof. Dr. Alfred Schopf und Herrn Roger L. Snook, M. A., für die kritische Durchsicht des Manuskripts und für eine Fülle von hilfreichen Anmerkungen. Dank gebührt auch dem Verlag und der Druckerei für ihre Bemühungen bei der nicht einfachen technischen Herstellung des Buches.

Lörrach, Sommer 1977 Andreas Digeser

HINWEIS zur Literaturbenutzung

Bei der Arbeit mit diesem Lernbuch empfiehlt es sich, folgende Bücher laufend zum Nachschlagen zu benutzen:

1. DANIEL JONES, *Everyman's Pronouncing Dictionary,* London ^{13}1967/69 (im folgenden EPD genannt).
2. HORNBY, GATENBY, WAKEFIELD, *The Advanced Learner's Dictionary of Current English,* London ^{2}1963 (ALD); oder die neuere Ausgabe *Oxford Advanced Learner's Dictionary of Current English* von A. S. HORNBY, Cornelsen & Oxford University Press, Berlin ^{3}1974 (OALD).
3. A. C. GIMSON, *An Introduction to the Pronunciation of English,* London ^{2}1972 (1. Aufl. 1962); oder
   DANIEL JONES, *An Outline of English Phonetics,* Cambridge ^{9}1964 (1. Aufl. 1918).

Weiter kann man, ohne andere Veröffentlichungen geringer werten zu wollen, folgende Bücher empfehlen, auf die hier mehrfach Bezug genommen wird:

● Zur Phonetik/Phonologie des Englischen allgemein:
SCHERER/WOLLMANN 1972
GERMER 1970
KEUTSCH 1974
FRIEDERICH ^{2}1967
ARNOLD/HANSEN ^{2}1968 bzw. ^{2}1975

● Zur Phonologie:
PILCH ^{3}1974
FUDGE 1973
HEIKE 1974
SCHANE 1973

● Zum Akzent:
KINGDON 1958b

● Zur Intonation:
O'CONNOR/ARNOLD 1961
KINGDON 1958a
SCHUBIGER 1958

● Als Ausspracheexikon:
LEWIS 1972
KENYON/KNOTT 1953 (für das amerikanische Englisch).

Nähere Angaben zu diesen und anderen Veröffentlichungen macht das Literaturverzeichnis.

1. Lernziele und Lernschwierigkeiten

Für brauchbare Kenntnisse einer Fremdsprache ist eine theoretische Grundlage unerläßlich. Daß man eine Fremdsprache im eigenen Land durch bloßes Imitieren (ähnlich wie seine Muttersprache) erlernen könne, ist ein weitverbreiteter Irrtum. Ein auf wenig reflektierter Imitation beruhender Lernprozeß ist nur möglich, wenn man längere Zeit in dem Land lebt, wo die zu erlernende Sprache gesprochen wird – und dann auch nur unter günstigen Umständen und bei großer Lernenergie.

Theoretisch kann man sich den Spracherwerbsprozeß aufgeteilt denken in den Erwerb der *Komponenten* der Sprache, welche ihren inneren Aufbau darstellen: die *phonetisch/phonologische* (Aussprache), die *syntaktisch-morphologische* (Grammatik im engeren Sinne), die *lexikalische* (Wortschatz) und die alles durchdringende *semantische* (Bedeutung in Wort, Satz und Text). In dem Sprachbeschreibungsmodell der generativ-transformationellen Grammatik (nach Chomsky) steht die phonologische Repräsentation an letzter Stelle des generativen Prozesses: sie führt zur lautlichen (phonischen) Realisation des Sprach-ä vollzuges, der eine graphische entsprechen kann.

Beim Fremdsprachenerwerb greifen selbstverständlich die vier Komponenten laufend ineinander; keine wird abgetrennt von der anderen gelernt. Im schulischen Fremdsprachenunterricht wird die phonetisch/phonologische Komponente mehr als die anderen durch imitativ-habituelle Lehr- und Lernverfahren erworben. Dies ist aber nur möglich, wenn der Lehrer ein fundiertes theoretisches Wissen in diesem Bereich hat, das er dann didaktisch und methodisch in Lehr- und Lernstrategien umsetzt, die der Alters- und Kenntnisstufe seiner Schüler angemessen sind. Nur so kann sichergestellt werden, daß er die besonderen Schwierigkeiten und ihre Ursachen kennt und daß er im Zuge der gründlich reflektierten Steuerung des Sprachlernprozesses die Schülerfehler diagnostisch, prophylaktisch und therapeutisch in den Griff bekommt. Nur so kann er auch seine eigene Aussprache und Sprachfertigkeit auf einen (im Rahmen des für einen Ausländer Möglichen) optimalen Stand bringen, um seiner Rolle als nahezu einziges oder mindestens stark dominierendes Sprechmodell für seine Schüler gerecht zu werden. Für den Fremdsprachenlehrer ist also die Notwendigkeit von gesichertem Theoriewissen in hohem Maße gegeben.

Allein für den phonetisch/phonologischen Lernbereich nennt einer der bedeutendsten älteren Phonetiker, DANIEL JONES (1964: S. 2–9), sechs Lernziele, die ich hier auf deutsch kurz zusammenfasse und kommentiere:

a) Die Schulung des Ohres für scharfes Hörenkönnen: Hören, Erkennen und Unterscheiden (Diskriminieren), Memorieren von Lauten und Lautfolgen. Sie macht ein mehr oder weniger bewußtes *'ear training'* nötig.

b) Die fremden Laute und Lautfolgen selbst „lautrein" bilden lernen: bewußte Gymnastik der Sprechwerkzeuge, die sonst ganz auf das phonologische System der Muttersprache eingestellt und eingeübt sind.

c) Die Laute in der richtigen Reihenfolge gebrauchen und die gelernten Lautfolgen im Gedächtnis behalten. (Dieser Punkt spielt eine Rolle bei Lautfolgen, die von dem phonologischen System der Muttersprache abweichen. Für Deutsche z. B. schwierig: **asked** [ɑːskt]; **months** [mʌnθs]; **clothes** [kləuðz].)

d) Die nach einer praktischen Hilfsvorstellung *über* den aufeinanderfolgenden Teilen (Segmenten) der Sprachsequenz liegenden Elemente (die suprasegmentalen oder prosodischen Elemente) richtig gebrauchen: Länge der Laute (Quantität), Betonung (Akzent), Rhythmus, Stimmhöhe und Stimmführung (Intonation) lernen und memorieren.

e) Zusammenhängende Sinngruppen in normalem Sprechtempo flüssig artikulieren. Durchschnittsgeschwindigkeit des englischen Sprechers im Alltagsgespräch (nach

D. JONES): 300 Silben pro Minute bzw. 5 Silben pro Sekunde.[1]

f) Die komplizierten Beziehungen zwischen Laut- und Schriftgestalt kennenlernen und einübend memorieren.

1.1 Lautung und Schreibung

In kaum einer anderen Sprache ist die Kluft zwischen Lautung und Schreibung (Orthographie) so groß wie im Englischen. Diese Schwierigkeit soll hier nicht ausgespart oder abgetrennt werden, wie es manchmal in Phonetikbüchern geschieht, sondern es wird bei der Behandlung jedes einzelnen Lautes auf die Besonderheiten des Verhältnisses zwischen diesem Laut und seiner Schreibung hingewiesen. Dabei wird die Aussprache solcher *Merkwörter* geklärt, welche bei englischlernenden Deutschen erfahrungsgemäß immer wieder zu Fehlern führen. (Manche dieser Fehler werden von Generation zu Generation weitergegeben). Das Verstehen und Aufnehmen dieser Phonem-Graphem-Beziehungen (→ Abschnitt 5) erfolgt mehr durch latentes und assoziatives als durch bewußtes und systematisches Lernen. Trotzdem ist man auf dem Wege, sie zu systematisieren, schon ein gutes Stück fortgeschritten, und der Leser kann sich darüber z. B. bei BUNJES/DITTMER (1972) und bei ARNOLD/HANSEN (1968: S. 29–45) orientieren.

Jedenfalls ist die geschriebene Sprache trotz aller Divergenz zwischen Lautgestalt und Schriftgestalt eine Verständigungshilfe und Gedächtnisstütze. Die Meinung, daß man sie bei der Spracherlernung, besonders im Anfangsstadium,

---

[1] Es wäre falsch zu meinen, man könne etwa zu Unterrichtszwecken das normale Sprechtempo drastisch verringern und dabei der Gefahr entgehen, die Aussprache zu verzerren. Selbst 'native speakers' können das normalerweise nicht. Wilkins sagt dazu: "If speech is slowed down excessively it may have the effect that each syllable comes to be produced rather as if it was occurring in isolation. … It is far safer to reduce speed only to the point at which phonetic accuracy can be retained" (D. A. Wilkins 1972: 40 f). Vergleichen Sie zu den Veränderungen, die durch den Übergang von isolierten Wörtern zu zusammenhängender flüssiger Rede entstehen, auch Abschnitt 12 der vorliegenden Arbeit.

verdrängen und als nicht existent hinstellen solle, dürfte überwunden sein. Die Fertigkeiten des Hörens, Sprechens und Lesens entwickeln sich am besten an- und miteinander. Das gilt auch für den Fortgeschrittenen. Die Beschäftigung mit den oft irreführenden Schriftbildern wird die Kenntnis von den Regeln und von Unregelmäßigkeiten gleichermaßen fördern.

1.2 Kontrastive Verfahren

Schon lange weiß man, daß sich die Schwierigkeiten des Erlernens der englischen Sprache bei den Sprechern *verschiedener* anderer Muttersprachen unterschiedlich auswirken. Das gilt auch für die Aussprache. Die moderne Linguistik bemüht sich, durch *kontrastiv-komparative* Verfahren die Besonderheiten des Deutschen denen des Englischen gegenüberzustellen, Ort und Art der Lernschwierigkeiten zu ermitteln und zu analysieren und damit zu ihrer Überwindung beizutragen. Dabei spielen die Einwirkungen sprachlicher Elemente der Muttersprache auf die Fremdsprache (interlinguale Interferenzerscheinungen, negativer Transfer) eine eminente Rolle. Wir wollen hier auch, wo es angezeigt erscheint, immer wieder auf solche Erscheinungen eingehen. Eine sehr nützliche Darstellung der phonetisch/phonologischen Bereiche des Deutschen und Englischen gibt W. G. Moulton (1962), allerdings für das amerikanische Englisch.

Zum Erreichen der hier dargelegten Lernziele und zur Überwindung der besonderen Lernschwierigkeiten der Phonetik und Phonologie des Englischen sollen die folgenden Ausführungen einen ersten Beitrag leisten und eine tragfähige Basis legen. Es kann aber nicht genug betont werden, daß alles theoretische Wissen, so unentbehrlich und hilfreich es als Grundlage ist, gerade in diesem Bereich der Ergänzung durch intensive praktische Übungen bedarf.

1.3 Arbeitshinweise

Es folgen hier ein paar Fragen, mit dem Zweck, daß Sie Ihr Vorwissen dessen, was gelernt werden soll, stichprobenartig überprüfen, daß Sie sich anregen lassen, etwaige Wissenslücken zu schließen und daß Sie den Vorteil eines speziellen Aussprache-Lexikons kennenlernen.

1.3.1 Kennen Sie die Aussprache folgender Wörter und Eigennamen: **preferable, unique, pseudo, toward(s), Eileen** (Mädchenname), **Lincoln** (Stadt in England und amerikanischer Präsident), **Arkansas** (Staat, Stadt und Fluß in USA), (Sigmund) **Freud,** (Charles) **Laughton?**

1.3.2 Kennen Sie den Begriff der „falschen Freunde" (engl.: *'false friends'*; frz.: ‹*faux amis*›)[2]? Das sind Wörter, die durch ihre Ähnlichkeit mit deutschen Wörtern zu einer falschen Aussprache verleiten, z. B. **yacht, leopard, fuchsia, catastrophe.**

1.3.3 Wissen Sie, wieviele und welche verschiedenen Lautungen im Englischen durch die Buchstabenfolge **ea** wiedergegeben werden? Sammeln Sie einige Beispiele mit jeweils unterschiedlicher Lautung!

1.3.4 Wissen Sie, ob ein langes Wort wie **individuality** außer dem Hauptakzent einen oder mehrere Nebenakzente hat und wo diese liegen?

1.3.5 Wissen Sie, warum Wörter wie **upstairs** und **afternoon** im Zusammenhang eines Sprachkontinuums, z. B. eines Satzes, manchmal auf der ersten und manchmal auf der zweiten Silbe betont werden?

---

[2] Der Begriff *'false friends'* wird meist im lexikalischen Bereich angewandt, läßt sich aber auch auf den phonologischen übertragen.

LÖSUNGEN (1.3.1 – 1.3.5)
(Für die Lautwerte der phonetischen Zeichen → Abschnitt 3.1)

	ALD	EPD
1.3.1	(2. Aufl. 1963, 3. Aufl. mit veränderten Lautzeichen 1974: OALD)	(13. Aufl. 1967/69)

preferable	ˈpref (ə)rəbl	ˈpref(ə)rəbl; [priˈfəːrəbl; prəˈfəːrəbl]
unique	juːˈniːk	juːˈniːk
pseudo-	ˈsjuːdəu-	ˈ(p)sjuːdəu; [ˈ(p)suːdəu-]
toward(s)	təˈwɔːd(z); tɔːd(z)	təˈwɔːd; [tuˈwɔːd; twɔːd; tɔːd, tɔəd], -z
Eileen	ˈailiːn	ˈailiːn
Lincoln	––	ˈliŋkən
Arkansas	ˈɑːkənsɔː	ˈɑːkənsɔː; [ɑːˈkænzəs]
Freud	––	frɔid
Laughton	––	ˈlɔːtn

KOMMENTAR: Bei **preferable** ist die gängige Aussprache und Betonung (auf der ersten Silbe!) anders, als viele Deutsche meinen. Die von ihnen oft für richtig gehaltene Aussprache verzeichnet das EPD aber an zweiter Stelle, wenngleich mit dem Hinweis, daß sie selten vorkommt. Man hört sie jedenfalls ab und zu, und ein Schüler könnte sich darauf berufen, sie bei Englischsprechenden schon gehört zu haben. Der Lehrer sollte also mindestens wissen, wo man sich nachschlagend vergewissern kann.

Bei **unique** haben Deutsche die Tendenz, die erste Silbe zu betonen. Sie kommen dann der Aussprache [ˈjuːnək] gefährlich nahe, und damit sind sie unversehens bei **eunuch.**

Zu **pseudo: p** vor **s** wird normalerweise nicht gesprochen. Es wird aber im Zuge einer Tendenz, in bestimmten Fällen nach der Schreibung zu sprechen *('spelling pronunciation'),* doch hörbar. Die Variante des EPD mit dem [p] in runden Klammern bedeutet, daß diese Aussprache etwa ebenso häufig ist wie die ohne den Laut in Klammern. Auch hier sollte man also den Lernenden die Aussprache mit anlautendem [p] nicht als völlig ausgeschlossen darstellen. – Weiter verzeichnet das EPD die (nicht nur für das Amerikanische) wichtige Variante des langen [uː] ohne [j]-Vorschlag.

Zu **towards:** Selbst wenn man sich (aktiv) nur die an erster Stelle vermerkte Aussprache merkt, sollte man doch (passiv) alle möglichen Varianten dieses Wortes kennen oder wenigstens nachschlagen können.

Zu **Eileen:** Das ALD verzeichnet Eigennamen, wenn überhaupt, im Anhang, das EPD im Hauptteil. Mit der Aussprache von englischen Eigennamen ist höchste Vorsicht geboten. Dieser gängige Mädchenname wird z. B. nicht auf der zweiten, sondern auf der ersten Silbe betont.

Zu **Lincoln:** Das **l** vor **n** wird in diesem Namen nicht gesprochen. – Das ALD verzeichnet keine Städte- und keine Familiennamen. Man könnte die Aussprache allenfalls aus **Lincolnshire** erschließen, was aber in ähnlichen Fällen zu Irrtümern führen kann.

Zu **Arkansas:** Die Aussprache dieses Wortes ist vielen Deutschen nicht bekannt. Aber auch hier weist das EPD darauf hin, daß die ‚näherliegende' Aussprache-Variante ab und zu vorkommt.

Zu **Freud:** Man könnte vermuten, daß die Engländer diesen Namen wie andere ausländische Wörter anglisieren und mit [uː] sprechen. Dies ist aber nicht der Fall. – Wie schon erwähnt, gibt das ALD keine Familiennamen. Das neue OALD verzeichnet diesen Namen allerdings unter dem Adjektiv **Freudian.**

Zu **Laughton:** Bei nicht allgemeines Kulturgut gewordenen Namen kann oft nur der Träger selbst genaue Auskunft geben. Wenn solche Namen häufig vorkommen oder der Träger des Namens bekannt ist, findet man einen Eintrag im EPD. Es zeigt sich, daß die Aussprache des im ersten Teil des Namens enthaltenen Wortes **laugh** [lɑːf] nichts Brauchbares hergibt.

1.3.2 **yacht** [jɔt]; **leopard** [ˈlepəd]; **fuchsia** [ˈfjuːʃə]; **catastrophe** [kəˈtæstrəfi].

1.3.3 **head** [e]; **heat** [iː]; **heart** [ɑː]; **hear** [iə]; **heard** [əː]; **bear** [ɛə]; **break** [ei]; dabei sehen wir von Fällen, wo die Buchstaben **e** und **a** sozusagen zufällig zusammenstoßen **(create, reassure, guinea),** einmal ab.

1.3.4 Das Wort **individuality** hat außer dem Hauptakzent zwei Nebenakzente: [ˌindiˌvidjuˈæliti]. (→ die Ausführungen zum Wortakzent in Abschnitt 12.1).

1.3.5 **Upstairs** und **afternoon** sind Wörter mit gleichmäßiger Betonung auf zwei Silben *('double stress'* oder *'level stress').* Im Kontext einer Sprachsequenz verliert jedoch aus Rhythmusgründen je nach den Akzenten der Umgebung mal die eine, mal die andere Silbe den Hauptton. (→ Dreiakzentgesetz, Abschnitt 12.1.7).

2. Welches Englisch lernen und lehren?

Unterschiede im Gebrauch der englischen Sprache können regional, sozial, individuell bedingt und darüber hinaus von der Situation und den Gesprächspartnern abhängig sein. Sie können sich auf Wortschatz, Grammatik und Aussprache erstrecken. So umfaßt der Begriff *Dialekt* Eigentümlichkeiten auf allen drei Ebenen, der Begriff *slang* dagegen, streng genommen, nur solche auf der Ebene des Wortschatzes. Ebenso bezieht sich das Begriffspaar *U* (Sprachgebrauch der gehobenen sozialen Schicht: *'upper class usage'*) und *non-U* ursprünglich nur auf die Wortwahl. Bezeichnenderweise neigen die *non-U*-Sprecher dazu, die gewählteren Ausdrücke wie **mirror, toilet, wealthy** zu bevorzugen, während die Gebildeten eher die als weniger „fein“ geltenden Wörter wie **looking-glass, lavatory** und **rich** gebrauchen (vgl. dazu Leisi 1967: 160f). Man hat dann dieses in den 50er Jahren schnell populär gewordene Begriffspaar auch auf die Aussprache bezogen: *U* gilt allgemein als die Sprache der „feinen Leute“.

2.1 Received Pronunciation

Die damit gemeinte Ausspracheform entspricht etwa einem in der 2. Hälfte des 19. Jahrhunderts geprägten Normbegriff, der sich in der Sprachwissenschaft durchsetzte: *'Received Pronunciation' (RP)*. Sobald man deutlich gesagt hat, daß es im Bereich der Aussprache ein allgemein und überall gültiges *'Standard English'* nicht gibt, muß man hinzufügen, daß man im Fremdsprachenunterricht ohne eine gewisse Aussprachenorm nicht auskommt. Da bietet sich die RP an, weil sie überall recht gut verstanden wird, auch dort, wo man sie nicht spricht, und weil sie fast allen Aussprache-Lehrbüchern zugrundeliegt.
RP ist ein *'terminus technicus'*, der sich nur auf England bezieht und alle anderen Ausspracheformen des Englischen (z. B. amerikanisch, australisch, kanadisch) außer acht läßt.

D. Abercombie (1965: 10ff) erklärt den Begriff *RP,* indem er von dem Begriff *'Standard English'* ausgeht. Dieses letztere ist für ihn die offizielle Sprache – und nicht nur die offzielle Aussprache – der gesamten englischsprechenden Welt und aller gebildeten englischsprechenden Menschen. Innerhalb Englands gibt es viele Arten, das *'Standard English'* auszusprechen. Unter diesen Arten wird *ein* Aussprachetypus als nicht-regional betrachtet, und das ist *RP:* "... in England some people speak Standard English with an accent, and some people speak it without. Some speakers, in other words, show which part of the country they come from when they talk, and some do not. ... In fact English people are divided, by the way they talk, into three groups; first, R. P. speakers of Standard English – those without an accent; second, non-R.P. speakers of Standard English – those with an accent; and third, dialect speakers. I believe this to be a situation which is not paralleled in any other country anywhere" (Abercombie 1965: 11f).

Das Wesen der *RP* ist also der *nicht-regional* gebundene Aussprachetypus des *'Standard English'*, ein Typus, den es nach Abercombie in anderen Sprachgemeinschaften nicht gibt. RP ist nicht die Aussprache in einem Landesteil von England, sondern die Aussprache einer sozialen Klasse, "... and embarrassment starts as soon as it is asked who speaks with this Received Pronunciation, and who does not" (S. 12).

Sozial und regional gesehen, ist die *RP* aus der Sprache der (meist in den Public Schools und in Oxford und Cambridge ausgebildeten) Oberschichten des südöstlichen Mittellandes mit London als Zentrum entstanden. Sie wurde im 19. Jahrhundert zur Aussprachenorm für ganz England, zu einem angestrebten Ideal, das im Alltagsleben kaum eine reale Entsprechung hat. Im Zuge der allmählichen Verwischung der Klassenunterschiede und der bewußten Loslösung der jungen Generation von solchen idealtypischen Vorstellungen dessen, was als gebildet zu gelten hat, ist natürlich auch das Streben nach der *RP* im Schwinden begriffen. Hält sich ein Ausländer jedoch an die *RP,* so impliziert das weder einen bestimmten sozialen Status, noch die Bemühung um einen solchen.

2.2 Andere Begriffe

Die Bezeichnung *'Standard English'* meint die (meist schriftliche) Hochsprache der Gebildeten, während *RP* sich ausschließlich auf die Aussprache bezieht. Die *RP* ist fast immer mit gewissen regionalen Besonderheiten durchsetzt und wird dann *'Modified Standard'* oder besser *'Modified Regional Pronunciation'* genannt. Was man als *'BBC English'* bezeichnet, entspricht der *RP*, obwohl die *British Broadcasting Company* heutzutage nicht mehr nur *RP*-Sprecher einsetzt. Das *'Standard English'*, wie es als Hochsprache im Bereich der britischen Krone gültig ist, wird auch *Queen's (King's) English* genannt. Diese Bezeichnung ist also mit dem Begriff *RP* eigentlich nicht identisch. Gegen den Begriff *'Oxford English'* wird eingewendet, daß es keine für die Universität Oxford typische Aussprache gebe und daß man darunter oft eine affektierte und übertrieben sorgfältige Aussprache verstehe.

2.3 Amerikanische Aussprache

Die amerikanische Aussprache unterscheidet sich erheblich von der britischen. Sie hat in manchen Einzelheiten den Lautstand des 17. und 18. Jahrhunderts bewahrt, während sich das britische Englisch verändert hat. Wenn man von lokalen Besonderheiten (z. B. im Osten und Süden der USA) absieht, so hat das allgemeine Amerikanisch *(General American, American English:* AE) gegenüber der *RP* des britischen Englisch (BE) folgende hervorstechenden Aussprache-Merkmale:

- Durchgehende Aussprache des im BE nicht hörbaren nachvokalischen [r], z. B. in **far** und **teacher.** Der Vokal [ɜː] in Wörtern wie **bird, word, church** erhält im AE durch das folgende **r** eine [r]-Färbung ([r]-**quality or** [r]-**colouring**).
- [æː] statt [ɑː] in Wörtern wie **ask, half, rather.** (Das Längezeichen (ː) bei [æː] mag hier im Vergleich mit

[ɑː] angezeigt erscheinen, obwohl sonst in der einschlägigen Fachliteratur [æ] nur ohne Längezeichen gebraucht wird)[3].

- Eine offenere, etwas gelängte und noch weniger als im BE gerundete [ɔ]-Variante in Wörtern wie **log** und **often.**
- Bei den Diphthongen [ei] und [əu] wie in **taste** und **toast** ist das zweite Element im AE meist so schwach, daß sie fast wie Monophthonge klingen: [teⁱst, teːst]; [toᵘst, toːst]. (Das zwischen [uː] und [ɔː] gesprochene [oː] kommt in der *RP* des BE gar nicht vor; der Diphthong [əu] beginnt in der *RP* mit [ə].)
- Inlautendes [t] erscheint im AE zwischen stimmhaften Lauten oft in einer stimmhaften Variante, die an [d] anklingt: **pity** [ˈpidi], **letter** [ˈledər], **little** [ˈlidl]; **written** kann so mit **ridden** fast homophon (gleichlautend) werden.
- Die Ableitungsendung *-ile* wird im AE im allgemeinen nicht wie im BE [ail], sondern [il] ausgesprochen: **sterile** [ˈsteril, ˈsterl], **hostile** [ˈhɔstil, ˈhɔstl]. So kann **hostile** mit **hostel** homophon werden.
- In der Betonung gibt es wichtige Unterschiede, welche die Aussprache mancher Wörter stark verändern. Bei mehrsilbigen Wörtern hat das AE im Gegensatz zum BE nach dem vorne gelagerten Hauptton (ˈ) auf einer der nachfolgenden Silben einen Nebenton (ˌ), der den Vokal dieser Silbe verändert. Die Wörter **territory** und **ceremony** werden im BE [ˈteritri] und [ˈseriməni], im AE dagegen [ˈterəˌtɔri] und [ˈserəˌmoᵘni] gesprochen.

Man pflegt sich im Unterricht in Deutschland an die RP zu halten, um den Lernenden einen einigermaßen einheitlichen und gesicherten Lautstand zu präsentieren und sie

[3] Die Starkform von **have** und das Verb **halve** (BE: /hɑːv/) sind im AE homophon, d. h. sie haben die gleiche Lautform: /hæv/. Theoretisch könnte also der Satz /tə hæv ən ˈæpl/ zweierlei heißen: einen Apfel haben **(have)** oder einen Apfel halbieren **(halve).** Im praktischen Sprachgebrauch sind Verwechslungen aber so gut wie ausgeschlossen. Die Gründe dafür darzulegen, würde hier zu weit führen. – Vgl. zur amerikanischen /æ/-Aussprache des britischen /ɑː/ auch Abschnitt 7.2.6.

nicht zu verwirren. Abgesehen davon, daß es einen solchen einheitlichen Lautstand in der Realität auch des BE nicht gibt, sollte das nicht dazu führen, daß die wichtige und weitverbreitete amerikanische Aussprache als nicht vorhanden oder gar als falsch ausgegeben wird. – Für den Lernenden ist es beruhigend zu wissen, daß die Gemeinsamkeiten zwischen den beiden Sprachformen weit größer sind als die Unterschiede.

Während britische Autoren dem AE meist einige Ausführungen widmen, ist das umgekehrt manchmal nicht der Fall. *Moulton* (1962) befaßt sich bei seiner interessanten Gegenüberstellung von Englisch und Deutsch ausdrücklich nur mit dem AE. Britische Varianten kommen lediglich indirekt vor, wenn von Besonderheiten im Osten der USA die Rede ist. Ausdrücke wie *'British English'* oder *'British pronunciation'* finden sich in dem Buch nicht.

Für ausführliche Darstellungen des amerikanischen Englisch siehe Egersten 1974, Galinski ³1975 und Marckwardt/Quirk 1964, zum Nachschlagen der Aussprache das Lexikon von Kenyon/Knott 1953.

3. Transkription I

Bevor wir uns den Vorgängen beim Sprechen zuwenden, wollen wir einen ersten Ansatz zum Erlernen der Lautschrift machen und diesen dann später in Lernschritten von der passiven zur aktiven und verfeinerten Beherrschung des Systems weiterführen.

Ursprünglich hatte jede alphabetische Schrift die Funktion, die in einer Sprache relevanten Laute (Phoneme) möglichst genau zu symbolisieren. Die gesprochene Sprache ist aber einer ständigen Veränderung und Entwicklung unterworfen, und die Schrift müßte, um damit Schritt zu halten, laufend dem neuesten Lautstand angepaßt werden. Ob das wünschenswert wäre, ist umstritten. Die bewahrende und schnelle Veränderungen hemmende Eigenschaft der Orthographie wäre damit gefährdet und viele Erkennungs- und Systematisierungsmerkmale, die für das Gedächtnis wichtige Assoziationen ermöglichen, würden verschwinden.

Jedenfalls geben die Orthographie-Systeme einen längst vergangenen Lautstand wieder – im Englischen einen um etwa 500 Jahre zurückliegenden – und sind auch sonst in vieler Hinsicht unstimmig. Die Schreibung zur Zeit der Einführung des Buchdrucks im 15. Jahrhundert war sowohl uneinheitlich als weitgehend unphonologisch. Eine Vereinheitlichung wurde dann durch das *Dictionary of the English Language* (1755) von Samuel Johnson herbeigeführt, aber die Rechtschreibung wurde dadurch nicht phonologischer.

Wie sehr sich die Lautung und wie wenig sich die Schreibung seit Chaucer (1340–1400) verändert hat, läßt sich am Beispiel der bekannten Diphthongierung [iː>ai], [ɑː>ei] und [uː>ɑu] zeigen (vgl. mittelhochdeutsch *mīn niuwes hūs* und neuhochdeutsch *mein neues Haus*).

	Chaucer 14. Jh.	Skakesp. 16. Jh.	neuenglische Zeit bis heute
Lautgestalt	[liːf]	[leif]	[laif]
Schriftgestalt	**lyf**		**life**
Lautgestalt	[ˈnɑːm(ə)]	[nɛːm]	[neːm] [neim]
Schriftgestalt	**name**		**name**
Lautgestalt	[huːs]	[hous]	[hɑus]
Schriftgestalt	**hous(e)**		**house**

Die Notwendigkeit einer auf möglichst viele Sprachen anwendbaren Lautschrift, in der jedem Phonem ein Graphem entspricht, liegt also auf der Hand. (Der Begriff „Phonem" wird im Kapitel „Phonetik und Phonologie" erklärt). Eine solche phonetische Schrift, die nur die bedeutungsrelevanten Lauteinheiten (Phoneme) symbolisiert, nennt man *broad transcription;* eine *narrow transcription* würde, je nach Bedarf, mehr und mehr phonetische Einzelheiten verzeichnen, z. B. Aspiration bei [p, t, k] und [b, d, g] oder Art der Bildung von [r] – und [l] -Lauten. Jedoch sind die Übergänge zwischen den Transkriptionssystemen fließend: es gibt *broad transcriptions,* in welchen auch Unterschiede innerhalb eines Phonems (allophonische Varianten) angegeben werden. Dies ist auch im EPD der Fall.

3.1 Wir beschränken uns hier im allgemeinen auf den ersteren Typus und verwenden das Zeicheninventar der *Association Phonétique Internationale* (API, englisch: IPA). Die folgende Aufstellung zeigt, daß dabei viele Buchstaben des Orthographie-Alphabets verwendet werden, sodaß die davon abweichenden Zeichen mit ihrer Bedeutung rasch gelernt werden können; (von den insgesamt 79 API-Zeichen erscheinen hier nur die 45 für das Englische gebrauchten Einzel- und Doppelzeichen zusammen mit Wörtern, die den jeweils entsprechenden Laut enthalten).

3.1.1 **Vokale**

Monophthonge		Diphthonge	
/iː/	**beat, bead**	/ei/	**fate, fade**
/i/	**bit, bid**	/ai/	**tight, tide**
/e/	**bet, bed**	/əu/	**coat, code**
/æ/	**bat, bad**	/ɑu/	**lout, loud**
/ʌ/	**but, bud**	/ɔi/	**voice, noise**
/ɑː/	**cart, card**	/iə/	**fierce, fears**
/ɔ/	**cot, cod**	/ɛə/	**scarce, scares**
/ɔː/	**court, cord**	/uə/	**fluent, toured**
/u/	**foot, should**		
/uː/	**shoot, food**		
/ə/	**the,**		
/əː/	**hurt, heard**		

Merke: Die Beispielwörter sind so gewählt, daß jeweils das erste den betreffenden Vokal (außer [ə]) in einer kürzeren, das zweite in einer längeren Variante zeigt. Der Unterschied in der Länge (Quantität) kommt dadurch zustande, daß das jeweils erste Wort auf einen stimmlosen Fortis- und das zweite auf einen stimmhaften Lenis-Konsonanten endet. Die Auslautvokale (z. B. **key, car, are, cue, cur**) dürfen als noch etwas länger gelten. Es ist wichtig zu wissen, daß die Transkription die Quantitäten (z. B. mit dem Längezeichen [ː]) nur sehr unvollkommen wiedergibt. Darüber hinaus gilt dieses Zeichen nicht nur als Quantitäts-, sondern auch als Qualitätsindikator: z. B. werden [iː] und [i] nicht an der gleichen Stelle artikuliert (→ Abschnitt 3.2).

3.1.2 **Konsonanten**

[p]	**pet**	[tʃ]	**cheap**
[b]	**bet**	[dʒ]	**jeep**
[t]	**tip**		
[d]	**dip**	[m]	**meat**
[k]	**cap**	[n]	**neat**
[g]	**gap**	[ł]	**sing**
[f]	**few**		

[v]	**view**		
[θ]	**thin**	[l]	**light**
[ð]	**then**		
[s]	**sink**	[j]	**yet**
[z]	**zinc**	[w]	**wet**
[ʃ]	**sheep**		
[ʒ]	**pleasure**		
[r]	**right**		
[h]	**who**		
[ç]	**hue** (auch: [hj]) ([ç] entspricht dem Konsonanten in deutsch *ich*)		

Merke: Ähnlich wie bei den Vokalen sind auch bei den Konsonanten die Beispielswörter (hier untereinander) soweit möglich als Minimalpaare *('minimal pairs')* angeordnet, d. h. der betreffende Konsonant taucht im gleichen Lautkontext auf wie der nächste, z. B. **few-view.** Dadurch wird in manchen Fällen schon hier auf wichtige Unterscheidungsmerkmale im Bereich stimmlos – stimmhaft aufmerksam gemacht, die von deutschen Sprechern oft vernachlässigt werden, z. B. bei **sink – zinc** und bei **sheep – cheap – jeep.** Im Falle von **thin – then** (kein Minimalpaar!) wird schon hier darauf hingewiesen, daß die Wörter mit lexikalischer Bedeutung **(thin, think, thing)** im Anlaut das stimmlose [θ] haben, während die Strukturwörter mit wenig lexikalischer Bedeutung **(the, then, this)** mit dem stimmhaften [ð] gesprochen werden. (Taucht die Graphemgruppe **th** im Inlaut oder Auslaut auf, so gilt diese Regel jedoch nicht). Minimalpaar: **thigh – thy.**

Außer dem Zeichen für Vokallänge [ː] benutzen wir einen Strich [ˈ] vor der betonten Silbe, um den Hauptakzent *(main stress)* zu bezeichnen, und später noch einen Strich am unteren Zeilenrand [ˌ], um den Nebenakzent *(secondary stress)* zu markieren. (Für eine Verfeinerung dieses Systems zum Zwecke genauerer Differenzierung siehe Abschnitt 12.4).

3.2 Änderungen von Lautschrift-Zeichen im Vokalismus des Englischen

Leser, die sich mit der Problematik der deskriptiven Adäquatheit und didaktischen Praktikabilität der Lautschrift nicht im einzelnen befassen wollen, können den Abschnitt 3.2 überschlagen, ohne daß sich bei der Lektüre des kursartig aufgebauten Buches Lücken ergeben. Immerhin empfiehlt sich ein Blick auf die Spalten I–III der Vergleichstabelle (Abschnitt 3.2.2), weil dort die von J. W. LEWIS insbesondere in der neuen Ausgabe des *Oxford Advanced Learner's Dictionary* (OALD 1974) eingeführten Vokalzeichen den von GIMSON (IPE ²1970) gebrauchten und den bisher üblichen gegenübergestellt werden, die sich (auch weiterhin) in einer Vielzahl von Nachschlage- und Lehrwerken finden (z. B. im neuen *Elementary Dictionary of English* von Langenscheidt-Longman; siehe KRIEGER 1976).

3.2.1 Einleitung

Die interessante Geschichte von der Entstehung und Entwicklung phonetischer Symbole und von ihrem Verhältnis zum römischen Alphabet zeichnet Abercrombie (1967: 111 ff) eingehend nach. Er gibt auch Beispiele aus Alexander M. Bells "Visible Speech" (119) und Henry Sweets "Organic Alphabet" (120), die bildhaft *(iconic)* waren und Vorstufen zur modernen Lautschrift darstellten, welche sich an das römische Alphabet anlehnt und zusätzlich Buchstaben aus dem griechischen Alphabet ausleiht (z. B. ε und ɵ). Die Lautschrift der IPA wurde Ende des 19. Jahrhunderts eingeführt.

Im Jahre 1972 hat J. WINDSOR LEWIS sein *Concise Pronouncing Dictionary* (LEWIS 1972) herausgebracht, eine Art Kurzfassung, die er dem bekannten *English Pronouncing Dictionary* von DANIEL JONES gegenüberstellte. Er verzeichnet – von Ausnahmen abgesehen – für jedes Wort nur eine (empfohlene) Aussprachefom: "At the majority of entries a single pronunciation is shown in bold type" (LEWIS 1972: IX); daneben gibt er die sich vom britischen Englisch unterscheidenden amerikanischen Aussprachevarianten.

Lewis führte in seinem Buch (a) einige neue, bzw. neu zu interpretierende Symbole im Bereich des Vokalismus und (b) eine veränderte Akzentnotierung (für Haupt- und Nebenakzent) ein. Diese Neuerungen fanden im weiten Feld der wissenschaftlichen und didaktischen Behandlung der englischen Aussprache in der Bundesrepublik Deutschland relativ wenig Beachtung – bis Lewis für die neue (dritte) Ausgabe des *Advanced Learner's Dictionary* (Hornby ³1974) die Aussprachebezeichnungen übernahm und damit seine veränderte Transkriptionsweise in ein Wörterbuch einbrachte, das in Deutschland in der schulischen Oberstufe und in der Hochschule weit verbreitet ist. (Lewis' Änderung der bisher üblichen Akzent-Markierung wird in Abschnitt 12.4.3 besprochen).

Den Veränderungen liegen in der Hauptsache zwei Überlegungen zugrunde:

1. Das einzige (diakritische) Zeichen für den Quantitätsunterschied /ː/ gibt die komplexen Längenverhältnisse bei den englischen Vokalen nur sehr unvollkommen wieder.
2. Der bisherige Gebrauch erweckt den Anschein, als ob /i/ und /iː/, /u/ und /uː/, /ɔ/ und /ɔː/ jeweils mit der gleichen Einstellung der Sprechwerkzeuge gebildet würden. Das ist aber keineswegs der Fall. Die neue Regelung mit unterschiedlichen Zeichen jeweils für den sog. kurzen und den sog. langen Vokal betont also stärker die Qualitätsunterschiede als die (schwer faßbaren) Quantitätsunterschiede.

Bei der Wiedergabe der Lautzeichen wird im folgenden auf die Unterscheidung zwischen phonematischer (Schrägstriche) und phonetischer (eckige Klammern) Notierung verzichtet. Dagegen werden neben eckigen Klammern für die Notierung eines Symbols als Symbol (mit wechselndem Bezug zu einem Laut) spitze Klammern benützt.

Die Schwankungsbreite bei Vokalen – sowohl in qualitativer, als auch in quantitativer Hinsicht – ist erheblich größer als bei Konsonanten. Ladefoged sagt dazu: "The transcription of the contrasting vowels in English is more difficult than the transcription of consonants for two reasons. First, dialects of English differ more in their use of vowels than in their use of consonants. Second, authorities differ widely in their views of what constitutes an appropriate description of vowels" (LADEFOGED 1975: 27). Daher ist die Diskussion um die Wiedergabe der Vokale durch Lautsymbole schon immer lebendig, und neuerdings ist sie durch die von J. W. LEWIS eingeführten Zeichen besonders stark entfacht worden – so z. B. in der Zeitschrift *Zielsprache Englisch,* Heft 1/1976. Es geht dabei um eine für Nachschlage- und Lehrwerke geeignete *broad transcription* im Rahmen des *International Phonetic Alphabet* (= IPA) oder in Anlehnung an dieses.

Die Bemühungen der Fachleute um möglichst adäquate Symbolisierung für einen angenommenen Hochsprache-Lautstand hat auch schon seit langem zu unterschiedlichen Zeichen geführt – was sich insbesondere bemerkbar machte, wenn man die Versuche, die Besonderheiten des amerikanischen Englisch zu berücksichtigen, mit in Betracht zog.

Innerhalb der Notationen des britischen Englisch hatte man allerdings im Laufe der letzten Jahrzehnte eine gewisse Vereinheitlichung erreicht: die von DANIEL JONES fixierten Zeichen hatten sich weitgehend durchgesetzt und wurden von den meisten bei uns gebräuchlichen Wörterbüchern und Lehrwerken übernommen – auch mit kleinen Veränderungen, z. B. in der 13. Auflage 1967 von JONES' *English Pronouncing Dictionary.*

Dieser relativen Einheitlichkeit setzten die durchgreifenden Veränderungen in der Vokal-Notation, wie sie J. W. LEWIS in seinem *Concise Pronouncing Dictionary* (1972) und in HORNBYS *Oxford Advanced Learner's Dictionary* (1974) einführte, ein jähes Ende. Er gebraucht zwar nur vier neue Zeichen ⟨ɪ, ɜ, ʊ, o⟩, aber diese verändern doch das Gesamtgefüge erheblich, weil sie erstens in den Diphthongen ungewohnte Verbindungen mit anderen Lauten eingehen, und weil zweitens die bisher gewohnten Zeichen an vier gewichtigen Stellen im System andere Lautwerte darstellen als bisher: ⟨i, u, ɔ⟩ und das ⟨e⟩ in ⟨eə⟩.

3.2.2 Vergleich verschiedener Transkriptionssysteme

Ein Vergleich mehrerer Zeichensysteme im Bereich des Vokalismus (s. Abb. 1) verdeutlicht die Unterschiede und insbesondere die Neu-Einführungen von LEWIS gegenüber den von anderen Autoren gebrauchten Symbolen.
Die Längezeichen *(colons)* fallen bei J. WINDSOR LEWIS ganz weg. Die distinktive Funktion der Qualität wird dadurch hervorgehoben, daß es für den jeweils ungespannten Vokal (z. B. [i] nach der alten Transkription) ein anderes Zeichen als für den jeweils gespannten (z. B. [iː] nach der alten Transkription) gibt.

Zeilen 1 und 2. Das sogenannte lange [iː] wird als ⟨i⟩ dargestellt, das sogenannte kurze als ⟨ɪ⟩. Dadurch ändert das Zeichen ⟨i⟩ seine Bedeutung: bei Jones stand es für kurzes [i] (wie in **bit**), jetzt steht es für langes [iː] (wie in **beat**). Das Majuskel-⟨ɪ⟩, in der Größe der Minuskel gedruckt, tritt als kurzes [i] auf. – LADEFOGED gebraucht statt dessen eine Art kleines Schreib-⟨ ɩ ⟩.
GIMSON verwendet dieselben Zeichen wie LEWIS, benutzt aber für den jeweils langen Vokal den Doppelpunkt als Längezeichen.

Zeilen 11 und 12. Das [ə] hat bekanntermaßen eine besonders große Schwankungsbreite: im Anlaut von **above** ist es geschlossener als im Auslaut von **Canada;** der qualitative Unterschied zum langen [əː] ist entsprechend gering. Trotzdem führt LEWIS für den langen Vokal ein neues Zeichen ein: ⟨ɜ⟩.

Zeilen 8 und 9. LEWIS führt für das kurze [u] das neue Zeichen ⟨ʊ⟩ ein. Somit hat das bisherige Zeichen für ein kurzes [u] (z. B. in **put**), nämlich ⟨u⟩, jetzt den Lautwert des langen [uː] (wie in **boot**). ABERCROMBIE und LADEFOGED benutzen für das kurze [u] das weniger bekannte API-Zeichen ⟨ ω ⟩, das keine Assoziation mit einem Zeichen des Alphabets zuläßt. Damit taucht die Frage auf, ob es besser ist, möglichst viele dem Alphabet angenäherte oder möglichst viele ganz unabhängige Zeichen zu haben. Beide Ansichten werden vertreten.

Zeilen 6 und 7. Das sehr suggestive ⟨ɔ⟩-Zeichen mit der

Key-words	I Jones EPD ^{13}1967	II W. Lewis CPD OALD ^{3}1974	III Gim- son IPE ^{2}1972	IV Aber- crom- bie 1964	V Ken- yon/ Knott PDAE 1953	VI Lade- foged 1975
1 beat/bead	iː	i	iː	i	i	i
2 bit/bid	i	ɪ	ɪ	ɪ	ɪ	ɩ
3 bet/bed	e	e	e	ɛ	ɛ	ɛ
4 bat/bad	æ	æ	æ	a	æ	æ
5 heart/hard	ɑː	ɑ	ɑː	ɑ	ɑ(r)(a)	ɑr(ɑ)
6 shot/shod	ɔ	o	ɒ	ɒ	ɒ	ɑ(ɒ)
7 sauce/saws	ɔː	ɔ	ɔː	ɔ	ɔ	ɔ
8 put/good	u	ʊ	ʊ	ɷ	ʊ	ɷ
9 boot/food	uː	u	uː	u	u	u
10 but/bud	ʌ	ʌ	ʌ	ʌ	ʌ	ʌ
11 Bert/bird	əː	ɜ	ɜː	ɜ	ɜ(ɝ)*	ər(ə)
12 bigg*er*/*a*bove	ə	ə	ə	ə	ə(ɚ)*	ə
13 mate/made	ei	eɪ	eɪ	eɪ	e	eɩ
14 wrote/road	əu	əʊ	əʊ	oɷ	o	oɷ
15 bright/bride	ai	ɑɪ	aɪ	ai	aɪ	aɩ
16 bout/bowed	au	ɑʊ	ɑʊ	aɷ	aʊ	aɷ
17 voice/noise	ɔi	ɔɪ	ɔɪ	ɒɪ	ɔɪ	ɔɩ
18 fierce/fears	iə	ɪə	ɪə	ɪə	ɪr(ɪə)	ir(ɩə)
19 scarce/scares	ɛə	eə	ɛə	ɛə	ɛr(ær)	er(ɛə)
20 (influence)/sure	(ŭə)/uə	ʊə	ʊə	ɷə	ʊr(ʊə)	–

Kenyon/Knott use colons with vowels and consonants, indicating that the sounds are prolonged

* /r/ is sounded

Abb. 1: Vergleich verschiedener Transkriptionssysteme

Öffnung auf der einen Seite – offenes [o]! – steht bei Lewis jetzt für den langen Vokal. Für den kurzen führt er ein rundes ⟨o⟩-Zeichen ein, das natürlich in der Gefahr steht, mit dem Lautwert eines geschlossenen [o] wie in deutsch **Sohn** assoziiert zu werden. Im Englischen gibt es ein solches geschlossenes [o] nicht; also glaubt Lewis, ohne weiteres auf dieses „freigewordene" Zeichen zurückgreifen zu können. Gimson benutzt für das kurze offene [ɔ] das schon aus der amerikanischen Fachliteratur bekannte umgekehrte ⟨ɒ⟩, das Öffnung des [ɔ] nach [ɑ] hin suggerieren kann.
Ladefoged benutzt für das BE auch dieses Zeichen ⟨ɒ⟩. Für das AE dagegen schreibt er ein hinten zu artikulierendes ⟨ɑ⟩ und gibt folgende Begründung:
"... they distinguish between words such as **heart** and **hot** not by making a difference in vowel quality ... but by pronouncing **heart** with an [r] and **hot** with the same vowel but without an [r] following it".
Aber er betont auch folgendes:
"Even within American English there are variations in the number of contrasting vowels that occur" (Ladefoged 1975: 28)

Zeilen 13 bis 17. Gimson und Lewis setzen nun bei den Diphthongen folgerichtig als zweites Element jeweils das neu eingeführte Zeichen für den kurzen Vokal ein (z. B. ⟨eɪ⟩). Wir können schon hier sagen, daß das keinerlei größere phonetische oder phonologische Adäquatheit gegenüber den Jonesschen Zeichen bringt. Für den [ai]-Diphthong verzichtet Lewis im Zuge angestrebter Vereinfachung auf das ⟨a⟩-Zeichen, das einen Vorderzungenvokal symbolisiert, und er setzt dafür das ⟨ɑ⟩-Zeichen ein, welches gleichzeitig das Hinterzungen-[ɑ] (wie in **ask**) symbolisiert. Gimson ist bei ihm darin bisher nicht gefolgt.

Zeile 19. Auch bei [ɛə] (wie in **hair**) vereinfacht Lewis: er läßt das ausschließlich in diesem Diphthong gebrauchte ⟨ɛ⟩ fallen und ersetzt es durch ⟨e⟩ : ⟨eə⟩.

3.2.3 Vereinfachungen

Es zeigt sich also, daß Lewis gleichzeitig größere deskriptivistische und phonematische Genauigkeit (vgl. KELZ 1976: 15) und erhebliche Vereinfachung anstrebt. Man wird fragen müssen, ob er diese Ziele erreicht hat bzw. ob sie sich sinnvoll vereinbaren lassen. LEWIS sagt, es sei überhaupt nicht daran zu denken, die "indefensibly outdated EPD transcription" von DANIEL JONES weiterzugebrauchen (LEWIS 1972 XVI).

LEWIS zitiert JONES (ohne Quellenangabe), der über das EPD selbst gesagt habe:

"If the book had been designed solely for the use of the foreign learner needing a representation of one particular kind of pronunciation which he can take as a model, a simpler notation might have been used".

Und LEWIS fügt hinzu:

"There is no doubt that his simplifications would have included the symbols ⟨o⟩ and ⟨eə⟩ used in this dictionary" (LEWIS 1972: XVI).

Abgesehen davon, daß hier nur von dem *einen* Aspekt der Sache, nämlich von den Vereinfachungen die Rede ist, und nicht von der Einführung neuer Zeichen, muß man sich fragen, ob LEWIS hier nicht JONES mißverstanden hat; ob nicht Jones viel mehr an die Weglassung mancher Aussprachevarianten gedacht hat – etwa im Sinne einer konzisen Ausgabe, wie LEWIS sie dann vorgenommen hat – als an die Weglassung von eingeführten und universal gebrauchten Zeichen. GIMSON, der JONES' Werk weitergeführt hat, hat nicht ⟨o⟩ statt ⟨ɔ⟩ und ⟨eə⟩ statt ⟨ɛə⟩ geschrieben. Auch hat er nicht das Vorderzungen-[a] und das Hinterzungen-[ɑ] in einem Zeichen zusammenfallen lassen.

W. LEWIS äußert sich jedenfalls nicht schlüssig zu der Frage, warum er einerseits auf größerer phonologischer Adäquatheit besteht und andererseits neue Unzulänglichkeiten nicht nur in Kauf nimmt (etwa als unvermeidliche Konsequenzen von notwendigen Veränderungen im System), sondern geradezu einführt: Vielleicht könnte man in einem Satz von ALLAN R. JAMES einen Hinweis für eine Antwort finden: "The attempt to devise a transcription which adequately records both British and American English is of course quite novel" (JAMES 1975: 53). Aber ist das erstrebenswert?

Wenn ja, so darf man sicherlich nicht auf eine Lösung mit einem hohen Maß an Adäquatheit ("adequately") hoffen. Jedoch läßt sich durchaus die Ansicht vertreten, daß man die Unterschiede zwischen BE und AE in der Lautschrift deutlich hervortreten lassen sollte, statt Zeichen einzuführen, welche große Schwankungsbreiten abdecken und so den Lernenden verunsichern.

Nach Lewis hat Gimson sich von der Notwendigkeit und Nützlichkeit der von Lewis vorgenommenen Vereinfachungen überzeugen lassen und will sie für eine nach Lewis für 1978 geplante Neu-Auflage des EPD übernehmen:

Professor Gimson informs me that he wishes then to employ a transcription which, like the one in this dictionary, is a slight simplification of that used in his *Introduction to the Pronunciation of English.* As this type of transcription has distinctive symbols for the vowels distinguished only by colons in the EPD, any colons used with it are dispensable: They are dispensed with in this dictionary" (Lewis 1972: XVII).

Lewis hat recht, wenn er damit ausdrückt, daß die diakritischen Längezeichen in Form von Doppelpunkten in der schon mit den veränderten Vokalsymbolen ausgestatteten Lautschrift im IPE von Gimson phonologisch redundant sind: wenn man von nur zwei distinktiven Quantitäten im englischen Vokalismus ausgeht, sind diese durch die unterschiedlichen Symbole genügend gekennzeichnet. Ich glaube aber trotzdem, daß diese Längezeichen eine sehr informative Hilfe und Assoziationsstütze für den Lernenden von "English as a Foreign Language" (= EFL) darstellen.

Lewis hebt auch mit Recht darauf ab, daß die Längenkontraste zwischen Wörtern mit auslautendem Fortis-Konsonant (z. B. **bit**) und solchen mit auslautendem Lenis-Konsonant (z. B. **bid**) durch den bisherigen Gebrauch des *colon*-Zeichens vernachlässigt wurden. Die Frage, ob die von ihm daraus gezogene Konsequenz, das Zeichen ganz fallen zu lassen, wünschenswert ist, soll weiter unten behandelt werden.

Lewis beruft sich darauf, daß er die neuen Zeichen aus Gimsons IPE übernommen und nur Vereinfachungen vorgenommen habe, die, wie er selber sagt, für ein Werk wie das IPE nicht geeignet gewesen wären: "... adopting Professor A. C. Gimson's transcription of *An Introduction to the Pronunciation of English* with simplifications which, though they would have been unsuitable there, are highly appropriate to a non-comparative work like the present" (Lewis 1972: XVII).

Aus dieser kurzen Bemerkung kann man eine Begründung für einen Teil der Vereinfachungen herauslesen: das CPD sei als konzises Nachschlagebuch *non-comparative* und brauche daher auf die Vergleichbarkeit mit den phonologischen Systemen anderer Sprachen keine Rücksicht zu nehmen. Da aber auch das *Concise Pronouncing Dictionary* sich in allererster Linie an den EFL-Benutzer wendet, kann man sich nicht vorstellen, daß es gut ist, den kontrastiven Aspekt einfach auszuklammern.

3.2.3.1 Der Wegfall des ⟨ε⟩-Zeichens

Einerseits kommt der [ε]-Laut im phonologischen System des Englischen – wenn man einmal von zahlreichen allophonen Varianten anderer Vokale absieht – nur im Diphthong [εə] vor. Andererseits ist es klar, daß das erste Element dieses Diphthongs [ε] ist und nicht [e]; eine [heə]-Aussprache für **hair,** wie das CPD und das OALD sie angeben, käme für eine britische RP – wie vage umrissen dieser Aussprachestand der *Received Pronunciation* auch immer sein mag – nicht in Frage. Man wollte vermutlich hier die Einführung neuer Zeichen durch die Abschaffung alter kompensieren und hat damit eine vermeidbare Ungenauigkeit erzeugt.

Dazu kommt aber nun der kontrastive Aspekt. Sowohl im Französischen, als auch im Deutschen fungiert der [ε]-Laut als Phonem des jeweiligen phonologischen Systems, und es ist für den französischen und für den deutschen Lerner gleichermaßen wichtig, wenn er versteht, zwischen [e(:)], [ε(:)] und dem in den beiden Sprachen nicht fungierenden englischen [æ] zu unterscheiden. Das läßt sich durch folgende Zusammenstellung verdeutlichen:

frz.	**béton** [beːtɔ̃]	**bette*** [bet]	**bête** [bɛːt]
dt.	**bete** [beːtə]	**Bett** [bɛt]	**bäte** [bɛːtə]
engl.	**bait** [beit]	**bet** [bet]	**bat** [bæt]

*) Mangold, Beete; vgl. frz. **betterave**

Abb. 2: Einige im Umfeld des [ɛ] liegenden Phoneme des Französischen, Deutschen und Englischen

3.2.3.2 Ersetzung von ⟨ɔ⟩ durch ⟨o⟩

Unter den bisher bekannten Stellungnahmen ist m. W. keine, die das ⟨o⟩-Zeichen für ein kurzes [ɔ], das weit offener ist als das lange englische [ɔː], verteidigt. GIMSON und die amerikanischen Autoren gebrauchen hier das [ɒ]-Zeichen, ein seitenverkehrtes ⟨ɑ⟩. LADEFOGED benutzt statt dessen für den Teil der Amerikaner, die ein *General American* sprechen, ein alphabetisches ⟨ɑ⟩-Zeichen: also **hot** ⟨hɑt⟩. Davon setzt er Wörter wie **hard** durch ⟨ɑr⟩ ([hɑrd]) und Wörter wie **ask** durch ⟨æ⟩ (⟨æsk⟩) ab. In Wörtern wie **father** erscheint jedoch bei ihm dasselbe ⟨ɑ⟩ wie in **hot: father** [ˈfɑðə].

Übrigens ist das mit ein Grund für die Verwirrung, die für den Lerner von EFL durch die Vielfalt der Systeme entsteht: jeder Autor gebraucht Zeichen, die er in seinem speziellen System für bestimmte Lautwerte abgeschafft hat, mit neuen Lautwerten an anderer Stelle. Das macht die Vergleichbarkeit der Systeme so schwer. Da nutzt es dem Lerner wenig, wenn die Systeme in sich konsistent sind. Bei der Bemühung um eine Lautschrift, die als *broad transcription* sowohl in der Linguistik, als auch in der Fremdsprachendidaktik, d. h. sowohl in der theoretischen, als auch in der angewandten Sprachwissenschaft brauchbar ist, läßt sich der kontrastive Aspekt nicht wegdenken. Das ⟨o⟩-Zeichen steht in den gängigen Vergleichssprachen für ein geschlossenes [o] wie in **Gotik** und nicht für ein offenes wie in **Gott** oder für ein noch offeneres wie in engl. **got,** das LEWIS mit ⟨got⟩ umschreibt.

Auch im [o(ː)-ɔ(ː)]-Bereich können ein paar Vergleichswörter die kontrastive Verteilung zeigen:

frz.	**rose** [roːz]	**rôti** [ro(ɔ)ti]	**roc** [rɔk]	**brode** [brɔd]
dt.	**Rose** [roːzə]	**rot** [roːt]	**Rock** [rɔk]	**Brot** [broːt]
engl.	**raw** [rɔː]	**brought** [brɔːt]	**rock** [rɔk]	**broad** [brɔːd]

Abb. 3: Einige im Umfeld des [ɔ] liegenden Phoneme des Französischen, Deutschen und Englischen

3.2.3.3 Wegfall des ⟨a⟩-Zeichens für das Vorderzungen-[a]

Erich Germer weist mit Recht darauf hin, daß die Einführung des ⟨ɑɪ⟩-Zeichens für den [ai]-Diphthong umstritten sein muß, „da der erste Bestandteil des Lautes keinen Hinterzungenvokal darstellt" (Germer 1976: 12). Man muß damit zusammenhängend die Frage betrachten, ob das [au] wie **shout** als ⟨au⟩ oder als ⟨ɑu⟩ umschrieben werden soll. Sowohl das ältere ALD (^{2}1963) als auch das EPD (^{13}1967) notieren ⟨au⟩, während Gimson in seiner ersten Ausgabe des IPE (1962) zu ⟨ɑʊ⟩ übergegangen und in seiner zweiten vorläufig letzten (1970) dabei geblieben ist. Das erste Element von [au] ist ein Mittelzungenvokal. Wenn man seine Notierung als ⟨ɑ⟩ akzeptiert, so muß man fragen, ob in der RP unserer Tage das erste Element von [ai] tatsächlich weiter vorne artikuliert wird als das erste von [au]. So betrachtet, schiene, wenn man vereinfachen will, der Verzicht auf das ⟨a⟩-Zeichen noch am ehesten gerechtfertigt.

3.2.4 Qualität und Quantität der Vokale

Es unterliegt keinem Zweifel, daß im phonologischen System des Englischen die sog. kurzen Vokale [i; u; ɔ] eine jeweils andere Qualität haben als die entsprechenden sog. langen [iː, uː, ɔː]: die Artikulationsstelle und der auditive Eindruck ändern sich beim Übergang vom kurzen zum langen Vokal. Insofern erreichen Gimson und Lewis mit den neuen Zeichen für die langen Vokale eine größere phonologische Adäquatheit. (Ob das für ⟨ə–ɜ⟩ statt ⟨ə–əː⟩ auch der Fall ist, muß bezweifelt werden.) Bedauerlich ist jedoch, daß die neuen Zeichen für die langen Vokale [i, u, ɔ] identisch sind mit den bisher für die kurzen gebrauchten.

Die Längenmarkierung für die zwei Längen der sog. kurzen und langen Vokale ist in mancher Hinsicht unbefriedigend. Lewis drückt das so aus:

"The most unfortunate feature of the EPD transcription as regards its suitability for the EFL user is its highly misleading emphasis on the relatively trivial contrasts of length between the vowels of such pairs of words as **bit/ beat, not/nought, soot/suit** when other pairings equally deserving of such representation (e.g. **come/calm**) and far more vital length contrasts (particularly those of shortness in syllables closed by [p, t, k, tʃ, f, θ, s, ʃ] versus greater length in syllables *not* so checked) are not exhibited" (Lewis 1972: XVII).

Ob allerdings die rigorose Streichung jeglicher Längenmarkierung die richtige Konsequenz aus dieser Erkenntnis ist, bleibt umstritten; denn Unzulänglichkeiten gibt es ja an vielen Stellen des Systems, weil eine weite Lautschrift immer nur approximativ sein kann.

Allan R. James begrüßt das Verschwinden der Längenmarkierungen als die längst fällige Berichtigung einer Regelwidrigkeit:

"... the anomaly was allowed to continue far too long" (James 1975: 53) Er findet, daß damit Grenzfälle klar gelöst werden:

"The notorious length-marks after the five so-called long vowels thankfully disappear ... With their omission, borderline cases (with/without/bracketed colons?) such as the weak forms of strong form word-final [iː] or [uː] occurring sentence-final with secondary stress are resolved" (James 1975: 53).

Hier muß die Frage erlaubt sein, ob es nicht recht praktisch ist, die Längenschwankungen, z. B. bei **been,** durch den eingeklammerten Doppelpunkt anzuzeigen: ⟨bi(:)n⟩.

Man sieht sich damit vor eine grundsätzliche Entscheidung gestellt: Soll man die schwer zu fassenden Quantitätsunterschiede äußerlich verschwinden lassen und nur noch impliziert durch die Qualitätsunterschiede darstellen, oder soll man sich um eine hilfreiche und informative Notation der verschiedenen Längen bemühen? LEONHARD ALFES scheint die zuletzt genannte Alternative zu befürworten, wenn er rhetorisch frägt: „Ist zu erwarten, daß dergleichen *uncertainties* und *complications* besser bewältigt werden, wenn man sie weiter aus dem Blick bringt? Schließt eine gegen fehlsame Längen/Kürzen-Artikulationen gerichtete Umschriftstrategie per se den pädagogischen Erfolg qualitativ exakterer Informationen – für den *foreigner* – ein?" (ALFES 1975: 337).

GIMSON äußert sich zu der ganzen Frage von Qualität und Quantität sehr vorsichtig:

"Only in the case of [ə–ɜː] can there be said to exist an opposition solely of length ... In the other cases the opposition between the members of the pairs is a complex of quality and quantity; and of the two factors it is likely that quality carries the greater contrastive weight. Indeed, in the particular case of the **cad/card** opposition, both vowels may be equally long" (GIMSON [2]1970: 94).

Er sieht die Komplexität der in den Vokalpaaren vorhandenen qualitativen und quantitativen Merkmale und *vermutet* nur, daß der Qualitätsfaktor das größere kontrastive Gewicht hat. Aber selbst wenn man sich dieser Vermutung anschließt, ist noch gar nicht die Frage geklärt, ob nicht Zeichen für die Quantität bei der *Notation* einen großen oder gar größeren informativen Wert für den Sprachlerner haben. LEWIS hält an der Einteilung in die bisher angenommenen zwei unterschiedlichen Quantitäten fest, impliziert sie aber bei der Notation in den Qualitätsunterschieden, so daß der Doppelpunkt als redundant wegfallen kann. GIMSON setzt den Doppelpunkt als zusätzlichen Hinweis auf den Längenunterschied.

In diesem Zusammenhang mag ein Blick auf die alphabetische Orthographie interessant sein. Man nimmt es seit langem hin, daß dort ein (oft leider wechselndes) Zeichen für ein Vokalphonem mit einer gewissen Bandbreite von allophonischen Varianten steht. Aber für die (wenngleich oft vage) Vokal*quantität* haben die Orthographien meist

besondere Konventionen, z. B. Vokalverdoppelungen für relativ größere Quantität des Vokals (= Dehnung) und Konsonantenverdoppelung für relativ geringere Quantität des Vokals (= Kürzung), z. B. dt. **Beet, Bett,** engl. **weeping, whipping.** Das Deutsche hat darüber hinaus **h** und nach **i** auch **e** als Dehnungszeichen, die dann manchmal in Redundanz auftreten, z. B. **sieht.** Die distinktive Funktion der Quantität wird also als so wichtig empfunden, daß sie auch in der Orthographie, wenngleich unzulänglich, ihren Niederschlag findet.
Bemüht man sich, auch in der Lautschrift für Wörterbücher anderer Sprachen ohne die diakritischen Längezeichen auszukommen, können so gravierende Ungenauigkeiten entstehen wie die folgende: Im *Dictionnaire du français primordial,* auch *Micro-Robert* genannt, steht bei den Wörtern **bette** und **bête** die genau gleiche Lautschriftangabe: [bɛt]! Dabei heißt es ausdrücklich im Vorwort: «... il est bon d'attirer l'attention sur des phénomènes comme l'ouverture des voyelles» (ROBERT 1971: XI). In Wirklichkeit gibt diese Lautschrift weder einen Hinweis auf den Qualitäts-, noch auf den Quantitätsunterschied.
LEWIS' Hinweis auf den bisher nicht dargestellten Unterschied in der Länge von Silben, die mit einem Fortis- bzw. Lenis-Konsonanten geschlossen sind, haben wir schon zitiert. Gimson spricht dieses Problem auch an: "[iː] in **beat** is only about half as long as the [iː] of **bee** or **bead** and may, in fact, be of approximately the same length (duration) as the [ɪ] vowel of **bid;** [uː] in **boot** is only about half as long as the [uː] of **do** or **food** and again has about the same duration as the [ʊ] vowel in **good**" (GIMSON [2]1970: 94). GIMSON macht dann einen Vorschlag für eine mögliche Lösung, aus dem wir hier zwei Beispielreihen herausgreifen.

bee, bead, beat, bid [biː, biːd, bit, bɪd]
do, food, boot, good [duː, fuːd, but, gʊd] (vgl. GIMSON [2]1970: 94).

Dies erscheint insofern keine einleuchtende Lösung, als GIMSON dabei die kürzeste Quantität, wie sie in **bit** und **put** vorkommt, ausklammert, d. h. Wörter wie **bit** und **bid** hätten wieder keine unterschiedliche Längenmarkierung: [bɪt, bɪd].

3.2.5 Auf der Suche nach praktikablen Lösungen

Da die Längezeichen u. E. für den Fremdsprachenlerner von großem informativen und assoziationsstützenden Wert sind, stellt sich die Frage, wie man sie gegenüber der bisherigen Notation (z. B. im EPD) exakter machen könnte. Wir gehen von einer graduellen Hierarchie von lang bis kurz in vier Stufungen aus, wie sie sich etwa in folgender Wörterkette darstellen läßt: **bee/bead – beat – bid – bit.** Nach Messungen von Kalevi Wiik (1965), die GIMSON zitiert, ist der Vokal in **bid** eher länger als der in **beat**: "Thus it will be seen that [iː] is typically shorter in a word such as **seat** (12. 3. csecs.) than [ɪ] in a word such as **hid** (14.7 csecs.)" (GIMSON [2]1970: 95).

Aber abgesehen davon, daß der Unterschied nicht sehr groß ist und so feine Quantitätsunterschiede ohnehin nicht in der *broad transcription* notiert werden können, kommt es für den Lerner hauptsächlich darauf an, **beat** deutlich kürzer als **bead** und **bit** deutlich kürzer als **bid** zu sprechen und die größere Quantität des Vokals fest mit der Lenis-Qualität des nachvokalischen Konsonanten zu assoziieren. (Wollte man ganz exakt sein, so müßte man bei den Auslautkonsonanten auch noch jeweils zwischen plosiven, frikativen und nasalen unterscheiden und die offenen Silben zusätzlich getrennt bewerten).

Wenn es also bei vier unterschiedlichen Längen bleibt, bietet sich als zweites Längezeichen neben dem Doppelpunkt der (auch sonst als „halbe Länge" gebrauchte) Einzelpunkt an.

Man könnte zwei Möglichkeiten ins Auge fassen:

Variante 1: Man beläßt es bei jeweils einem Zeichen für die nach bisheriger Lesart langen und kurzen Vokale. Dann muß man allerdings, um den Qualitätsunterschied zwischen Wörtern wie **beat** und **bid,** die beide einen Einzelpunkt bekommen, zu markieren, für **beat** den oberen Punkt des Doppelpunktes ⟨bi·t⟩ und für **bid** den unteren ⟨bi.d⟩ wählen. Man erhält dann vier gleiche Zeichen mit jeweils unterschiedlicher Längenangabe: ⟨iː, i·, i., i⟩.

Variante 2: Man übernimmt die neuen Zeichen von Gimson und Lewis und führt zusätzlich zu dem von Gimson noch gebrauchten Doppelpunkt den Einzelpunkt ein. Dieser könnte dann auf der Zeile liegen, und so könnten beide Längenmarkierungen mit einer gewöhnlichen Schreibmaschine geschrieben werden.
Für den [i]- und [u]-Bereich sähen die beiden Lösungen folgendermaßen aus:

Kennwörter	Variante 1	Variante 2	Kennwörter	Variante 1	Variante 2
bee	⟨bi:⟩	⟨bi:⟩	**do**	⟨du:⟩	⟨du:⟩
bead	⟨bi:d⟩	⟨bi:d⟩	**food**	⟨fu:d⟩	⟨fu:d⟩
beat	⟨bi·t⟩	⟨bi.t⟩	**boot**	⟨bu·t⟩	⟨bu.t⟩
bid	⟨bi.d⟩	⟨bɪ.d⟩	**good**	⟨gu.d⟩	⟨gʊ.d⟩
bit	⟨bit⟩	⟨bɪt⟩	**put**	⟨put⟩	⟨pʊt⟩

Abb. 4: Zwei mögliche Varianten zur genaueren Symbolisierung der Vokalquantitäten des Englischen

3.2.6 Zusammenfassung

Zusammenfassend könnte man über die Anforderungen, die an die Lautschrift gestellt werden, folgendes sagen:
1. Da es einen einheitlichen, exakt fixierbaren Aussprachestand des Englischen nicht gibt, kann es sich bei der *broad transcription* nur um die Festlegung von Annäherungswerten handeln, auf die man sich einigen sollte. Nur eine in der überwiegenden Mehrheit der Nachschlagewerke und Lehrbücher zu findende Einheitlichkeit kann gewährleisten, daß die Lautschrift für den Lerner von EFL eine echte Hilfe ist. Die Notationen stützen sich auf Konventionen, die zwar notwendig Vereinfachungen mit einschließen, die aber trotzdem eine unwissenschaftliche Auffassung ausschließen müssen.
2. Die Lautschrift-Zeichen sollen deskriptiv so adäquat wie möglich sein, pragmatisch aber so praktikabel und universal wie für das Fremdsprachenlernen nötig. Im Zweifelsfalle muß für die *broad transcription* der letztere Gesichtspunkt den Ausschlag geben. Für die *broad tran-*

scription im FU kann Kontinuität wichtiger sein als Anpassung an Lautwandel, insbesondere dann, wenn einzelne qualitative oder quantitative Lautveränderungen nicht oder noch nicht einen allgemein gesicherten Aussprachestand widerspiegeln.

3. Wichtige lokale und soziale Varianten können in einem großangelegten Speziallexikon zusätzlich gegeben werden. Zum größten Teil müssen sie jedoch, zusammen mit anderen Besonderheiten (wie z. B. Aspiration, dunkle und helle Färbungen usw.) einer *narrow transcription* vorbehalten bleiben.

4. Die Zeichen müssen so gestaltet sein, daß sie den kontrastiven Vergleich mit den phonologischen Systemen der wichtigen Vergleichssprachen gestatten und die Besonderheiten des Systems der Zielsprache hervortreten lassen. Redundante Zeichen sind insoweit erwünscht, wie sie dem Fremdsprachenlerner zusätzliche Hilfen bzw. Hinweise geben. Statt die Längenzeichen wegfallen zu lassen, sollte man eine deskriptiv angemessene und didaktisch brauchbare Lösung zur Bezeichnung von fünf unterschiedlichen Vokallängen einführen.

5. Den alphabetischen Zeichen ist im Zweifelsfalle der Vorzug zu geben, sofern sie nicht zu Verfälschungen verleiten. Eine relativ große Zahl von alphabetischen Zeichen erleichtert die Praktikabilität und die Erstellung von Manuskripten mit der Schreibmaschine im Fremdsprachenunterricht in Schule und Hochschule. Eine gewisse Suggestivität bzw. Assoziationsbegünstigung ist erwünscht. Das ist z. B. der Fall beim ⟨ɔ⟩-Zeichen gegenüber dem ⟨o⟩-Zeichen (offenes [ɔ] und geschlossenes [o]), nicht dagegen bei dem Zeichen ⟨ω⟩, das ein ungespanntes, kurzes [u] darstellen soll.

6. Die von Jones' EPD her bekannten einfachen Markierungen für den Hauptakzent ⟨ˈ⟩ und den Nebenakzent ⟨ˌ⟩ haben sich bewährt und genügen den Anforderungen, die man gemeinhin an ein Lexikon stellt. Ein Gewinn durch die Umstellung auf die neuen Zeichen ⟨ˋ; ˈ⟩ von J. W. Lewis wäre nicht gegeben. (Vgl. dazu Abschnitt 12.4.3)

A1 AUFGABE 1 (Transkription I)

Die erste Aufgabe soll dazu dienen, die passive Kenntnis der Lautschrift zu fördern und zu festigen. Lesen Sie den Text laut und übertragen Sie ihn in Orthographie. Bitte achten Sie dabei auf folgende Einzelheiten:

HINWEISE

ZEILE 1 /minits/: Das auslautende [s] ist hier ein Zeichen für den Plural (Pluralmorphem) und richtet sich mit seiner Aussprache nach den Regeln für die Flexionsendungen, ebenso wie das 3. Person-Singular-Morphem [z] bei [sez] in Zeile 5 (→ Abschnitt 11).

Der **s-**Buchstabe als Flexionsendung repräsentiert je nach Kontext [-s], [-z] oder [-iz]. Die Wörter [jes] in Zeile 5 oder [ʌnpriˈtenʃəs] in Zeile 12 lauten auf [s] aus. Dieses /s/ ist keine Flexionsendung und hat mit den Aussprache-Regeln für die Flexionsendungen nichts zu tun. Ob ein **s-**Buchstabe am Ende eines Wortes [s] oder [z] repräsentiert, muß in diesem Falle stets im Zusammenhang mit der Aussprache des ganzen Wortes beachtet werden.

ZEILE 4 [ðis] und ZEILE 9 [θink]: die Regel für das **th** im Anlaut kennen Sie schon; lexikalische Wörter (Bedeutungsträger) haben [θ], Strukturwörter haben [ð]. Diese Regel gilt nicht für **th** im Inlaut und Auslaut, obwohl, wie Sie in Zeile 8 sehen können, **with** ein [ð] hat und nicht, wie viele Deutsche meinen, ein [θ].

ZEILE 17 [ɑ(u)ə] zeigt die Einebnung *(levelling)* des Triphthongs (Dreifachvokal) bei **our.** Diese geht beim flüssigen Sprechen so weit, daß oft nur noch ein [ɑː] übrigbleibt, obwohl das von konservativen Sprechern kritisiert wird: [ɑuə>ɑːə> ɑː]. (→Abschnitt 7.4)

ZEILE 23 [hæf] und ZEILE 24 [hæv]: Das Wort **have** endet auf stimmhaftes [v] und hat schwachtonige Formen wie [(h)əv] (vgl. Zeile 25) und [-v] wie etwa in **I've.** Vor stimmlosen Konsonanten gleicht sich das [v] an (Assimilation) und wird stimmloses [f]: [hæf tə] (ZEILE 23). Allerdings tritt diese Assimilation nicht überall auf.

Zum leichteren Verständnis des Textes in Aufgabe 1: George und Mary haben in einem Hotel ein Doppelzimmer bestellt. Als sie nach einer Autofahrt dort ankommen, sind sie einigermaßen enttäuscht; denn das Hotel sieht etwas vernachlässigt und gar nicht wie ein „Grand Hotel“ aus. Immerhin hat ihr Freund (Old) Robinson, der in diesen Dingen wählerisch ist, es empfohlen. Aber innen erweist es sich als nicht viel besser: das Zimmer ist winzig, und die Betten sind nicht gut gelüftet.

George and Mary at the Hotel

ˈdʒɔːdʒ ənd ˈmɛəri ət ðə həuˈtel

dʒ Wel ˈhiə wiː ˈɑː ˈeitiːn ən ə ˈhɑːf minits
pɑːst ˈsevn/ nɔt bæd ˈgəuiŋ/ kənˈsidriŋ
ðə ˈtræfik wiːv ˈhæd ɔn ðə ˈwei./
m ɑː ju ˈʃuə ðis iz ðə həuˈtel?/
dʒ waiˈjes./ it sez ˈgrænd həuˈtel ɔn ðə
ˈfrʌnt ˈdʌzn(t)it?/
m it ˈdʌzn(t) luk veri ˈgrænd tə ˈmiː./ in
ˈfækt it kudˈduː wið ə ˈkəut əv ˈpeint./
ai ˈdəunt ˈθiŋk aim gəuiŋ təˈlaik it.
dʒ əu ˈkʌm ˈɔn ˈmɛəri./ əuld ˈrɔbinsn
rekəˈmendid it/ ən ai ʃud ˈθiŋk (h)iːz
ˈfʌsi əbɑut ˈwɛə hiː ˈsteiz./ ʌnpriˈtenʃəs
ən ˈriːznəbl hiː sed.
m lets həup its ˈbetə inˈsaid./ ðəz ˈnəu

ˈhɑːm in ˈtraiiŋ it ai ˈs(ə)pəuz./ (ˈinˈsaid ðə həuˈtel.)/

m səu ˈðis iz ɑ(u)ə ˈruːm./ its ˈnɔt veri ˈbig/ iz it? juː ˈdid ɑːsk fər ə ˈdʌbl ruːm ai s(ə)ˈpəuz?/

dʒ əf ˈkɔːs ai did./ its ɔn ðə ˈsmɔːl ˈsaid ai ədˈmit./ bət ai ˈdəunt ikˈspekt wiːl bi(ː) ˈspendiŋ mʌtʃ ˈtaim in ˈhiə./

m wi(ː) ˈhæf tə ˈsliːp hiə./ dʒʌs ˈlet mi(ː)ˈhæv ə ˈkləusə ˈluk ət ðə ˈbedkləu(ð)z/ ai ˈmait (h)əv ˈnəun it./ ðə ˈʃiːts hævn(t) bi(ː)n ˈɛəd./

Adapted from ARNOLD/GIMSON, *English Pronunciation Practice*. London 1969, p. 58 f.

4. Der Sprechvorgang

Voraussetzung zum Verständnis der komplexen Vorgänge beim Sprechen, insbesondere der Bildung von Sprachlauten und ihrer Übertragung zu dem Gesprächspartner, ist für den Lernenden die Loslösung vom Schriftbild, d. h. von der oft bei Laien zu beobachtenden Gleichsetzung von Lauten und Buchstaben. (Über die Schwierigkeiten und Unzulänglichkeiten des Versuches, das akustisch realisierte Zeichensystem Sprache sekundär in ein graphisches umzusetzen, haben wir schon in Abschnitt 3 gesprochen.)

Will man von einem Schiff zu einem anderen eine Nachricht übermitteln, so muß man, sofern es keine Sprechfunk-Verbindung gibt, diese Nachricht mit Hilfe eines dem Empfänger bekannten *Codes* in Flaggen- oder Morsezeichen umsetzen. Man kann auch die Sprache als einen solchen Code bezeichnen, und wie beim Morsen funktioniert der *Kommunikationsprozeß* nur, wenn Sprecher und Hörer, die beim Sprechen laufend ihre Rollen wechseln, ihre Informationen mit Hilfe des gleichen bekannten Codes *enkodieren* und *dekodieren*. Ein (stark vereinfachtes) Modell kann das veranschaulichen

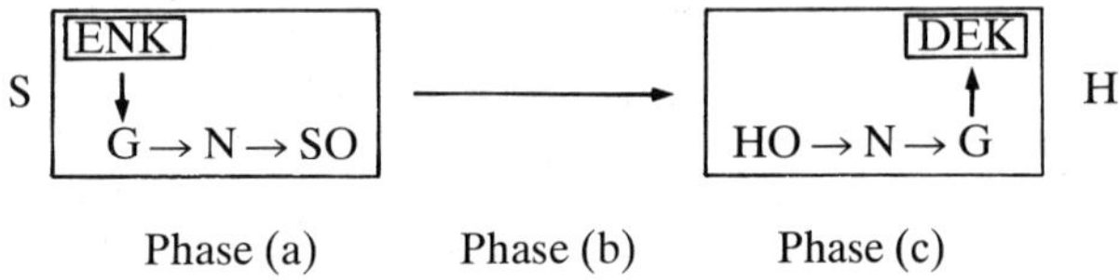

Abb. 5: Kommunikationsmodell. (Für ein detailliertes Modell mit Rückkoppelungskreisen vgl. *Lindner* [1969: 221]).

Der Sprecher (S) enkodiert (ENK) seine Information im Gehirn (G) und leitet sie über die Nervenbahnen (N) zu den Sprechorganen (SO), welche sie akustisch realisieren. Die Übertragung zum Hörer (H) erfolgt mittels Schallwellen, die von seinen Hörorganen (HO) aufgenommen, über seine Nervenbahnen (N) zum Gehirn (G) geleitet und dort dekodiert (DEK) werden. Das Gehirn funktioniert aber nicht neutral registrierend wie eine Apparatur, sondern ist ganz auf die bedeutungsrelevanten Merkmale des von klein auf erlernten Codes, der *Muttersprache,* eingestellt. Dieser Tatsache versucht die *Phonologie* (→ Abschnitt 5 „Phonologie") Rechnung zu tragen. Das Hören ist, wenn die Kommunikation funktioniert, immer ein *Hörverstehen.* Das wird auch in dem Wort *hören* meist impliziert. Vgl. frz. **entendre** = hören und verstehen; **entendu** = gehört, verstanden, einverstanden).

Gemäß diesem dreiteiligen Kommunikationsmodell kann man beim Sprechen (a) artikulatorische, (b) akustische und (c) auditive Vorgänge unterscheiden[4]. Die in der Phonetik üblichen Termini basieren teils auf artikulatorischen (z. B. *Verschlußlaute, Nasale*), teils auf auditiven (z. B. *Geräuschlaute, Reibelaute*) Prozessen. Begriffe aus der visuellen Wahrnehmung werden synästhetisch hinzugenommen (z. B. *helle* und *dunkle* Laute). Wenn wir sagen, daß deutsch [f] ein labio-dentaler Laut ist, weil er mit der Oberlippe auf den unteren Schneidezähnen gebildet wird, so ist das eine artikulatorisch bestimmte Aussage. Wenn wir [f] als einen Reibelaut bezeichnen, so ist das eine auditiv bestimmte Aussage. Die beiden Termini geben Antwort auf die Fragen nach dem Ort und nach der Art der Lautbildung. Wenn wir, etwa für das Englische, von einem hellen und einem dunklen [l] sprechen, gibt das jedoch nur vage einen Gehörseindruck unter Zuhilfenahme eines Gesichtseindruckes wieder.

Um eine Einsicht in die Bildung von Sprachlauten und ihre hauptsächlichen Eigenschaften zu gewinnen, müssen wir einen Blick auf die Sprechorgane (→ Abschnitt 4.1) und

[4] Dabei lassen wir weniger erforschte Teilvorgänge des Kommunikationsprozesses außer Acht.

die durch sie ausgelösten Vorgänge beim Sprechen (→ Abschnitt 4.2) werfen. Wir berühren dabei die umfangreichen Wissenschaftsgebiete der artikulatorischen, akustischen und auditiven Phonetik, deren (experimentelle) Erforschung unterschiedlich weit fortgeschritten ist. Für ein genaueres Studium dieser für den Sprachlehrer interessanten Gebiete müssen wir auf Bücher verweisen, die sich mit Phonetik allgemein befassen (Dieth 1950; Malmberg 1963; Pilch 1974; Lindner 1969, Schubiger 1970) und auf solche, die im Rahmen der Phonetik des Englischen näher darauf eingehen (Jones 1964; Gimson 1970; Arnold/Hansen 1966; Scherer/Wollmann 1972).

4.1 Bau und Funktion der Sprechorgane

HINWEIS
Als visuelle Stütze für das Erkennen der Lage der Sprechorgane dient die hinten eingebundene herausklappbare Abbildung 6 (Die Sprechorgane). Beim Ausatmen wird die in der Lunge angesammelte Luft durch die Luftröhre nach oben gedrückt und passiert dabei den Kehlkopf mit den *Stimmlippen,* die *Rachenhöhle,* die *Mundhöhle* und, falls das *Velum* geöffnet ist, auch die *Nasenhöhle.*
Den Raum zwischen dem Kehlkopf mit den Stimmlippen und den Lippen nennt man *Artikulationskanal* oder, in Anlehnung an die Vorgänge bei einem Blasinstrument, Ansatzrohr. In diesem Artikulationskanal, der als Resonanzraum wirkt und in Form und Größe veränderlich ist, kann der aus der Lunge kommende Luftstrom (Phonationsstrom) Klänge unterschiedlicher Qualität („Klangfarbe") und Geräusche hervorbringen (→ Abschnitt 4.2).

Wenn in Hohlräumen verschiedener Größe und Form verschiedene Klänge erzeugt werden, so ist das anders als wenn Saiten von Musikinstrumenten mechanisch in Schwingungen versetzt werden. Bei der Geige oder beim Klavier, wo das letztere (in unterschiedlicher Weise) der Fall ist, braucht man zwar auch einen Resonanzraum, damit die erzeugte Saitenschwingung lauter hörbar wird; aber ein besonderer Luftstrom ist dazu nicht erforderlich. Der Orgelbauer dagegen muß einen dauernd verfügbaren Luftstrom konstruieren. Der Akkordeonspieler muß diesen Luftstrom durch Aufziehen und Zudrücken des Luftbalges herstellen.

Die Bildung der Laute geschieht also durch Luftstrom aus der Lunge. (Daß man auch durch hinter den Lippen gestaute Luft, durch Munddruck, gewisse Laute hervorbringen kann, können wir hier übergehen). Obwohl der Vorgang etwas anders ist als beim Ausatmen, nennt man das *expiratorisch,* damit man über den Gegensatz dazu sprechen kann: es gibt nämlich auch *inspiratorische* Laute.

Das Einsaugen von Luft erfolgt nicht nur beim Schluchzen, sondern auch bei gewissen Ausrufen oder sonstigen Kurzaussagen, die dadurch eine besondere Qualität erhalten. So machen wir oft ganz unbewußt Gebrauch vom Inspirium bei den Wörtern *ja* und *nein,* ebenso der Engländer bei *yes* und *no*. Die damit ausgedrückte Bedeutung schwankt nach dem Sinnzusammenhang. Inspiriertes *ja* und *yes* hat meist die Bedeutung von „aber sicher, natürlich", mit anderer Intonation manchmal den Sinn von „meinetwegen". Inspiratorisches *nein* und *no* bedeutet meist „keinesfalls, wo denkst du hin". Ganze Sätze inspiratorisch zu artikulieren, verlangt viel Übung und Energie. Das Ergebnis ist schwach und leise, die Stimme „trägt" nicht. Am ehesten könnte sich das Inspirium noch zum Flüstern eignen, welches aber normalerweise auch expiratorisch geschieht.

Am oberen Ende der Luftröhre sitzt der *Kehlkopf,* bestehend aus Knorpeln, Bändern und Muskeln. Da er keinerlei Knochen hat, ist er äußerst beweglich: in seinen Teilen gegeneinander und auch als Ganzes senkrecht oder waagerecht.
Die verschiedenen Knorpel des Kehlkopfes, Ringknorpel, Schildknorpel und das Ary-Knorpel-Paar, werden durch zahlreiche Muskeln bewegt. Einer von ihnen ist der Stimm-Muskel, *(musculus vocalis),* der in den Stimmlippen liegt und an deren Spannung wesentlich beteiligt ist. Mitten im Kehlkopfgehäuse liegen die *Stimmlippen (labia vocalia).* Man sollte sie nicht Stimmbänder nennen, obwohl das der gebräuchlichste Name für diese Falten ist; denn immer wieder verfällt man in den Irrtum, an Saiten zu denken, so wie man sie von der Geige her kennt. Es sind lippenförmige

Gebilde, die wie eine Mundöffnung im Kehlkopf liegen. Und wie ein Mund bilden sie einen mehr oder weniger großen Spalt: *die Glottis (the glottis)*.

Von außen her sieht man gewisse Bewegungen des Kehlkopfes am leicht hervorstehenden *Adamsapfel (pomme d'Adam; Adam's Apple)*. Der Name ist wahrscheinlich in der Volksphantasie entstanden, die sich vorstellte, der von Eva gereichte Apfel müßte dem armen Adam im Hals steckengeblieben sein; denn dort ist er „heute noch" sichtbar, während er bei Frauen kaum auszumachen ist.

Die Höhe eines Tones, also seine Frequenz, hängt von der Länge und der Spannung des schwingenden Körpers ab. Bei der menschlichen Stimme sind das die Stimmlippen. Ihre Länge ist vom schlaffen bis zum gespannten Zustand veränderlich: beim Mann von 20 bis 24 mm, bei der Frau von 19 bis 20 mm. Da die Stimmlippen des Mannes länger sind als die der Frau, ist seine Stimmlage tiefer. Diese größere Länge der Stimmlippen beim Manne entsteht durch ein besonders rasches Wachstum während der Pubertät, wo beim sogenannten Stimmbruch des Knaben die Stimme um etwa eine Oktave sinkt.
Der aus der Lunge kommende Luftstrom streicht durch die „Glottis" genannte Ritze zwischen den Stimmlippen. Der dabei entstehende Laut richtet sich nach der gerade eingestellten Form der Glottis. Unter den möglichen Gestalten und Größen unterscheidet Dieth (1950: 91) folgende sechs:

1	2	3	4
Verschluß-stellung (Knacklaut *glottal stop*)	Stimmstellg. (Vokale und stimmhafte Konso-nanten)	Flüsterstellg. (Flüstern)	Reibestellg. (h)

Abb. 7: Schematische Darstellung der Einstellungen der Stimmlippen.

Bei der sogenannten Bauchpresse, beim Druck der Bauchmuskulatur auf die Eingeweide, sind die Stimmlippen geschlossen; ebenso im Augenblick vor dem Husten. Beim Husten wird der Stimmlippenverschluß plötzlich gesprengt, und es folgt ein h-ähnlicher Reibelaut. Bleibt dieser Reibelaut weg, so hört man nur ein leises Knacken: das ist der *Knacklaut,* der uns als *glottal stop* noch beschäftigen muß. Er kommt in erster Linie vor Vokalen vor, und ist auch dann am ehesten hörbar. Beginnt ein Wort oder eine Silbe mit einem Vokal und läßt der Sprecher vor dem Vokal den Knacklaut hören, so nennen wir das den *harten Vokaleinsatz,* im Gegensatz zum weichen oder *gehauchten Einsatz.* Das „korrekte" Englisch kennt den harten Vokaleinsatz nicht.

4.2 Artikulatorische, akustische und auditive Vorgänge beim Sprechen

Bei der Vibration eines Körpers, etwa einer Geigensaite oder einer Stimmgabel, entstehen Töne. Die Luft wird durch sie in Schwingungen versetzt, die bei graphischer Darstellung eine Sinuskurve ergeben. Stimmhafte Sprachlaute sind jedoch Töne mit Obertönen, Klänge genannt. Darüber hinaus können die menschlichen Sprechorgane (z. B. bei der Bildung von stimmlosen Konsonanten) auch bloße Geräusche erzeugen. Bei Tönen und Klängen entstehen periodische, bei Geräuschen aperiodische Schallwellen.

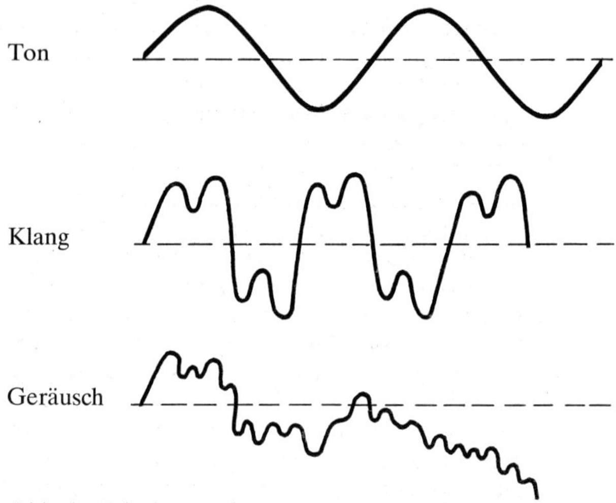

Abb. 8: Schwingungskurven

Töne, Klänge und Geräusche kann man unter dem Begriff *Laute* zusammenfassen; man spricht in der Phonetik allgemein von *Sprachlauten.* Schallwellen breiten sich wie Lichtstrahlen geradlinig aus und können gehemmt oder abgeleitet werden.

Die Geschwindigkeiten sind jedoch sehr verschieden: Schallwellen breiten sich mit 340 m/sek, Lichtstrahlen mit 300 Millionen m/sek aus. Die Schallgeschwindigkeit darf nicht mit der ebenfalls meßbaren Schwingungszahl pro Sekunde (Frequenz) verwechselt werden.

Die instrumentellen Hilfsmittel für die Darstellung und Erforschung von Sprachlauten und Lautfolgen sind in den letzten Jahrzehnten immer mehr verfeinert worden. Das wichtigste ist der *Sonagraph,* eine Weiterentwicklung des Spektrographen, mit dem man die Schallwellen zu Spektren analysieren und als *Sonagramme* aufzeichnen kann. Das menschliche Gehör reagiert einerseits feiner als die Instrumente, andererseits löst es beim Dekodieren von Sprache selektiv die „bedeutsamen“ Elemente heraus und übergeht alles andere. Die Sonagramme erfassen das akustische Geschehen (Phase [b] unseres Kommunikationsmodells in Abbildung 5), lassen jedoch auch Rückschlüsse auf artikulatorische und auditive Vorgänge zu.

Eine sehr genaue Beschreibung der verschiedenen Lauteigenschaften auf grund dessen, was die Sonagramme zeigen, gibt H. Pilch (1974: 41 ff). Er geht dabei jeweils, soweit möglich, auf die Entsprechungen zwischen den akustischen, artikulatorischen und auditiven Prozessen ein. Auf dem Sonagramm entspricht dem gehörten Klang ein Linienspektrum, dem gehörten Rauschen („Geräusch“) ein Rauschspektrum, das sich in zusammenhängenden dunklen Flecken niederschlägt. Klang entsteht durch Schwingung der Stimmlippen, Rauschen durch Reibung der Luft im Artikulationskanal. Beide können gleichzeitig auftreten und ergeben dann ein gemischtes Spektrum. Wir nehmen einige Ungenauigkeiten in Kauf, wenn wir stark vereinfachend sagen: das Linienspektrum entspricht den Vokalen, das Rauschspektrum den stimmlosen Konsonanten und das gemischte Spektrum den stimmhaften Konsonanten. Bei den letzteren kommt Stimmklang und Geräusch zusammen. Pilch unterscheidet als weitere Eigenschaften der Laute: den scharfen oder weichen Einsatz, den scharfen oder weichen Abglitt, die Klangfarbe, die Modulation, die Tonhöhe und die Länge (47 ff).

Die Vokale in den deutschen Wörtern **Lied, lädt, lud** sind sämtlich Klänge mit weichem Abglitt, unterscheiden sich aber durch verschiedene „Klangfarben“. Wir haben in Abbildung 3 die komplexe Schallwelle eines Klanges gezeigt. Genau genommen, setzt diese sich aus einer Grundfrequenz und mehreren Obertonfrequenzen zusammen. Frequenz ist die Schwingungszahl pro Sekunde und wird in Hertz gemessen. Pilch: „Akustisch entspricht die Klangfarbe der Verteilung der Intensität auf bestimmte Frequenzen“ (51). „Einen Frequenzbereich besonders starker Intensität nennt man einen *Formanten*“ (51). Die For-

manten ordnen sich auf dem Sonagramm von unten nach oben an: tiefere Frequenzen unten, höhere jeweils weiter oben.
Der Artikulationskanal, bestehend aus Mundhöhle und Rachenhöhle, kann in seiner Form verändert werden. Wie wird nun das, was wir auditiv als Lautqualität, als die sogenannte Klangfarbe, empfinden, artikulatorisch erzeugt? Die Zunge kann den in senkrechter Ebene zur Richtung des Luftstroms gemessenen Durchmesser des Artikulationskanals, wie schon erwähnt, an verschiedenen Stellen verkleinern. Wir vermeiden für diese Stellen den Begriff „Enge", weil dieser für die Konsonantenbildung gebraucht wird; mit anderen Worten: bei Vokalen handelt es sich nur um verkleinerte Öffnungen, die den Luftstrom immer noch ungehindert fließen lassen. Liegt die Öffnungsstelle mit dem kleinsten Durchmesser weiter vorne im Artikulationskanal, so ergeben sich helle, „akute" Lautelemente wie deutsch [i, e], liegt sie weiter hinten, so ergeben sich dunkle, "grave" Elemente wie deutsch [u, o, a]. Weitere Klangfärbungen kommen durch die stufenlos veränderbare Größe dieser relativ kleinsten Öffnung und durch die Formung der Lippen (gerundet bis gespreizt) zustande. Eine nasale Färbung wird dadurch erreicht, daß das Gaumensegel durch stufenlos regulierbare Öffnung dem Luftstrom den Zugang zur Nasenhöhle ganz oder teilweise freigibt.
Was wir auditiv als wechselnde Tonhöhen wahrnehmen, wird artikulatorisch durch Veränderung der Frequenz der Stimmlippenschwingungen erzeugt. Je höher die Frequenz, desto höher der Ton. Vergrößert sich die Frequenz während des Tones, so sprechen wir von steigendem Ton. Entsprechend kommt durch Verringerung der Frequenz fallender Ton zustande. Unter Intonation versteht man dann sowohl solche Veränderungen während eines Lautelements, als auch die Aneinanderreihung der Tonhöhen im Verlaufe einer sprachlichen Sequenz.
Für unsere auditive Wahrnehmung klingen manche Silben stärker als andere. Wir bezeichnen die Silben als stärker oder schwächer „betont". Was darunter nach dem neuesten Forschungsstand verstanden wird, soll in → Abschnitt 12, der mit „Akzent" überschrieben ist, kurz dargelegt werden.

Abgesehen davon, daß die Sprachlaute auch ihnen gewissermaßen anhaftende Eigenintensitäten haben, nimmt man heute an, daß der Gehörseindruck des relativ stärkeren Tons sein artikulatorisches Korrelat in erster Linie in einer starken Tonhöhenbewegung hat.

4.2.1 Stimmhaft und stimmlos

Wie wir an der Figur 2 in Abbildung 7 sehen, kommt klingende Stimme nur zustande, wenn die Stimmlippen eng parallel stehen und so von dem aus der Lunge kommenden Luftstron in Schwingungen versetzt werden können. Wer immer sich mit Sprechen und Aussprache befaßt, muß sich über das Phänomen von Stimmhaftigkeit und Stimmlosigkeit ganz klar werden. Töne und Klänge entstehen nur beim Schwingen der Stimmlippen, welche die darüberliegende Luftsäule in Vibration versetzen; aber geräuschhafte Laute sind auch ohne schwingende Stimmlippen möglich. Die Laute, bei denen die Stimmlippen schwingen, werden *stimmhaft* genannt; die Laute, bei denen die Stimmlippen nicht schwingen, werden *stimmlos* genannt. Wenn die Luft beim Entweichen an den Stimmlippen Widerstand findet (Figur 2), öffnen und schließen sich diese rhythmisch und setzen so die darüberliegende Luft in Vibration. Der dabei entstehende musikalische Ton der Singstimme kann dann durch die Sprechorgane im Artikulationskanal modifiziert werden, sodaß sich einerseits die *Vokale,* andererseits die *stimmhaften Konsonanten* ergeben.
Betrachten wir die Stellung der Stimmlippen an den Figuren 4 und 5 in Abbildung 7, die einander ähnlich sind, so verstehen wir, wie *stimmlose Konsonanten* zustandekommen: die Stimmlippen sind so weit geöffnet, daß sie nicht in Schwingungen geraten und daß die Luft frei hindurchstreichen kann. Also entsteht kein musikalischer Ton im Kehlkopf. Dem Luftstrom wird an einer weiter oben liegenden Stelle des Artikulationskanals ein Widerstand (z. B. Verschluß oder Enge) entgegengesetzt, sodaß bei der Überwindung dieses Widerstandes ein *Geräusch* entsteht: die stimmlosen Konsonanten sind *Geräuschlaute.* Wird z. B. der Widerstand am äußersten Ende des Luftstromweges

gebildet, nämlich durch die beiden Lippen des Mundes, so ergibt sich durch den Lippenverschluß und seine explosionsartige Öffnung das [p], ein bilabialer – beide Lippen sind beteiligt – stimmloser Verschlußlaut.

VERSUCHE

Wenn Sie einen Konsonanten bilden, wie er Ihnen aus dem deutschen Wort **See** geläufig ist, so werden Sie, wenn Sie Hochdeutsch sprechen, dabei die Stimme beteiligen, wenn Sie einen süddeutschen Dialekt sprechen, nicht. Der stimmhafte, mehr „gesummte" Konsonant wird in der phonetischen Transkription als [z] bezeichnet, der stimmlose, mehr „gezischte" als [s]. Legen Sie die Hand oben auf den Kopf und sprechen Sie [z] und [s] abwechselnd als Dauerlaute. Bei [z] spüren Sie eine Übertragung der Stimmlippen- und Luftschwingungen auf die Schädelknochen, bei [s] nicht. Wiederholen Sie den Versuch mit den Anlautkonsonanten von **Weste** [v] und **Feste** [f].

Legen Sie bei geöffneten Lippen ein Lineal quer oben an den Kehlkopf und klopfen Sie, ohne Laute zu artikulieren, mit dem Fingernagel darauf. Sind die Stimmlippen (zum Durchatmen) geöffnet, so hören Sie das bloße Klopfgeräusch. Sind sie geschlossen (wie etwa zur Bildung eines /b/-Lautes), so hören Sie zusätzlich einen Resonanzklang, den Sie durch Vergrößern oder Verkleinern der Mundöffnung modifizieren können.

Über den Grad der Stimmhaftigkeit hat man manchmal falsche Vorstellungen. Der Lehrer im Englischunterricht muß die Stimmhaftigkeit gewisser Konsonanten übertreiben, weil deutsche Sprecher zu einer totalen Stimmlosigkeit, insbesondere im Auslaut, tendieren. Die Sonagramme der Wörter **chess** und **jazz** z. B. (vgl. SCHERER/WOLLMANN 1972: 29) zeigen jedoch ganz deutlich, daß [æ] hier zwar weit länger ist als [e], daß aber die Stimmhaftigkeit der Konsonanten [dʒ] und [z] fast ganz verlorengegangen ist *(devoicing)*. Das bedeutet für den Englischlehrer, daß er die aus methodischen Gründen zunächst stark herausgestellte Stimmhaftigkeit solcher Laute im Laufe des Lehrganges auf ein relativ geringes Maß zurücknehmen und die anderen dabei wichtigen Komponenten (relative Länge des Vokals, Lenis-Qualität des Konsonanten) berücksichtigen muß. Die Unterscheidung zwischen Fortis- und Lenis-Lauten ist zur Erlangung einer natürlichen Aussprache des Englischen von größter Wichtigkeit (→ Abschnitt 4.2.3.4 und 9.2.1).

4.2.2 Die Bildung von Vokalen

Wir wissen schon, daß ein Vokal ein Klang ist, bestehend aus einem Grundton und gewissen Obertönen, und daß die Stimmlippen bei ihrer Bildung eng beieinanderliegen (vgl. nochmals Figur 2 in Abbildung 7) und durch ihre Schwingungen die Luftsäule oberhalb des Kehlkopfes in Vibration versetzen. Da von den Stimmlippen aufwärts nirgends ein Widerstand (Verschluß oder starke Verengung) gebildet wird, ergibt sich kein Verschlußlaut (der auch Explosivlaut genannt wird) und kein Reibelaut. Deshalb entsteht auch bei Vokalen normalerweise *kein Geräusch.* – Vokale können Silbenträger sein, Konsonanten im allgemeinen nicht.

Die Veränderungen der Gestalt des Artikulationskanals werden durch Heben und Senken des Kehlkopfes, durch Verformung der Rachenhöhle, durch graduelle Senkung des Unterkiefers, insbesondere aber durch Verlagerung und Verformung des höchst beweglichen Zungenmuskels bewirkt. Dieser erweitert oder verkleinert den Resonanzraum des Artikulationskanals im vorderen, mittleren oder hinteren Teil der Mundhöhle (mit der *Vorder-, Mittel-* oder *Hinterzunge*). Dabei können die Lippen *neutral, gerundet* oder *gespreizt* sein. Die beteiligten Muskeln können gespannt *(tense)* oder entspannt *(lax)* sein. Alle diese Stellungen gehen stufenlos ineinander über, und die hier genannten Merkmale können immer nur relativ verstanden werden. So ist z. B. deutsch [a] offener als [e] und [e] offener als [i]. Die Sprachwissenschaft hat, um Lautbildungen verschiedener Sprachen und Sprecher vergleichen zu können, für die Vokale ein Bezugssystem mit Fixpunkten festgelegt, die Aussagen im Sinne des Grades von Abweichungen ermöglichen. Seit etwa 1925 haben sich die von D. Jones eingeführten *cardinal vowels* durchgesetzt.

VERSUCHE

Wenn Sie den Unterkiefer „fallen lassen“ und die Zunge flach im Unterkiefer liegen lassen, entsteht bei Stimmlippenvibration ein [a]-Vokal. Der Laie nimmt manchmal an, er artikuliere nun die anderen Vokale nur durch Veränderung der Lippenstellung. Das liegt daran, daß er die Lippen bewußter bewegt als die Zunge.

Gehen Sie stufenlos von [iː] nach [üː] (das Lautzeichen [ü] entspricht dem deutschen **ü**-Buchstaben)[5] und wieder zurück nach [iː]. Dabei gehen die Lippen von gespreizt nach gerundet und zurück nach gespreizt; die Zungenstellung bleibt während des ganzen Vorgangs unverändert.

Gehen Sie nun stufenlos von [üː] nach [uː] und zurück. Jetzt bleibt die Lippenstellung unverändert, die Zunge dagegen wandert: bei [üː] hebt sich die Vorderzunge (nicht nur die Zungenspitze), bei [uː] die Hinterzunge.

Wenn wir einmal von der Lippenstellung absehen, so wird die Art des Vokals von dem Teil der Zunge, der am höchsten liegt, und von dem Grad dieser Zungenhebung bestimmt. So ergibt sich beim stufenlosen Übergang von [iː] zu [eː] zu [aː] eine kontinuierliche Senkung der Vorderzunge bei gleichzeitiger zunehmender Öffnung des Mundes. Geht man von [aː] über [oː] nach [uː], so ergibt sich eine Hebung der Hinterzunge bei zunehmender Schließung des Mundes. Man kann sich also die Vokale [a, e, i, o, u] an einem Dreieck angeordnet vorstellen:

[5] Für diesen Laut wird international meist das Zeichen [y] verwendet.

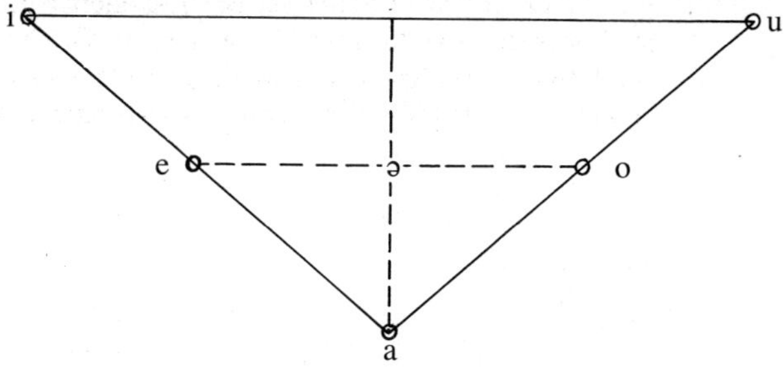

Abb. 9: Vokaldreieck

Da das [a] aber weiter vorne oder weiter hinten artikuliert werden kann, nimmt D. Jones für die Kardinalvokale ein *Vokalviereck* an, das den Vorteil hat, daß die (ungefähre) Lage der vier „Außenpositionen“ von i, a, ɑ, u durch Röntgenbilder empirisch nachgewiesen ist.

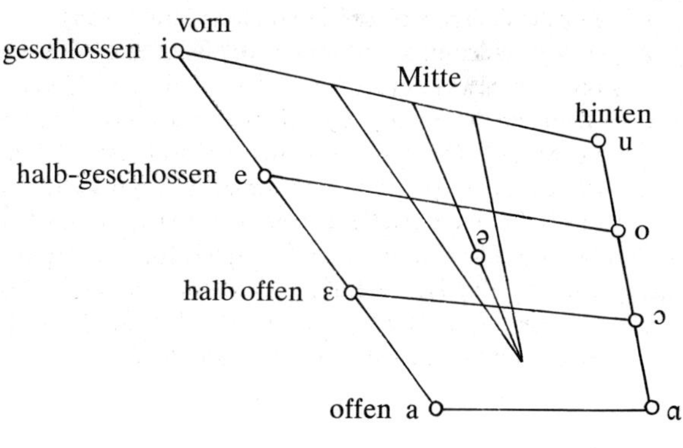

Abb. 10: Vokalviereck: Die sogenannten Kardinalvokale nach D. Jones

Die Position des Kardinal-[i] läßt sich folgendermaßen beschreiben: die Vorderzunge nimmt die höchste Stellung ein, die noch einen freien Durchlaß des Phonationsstromes zwischen Zunge und Palatum erlaubt. Wird die Zunge noch weiter angehoben, so entsteht ein [j]-Laut, der als Halbvokal bezeichnet wird.
Setzt man diese Zungenhebung fort, so ist man bei der Bildung von Konsonanten. – Wenn man von einem Vokal (z. B. [a]) in Richtung auf die Position eines anderen (z. B. [i]) gleitet, so ergibt sich ein Diphthong. Wie diese Gleitbewegungen im Englischen aussehen, soll im Zusammenhang mit der Besprechung der englischen Diphthonge veranschaulicht werden. – Das Vokalviereck mit den Kardinalvokalen hat den Vorteil, daß man Fixpunkte hat, die nicht an eine bestimmte Sprache gebunden sind, und daß sich die Vokale einer bestimmten Sprache als Abweichungen von den Kardinalvokalen darstellen lassen. Vergleichen Sie

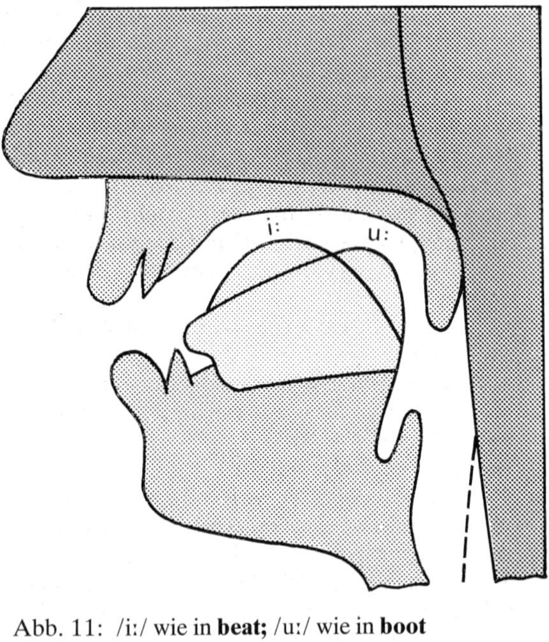

Abb. 11: /iː/ wie in **beat;** /uː/ wie in **boot**

dazu die Lage der englischen Vokale in Abbildung 13 (hinten herausklappbar).

Man muß sich nun dieses Vokalviereck in die Darstellung der Sprechorgane (vgl. die Abbildungen 6 und 11) hineinverlegt denken. Die Mundöffnung ist links, und die Bezeichnungen *geschlossen* bis *offen* beziehen sich auf die Höhe der Zungenstellung und auf den Grad der Mundöffnung. Daraus wird auch der Grund für die Form des Vierecks ersichtlich: Der bewegliche Unterkiefer ist rechts am starren Oberkiefer befestigt; bei Öffnung des Unterkiefers ergibt sich also links eine größere Entfernung zwischen den Positionen von [i] und [a] als rechts zwischen denen von [u] und [ɑ].

Die Einführung eines abstrakten Schemas deutet darauf hin, wie schwierig die präzise Beschreibung von Vokalen ist. Bei solchen in vielen Sprachen fungierenden Vokalen wie [iː] und [uː] (vgl. Abbildung 11) kann man nur sagen, daß das eine Mal der vordere, das andere Mal der hintere Teil der Zunge die höchstmögliche Stellung einnimmt, die den Phonationsstrom noch ohne Enge, also ohne Reibegeräusch fließen läßt. Wie groß dabei der kleinste Abstand vom Palatum bis zur Zunge ist, ist schwer meßbar und variiert von Sprache zu Sprache und wahrscheinlich auch von Sprecher zu Sprecher. Man begnügt sich also im allgemeinen damit, die relative Lage der Vokale zueinander anzugeben. Diese relativen Positionen sind auch für Einzelsprachen wie englisch oder deutsch röntgenologisch nachweisbar.

Abbildung 11 läßt auch erkennen, daß man den Begriff „Vorderzunge“ nicht mit „Zungenspitze“ oder „vorderem Zungenrand“ verwechseln darf. Die beiden letzteren treten bei der Bildung von Konsonanten in Aktion. Bei isoliert gesprochenen Vokalen liegt der vordere Zungenrand hinter den unteren Schneidezähnen.

Was die Abbildung 11 nicht zeigt, ist die Lippenstellung. Bei [iː] sind die Lippen gespreizt, bei [uː] dagegen mehr oder weniger gerundet und vorgestülpt; bei englisch **boot** weniger als bei deutsch **Bude.** Was die Lippenstellung anbelangt, so bedeuten also die beiden hier gezeigten Vokale zwei Extrempositionen.

Merke Vokale sind stimmhafte Öffnungslaute, deren unterschiedliche Klangfarben durch Formveränderungen des Resonanzraumes im Artikulationskanal zustandekommen.

Artikulatorische Klassifikationsmerkmale:

a) Höhe der Zunge: *offen* bis *geschlossen,*

b) Agierender Teil der Zunge: Vorderzunge *vorn,* Mittelzunge *Mitte,* Hinterzunge *hinten,*

c) Lippenstellung: *gerundet, neutral, gespreizt,*

d) Länge *(Quantität)*

e) Spannungszustand der beteiligten Muskeln: *schlaff* oder *gespannt.*

Von diesen fünf Punkten ist der letzte (e) am wenigsten gesichert. Man nimmt im allgemeinen an, daß lange geschlossene Vokale mit mehr Muskelspannung artikuliert werden als kurze offene.

4.2.3 Die Bildung von Konsonanten

Ein Konsonant entsteht, wenn die Sprechorgane an einer Stelle des Artikulationskanals ein Hindernis bilden, sodaß der Luftstrom nicht mehr frei hindurchfließen kann. Wenn das Hindernis z. B. eine Enge ist, so entsteht ein Enge- oder *Reibelaut;* ist es ein Verschluß, der durch den Luftstrom explosionsartig geöffnet wird, so entsteht ein *Verschluß-* oder *Explosivlaut.* Engstellen und Verschlüsse können an verschiedenen Stellen im Vokaltrakt gebildet werden, sodaß sich eine Vielfalt von Konsonanten ergibt, die zudem jeweils mit oder ohne *Stimme* und mit größerer oder geringerer *Intensität* artikuliert werden können. Darüber hinaus gibt es noch die *Nasale,* bei denen das Velum der Luft den Zustrom in die Nasenhöhle freigibt, sodaß diese als Resonanzraum fungiert (vgl. Abbildung 6).
Man kann also die Konsonanten nach folgenden Gesichtspunkten klassifizieren: Artikulationsart, Artikulationsstelle, Stimmgebung, Intensität, Aspiration. Im folgenden werden nur Laute berücksichtigt, wie sie im Englischen und im Deutschen vorkommen.

4.2.3.1 **Artikulationsart**

1. Verschlußlaute (Explosivlaute, *plosives, stops*) [p, t, k; b, d, g; ʔ]
Sie werden mit einer Verschlußphase und einer explosionsartigen Öffnungsphase gebildet[6]. Die erstere kann ohne die zweite auftreten (= *incomplete plosion*) (→ Abschnitt 9.2.3.1).
2. Reibelaute (Engelaute, Spiranten, Frikative, *fricatives*) [f, v; θ, ð; s, z; ʃ, ʒ; h] [ç] (dt. **ich**-Laut), [x] (dt. **ach**-Laut). Der Luftstrom fließt mit einem Reibegeräusch durch eine Engstelle.
3. Affrikaten *(affricates)*
[tʃ, dʒ, tr, dr] dt. [ts, pf]
Verschlußlaute mit an derselben Stelle *(homorgan)* gebildetem Reibelaut. Man kann die Affrikaten als *einen* Laut auffassen.
4. Nasale *(nasals)*
[m, n, ŋ]
Die Luft entweicht durch die durch Velum-Senkung freigegebene Nasenhöhle, während Lippen, Vorderzunge oder Hinterzunge einen Verschluß bilden.
5. Laterale *(laterals)*
[l] (helles l) und [ɫ] (dunkles l)
Die Zungenspitze bildet einen Verschluß am Palatum, und die Luft entweicht seitlich an den Zungenrändern. Das Zungenblatt erzeugt durch seine Form eine helle oder eine dunkle Klangfarbe.
6. Geräuschlose Dauerlaute *(frictionless continuants)*
engl. [r]
Der Zungenrand liegt am oberen Zahndamm *(postalveolar)* und läßt in der Mitte eine Öffnung frei, durch die Luft ohne Reibegeräusch hindurchfließt.
7. Vibrationslaute *(rolls, trills)*
dt. [r]
Zungenspitze oder Zäpfchen – phonetisch gesehen, weit auseinanderliegend – schwingen im Luftstrom schnell auf und ab und erzeugen ein Vibriergeräusch.

[6] Oft unterscheidet man bei den Verschlußlauten zusätzlich eine dritte Phase: die Halte.

8. Halbvokale *(semi-vowels)*
   [j, w]
   Sie werden meist als reine Vokale gebildet, fungieren aber im Sprechkontinuum, da nie Silbenträger, als Konsonanten (→ Abschnitt 4.2.2).

4.2.3.2 Artikulationsstelle

Bei der Bezeichnung der Artikulationsstelle verzichtet man im Falle der Beteiligung der Zunge auf die Angabe des jeweiligen Zungenteils: der vordere Teil artikuliert als Zungenspitze oder Zungeblatt mit dem vorderen Teil des Gaumens, der hintere (Zungenrücken) mit dem hinteren Teil des Gaumens. (Vgl. Abbildung 6).

1. Bilabial. Die Lippen bilden miteinander einen Verschluß oder eine Enge.
   [p, b, m, w]
2. Labiodental. Die Oberzähne bilden, auf der Unterlippe liegend, eine Enge.
   [f, v]
3. Dental. Die Zungenspitze bildet an den Zähnen eine Enge oder einen Verschluß.
   [θ, ð], dt. [t, d]
4. Alveolar. Die Zungenspitze bildet am Zahndamm einen Verschluß oder eine Enge.
   engl. [t, d] [n, l, s, z], dt. [r] (sog. Zungen-r)
5. Post-alveolar. Die Zungenspitze bildet hinter dem Zahndamm eine Enge.
   engl. [r]
6. Palato-alveolar. Das Zungenblatt bildet am Übergang vom Zahndamm zum harten Gaumen einen Verschluß oder eine Enge.
   [ʃ, ʒ, tʃ, dʒ]
7. Palatal. Der Zungenrücken bildet am harten Gaumen einen Verschluß oder eine Enge.
   [ç, j]
8. Velar. Der Zungenrücken bildet am weichen Gaumen einen Verschluß oder eine Enge.
   [k, g; ŋ], dt. [x] (der sog. **ach**-Laut)

9. Uvular. Das Zäpfchen vibriert im Luftstrom.
   dt. [r]
10. Glottal. Die Stimmlippen bilden miteinander einen Verschluß oder eine Enge.
   [ʔ] (Knacklaut, *glottal stop);* [h]

4.2.3.3 Stimmgebung

Alle Konsonanten können sowohl stimmlos, als auch stimmhaft sein. Doch nur bei den folgenden wirkt sich dieser Unterschied phonematisch (bedeutungsrelevant) aus (→ Abschnitt 5):

[p – b]	[θ – ð]
[t – d]	[s – z]
[k – g]	[ʃ – ʒ]
[f – v]	[ç – j]
	[x – ɣ] (vgl. regional norddeutsch: **Wagen**)

Die anderen [m, n, ŋ, l, r, w, j] werden in der *broad transcription* immer nur in ihrer stimmhaften Variante wiedergegeben, weil sie nur in bestimmten Lautkontexten stimmlos auftreten.

4.2.3.4 **Intensität.** Den Grad der Muskelanspannung und die Stärke des Phonationsstroms bezeichnet man mit einem Begriffspaar: *Fortis (strong)* und *Lenis (weak).* Im allgemeinen sind die stimmlosen Konsonanten Fortes und die stimmhaften Lenes. Wie wir sehen werden, spielt dieser Unterschied bei den engl. Konsonanten eine wichtige Rolle.

4.2.3.5 **Aspiration.** Das Merkmal der Behauchung bezieht sich nur auf Verschlußlaute. Diese können je nach Position behaucht oder unbehaucht auftreten.

4.2.3.6 Beispiele zur Konsonantenbildung

Um das Funktionieren der Lautbildung und das vielfältige Zusammenspiel von Artikulationsart, Artikulationsstelle, Stimmgebung usw. zu verstehen, betrachten wir die Abbildung 12. Sie soll zeigen, wie von einer bestimmten Einstellung der Sprechwerkzeuge ausgehend durch gering erscheinende Variationen eine relativ große Anzahl von Lauten gebildet werden kann. Um sich die verschiedenen Stellungen der Sprechwerkzeuge und die damit zu bildenden Laute bewußt zu machen, werden Sie am besten die Lautbildungen jeweils selbst nachvollziehen.

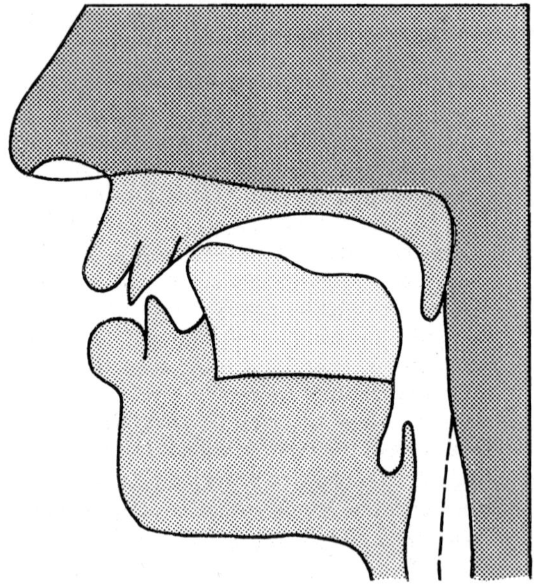

Abb. 12: Die alveolaren Reibelaute [s] wie in **sip** (fortis stimmlos) und [z] wie in **zip** (lenis stimmhaft).

Abbildung 12 zeigt, wie ein Konsonant gebildet wird. Mit dieser Stellung der Sprechwerkzeuge kann kein Vokal entstehen. Die Zunge (helles Feld) bildet oberhalb der oberen Schneidezähne eine Engstelle, sodaß die aus der Lunge durch die Luftröhre und den Kehlkopf ausgestoßene Luft nur mit einem Reibegeräusch entweichen kann. Bei der Bildung eines Vokals läßt die Zunge die Luft ungehindert und also geräuschlos passieren. Bei der hier gezeigten Stellung kann auch kein Nasal entstehen;

denn das Gaumensegel (Velum) am hinteren Gaumen versperrt der Luft den Weg durch die Nasenhöhle.
Der hier gebildete Konsonant ist ein Reibelaut *(fricative),* und zwar erzeugt die Reibung der Luft zwischen der Zungenspitze und der Alveole, der Stelle oberhalb der oberen Schneidezähne (vgl. Abbildung 6), ohne Stimme ein [s] wie z. B. in englisch **sip** und mit Stimme ein [z] wie in **zip.** Wir sagen: die Artikulationsstelle für [s, z] ist die Alveole.

Wenn sich die Zungenspitze nach vorne oben bewegt und mit etwas Druck gegen die Alveole legt, so wird an der gleichen Stelle ein Verschluß gebildet, der durch den Phonationsstrom aufgesprengt werden kann. So entsteht ein Verschlußlaut *(plosive),* und zwar hier ohne Stimme ein [t] wie in **tip** und mit Stimme ein [d] wie in **dip.**
Wird diese Stellung beibehalten und gleichzeitig das Gaumensegel gesenkt, so kann die Luft statt durch die Mundhöhle – dort besteht ein Verschluß – durch die Nasenhöhle ausströmen: die Nasenhöhle fungiert als Resonanzraum, es entsteht ein Nasal, und zwar bei Verschluß an der Alveole ein [n] wie in **nip.**
Bei erneutem Abschluß der Nasenhöhle durch das Velum und beibehaltenem Verschluß zwischen der Zungenspitze bzw. dem vorderen Zungenblatt und der Alveole kann man die Luft an den Seiten der Zunge (lateral) entweichen lassen und ein [l] bilden. Formt dabei der hintere Teil der Zunge einen Buckel – noch etwas höher als auf unserer Abbildung –, so entsteht ein sogenanntes dunkles [ɫ] wie in **pill;** senkt sich die Hinterzunge, so entsteht ein sogenanntes helles [l] wie in **lip** (→ Abbildungen 18 und 19, Seite 137 und 138).

Wird nun von der in Abbildung 12 gezeigten Einstellung für [s, z] ausgehend die Engstelle etwas weiter nach vorne verlegt, sodaß die Reibung zwischen der Zungenspitze und der Kante der oberen Schneidezähne entsteht, so hört man stimmlos ein [θ] wie in **thin** oder stimmhaft ein [ð] wie in **this.** Das sind die beiden dentalen Reibelaute.
Verlegt man die Artikulationsstelle mit der Artikulationsart „Reibung“ ein wenig weiter nach hinten oben an die

Stelle, wo die Alveole ins Palatum übergeht, so ergeben sich die palato-alveolaren Reibelaute [ʃ] wie in **ship** und [ʒ] wie in **vision.**

Die dichte Aufeinanderfolge von einem alveolaren Verschlußlaut [t, d] und einem palato-alveolaren Reibelaut [ʃ, ʒ] läßt die palato-alveolaren Affrikaten [tʃ] wie in **chin** und [dʒ] wie in **gin** entstehen. Der vordere Zungenrand öffnet den an der Alveole gebildeten Verschluß langsam und zieht sich gleichzeitig zum Palatum zurück, um dort die Luft mit Reibegeräusch entweichen zu lassen.

Bei der Auswahl dieser Lautbildungen haben wir eine Reihe von Faktoren der Vereinfachung wegen nicht berücksichtigt, z. B. Lippenstellung, Grad der Mundöffnung, Intensität, Aspiration. Die Lippenstellung und der Grad der Mundöffnung richten sich nach der Art der Vokale im unmittelbaren Lautkontext des Konsonanten. Die stimmlosen Konsonanten werden im allgemeinen mit größerer Muskelanspannung, also *fortis,* gesprochen, die stimmhaften *lenis.* Insoweit konnten wir auf die jeweilige Angabe dieser beiden Begriffe verzichten. Jedoch gibt es gerade im Englischen in bestimmten Lautkonstellationen die wichtige Erscheinung des *devoicing:* manche sogenannten stimmhaften Konsonanten verlieren ihre Stimmhaftigkeit ganz oder teilweise, behalten aber den Lenis-Charakter bei. Die Aspiration tritt, wie schon erwähnt, nur bei Verschlußlauten auf und wird im Zusammenhang der Einzelbesprechungen der englischen Verschlußlaute behandelt (→ Abschnitt 9.2.2).

VERSUCHE

Prüfen Sie an sich selbst, welche Konsonanten entstehen, wenn Sie

a) mit der Hinterzunge am Velum einen Verschluß bilden und explosionsartig öffnen; (es entsteht [k] wie in **cap** oder [g] wie in **gap**);
b) bei gleicher Zungenstellung das Gaumensegel (Velum) öffnen und die Luft unter Beibehaltung des Verschlus-

ses durch die Nasenhöhle entweichen lassen; (es entsteht [ŋ] wie in **wing**);

c) mit den Lippen (bilabial) einen Verschluß bilden und öffnen; (es entsteht [p] wie in **pin** oder [b] wie in **bin**);

d) unter Beibehaltung des Lippenverschlusses das Gaumensegel öffnen und die Luft durch die Nasenhöhle entweichen lassen; (es entsteht [m] wie in **man**);

e) die oberen Schneidezähne locker auf die Unterlippe legen (labiodental) und die Luft mit Reibegeräusch zwischen Zähnen und Lippe ausströmen lassen; (es entsteht [f] wie in **fast** oder [v] wie in **vast**).

5. Phonologie

5.1 Der Lautstrom

Die artikulatorische, akustische und auditive Phonetik ist zu einem großen Teil eine naturwissenschaftliche Disziplin, welche Sprache mit instrumentellen Mitteln erforscht und die Ergebnisse in den Dienst der Medizin stellt. Der Sonagraph weist den Schallstrom einer sprachlichen Sequenz im akustischen Bereich als ein Lautkontinuum aus. Eine ältere Theorie, die annahm, daß jeder Laut eine Ruhephase hat, bevor der Übergang zum nächsten Laut einsetzt *(steady state sounds)*[7], ist damit widerlegt. Experimentell lassen sich im Schallstrom von Sprache keine Lautsegmente nachweisen – auch nicht durch Zerschneiden von Tonbändern: die Stelle, wo etwa bei der Silbe /pa/ das [p] aufhört und das [a] beginnt, ist nicht auffindbar. Im übrigen ist zu bedenken, daß vielleicht zwischen den beiden eine Behauchung (Aspiration) auftritt, ein Schallsegment also, welches wir nicht als Sprachlaut bewerten würden und von dem wir auch nicht sagen könnten, ob es eigentlich eine Qualität des [p] oder eine des [a] ist (vgl. dazu ISAČENKO 1974: 213).

[7] ABERCROMBIE nennt das den "'posture and glide' view of speech" und sagt dazu: "However, we know – it is no new discovery – that there *are* no held postures in speech. Nothing brings this home more effectively than a slow-motion X-ray film of speech. The concept of the speechsound as a stable (even if only momentarily stable) posture of the vocal organs is a fiction, albeit for many purposes quite a useful one" (1965: 122).
PILCH befaßt sich eingehend mit der Widerlegung der alten Stellungs- und Gleitlauttheorie (1974: 89 ff); sie interpretierte „die Rede als Folge diskreter Einzellaute in bestimmter Anordnung, sogenannter Stellungslaute, verbunden durch Übergänge oder Gleitlaute" (90). Demgegenüber stellt Pilch eindeutig fest: „Das ‚natürliche Segment' gibt es nicht" (89). Es ist zwar unbestreitbar, daß wir auditiv bzw. psychisch ein Erlebnis von Segmenten haben können. Diese Art des Hörens ist jedoch nicht durch den Bau des Gehörs oder die physikalische Natur des Gehörten (Schallwellen) bedingt. PILCH führt eine Reihe von Beobachtungen an, die vermuten lassen, „diese Art von auditiver Segmentierung sei eine erlernte Fertigkeit" (97).

VERSUCH

Man kann sich eine Vorstellung von der Kontinuität des Schallstroms machen, indem man die von manchen Deutschen als Ausruf gebrauchten Silben /piː, paː, poː/ spricht: schon der bilabiale Ansatz ist jedes Mal ganz verschieden, und man kann mit der gespreizten Lippenstellung, mit der man zu /piː/ ansetzt, nicht /poː/ sprechen, d. h. das zweite Lautelement ist bei der Hervorbringung des ersten schon vorgeformt.

Um Sprache zu beschreiben, bieten sich trotzdem in erster Linie analytische Verfahren an, und das bedeutet theoretische Zerlegung in kleinste Teile – ohne daß dadurch das Lautkontinuum oder ein Teil davon zerstört werden müßte. Schon die Tatsache, daß der Mensch in den Frühzeiten seiner Kulturen gesprochene Sprache so lautgetreu wie möglich in Silben- und Buchstabenschrift umgesetzt hat, deutet auf die linguistische Realität solcher Segmentierung hin. Einen anderen Beweis für die Segmentierbarkeit sieht HALLE darin, daß „Sprache selbst bei größten Störungen noch verständlich ist", und er sagt über die diskrete im Gegensatz zur kontinuierlichen Darstellung von Sprache: „Diese Form der Darstellung . . . erklärt viele sprachliche Erscheinungen, die mit der Annahme der Kontinuitätshypothese nur auf äußerst komplizierte Weise oder gar nicht zu deuten wären" (HALLE 1974: 180).
Im Zusammenhang mit der Störbeständigkeit drängt sich die Einsicht auf, daß Sprache verstanden wird, obwohl einzelne Sprecher einer Sprachgemeinschaft gewisse Lautelemente anders artikulieren als andere und obwohl ein und derselbe Sprecher gewisse Lautelemente unter dem Einfluß von unterschiedlichen Situationen bzw. Emotionen jeweils anders artikuliert. Mit physikalisch-akustischen Meßapparaten lassen sich objektiv starke Abweichungen registrieren, die subjektiv vom Gesprächspartner nicht als solche wahrgenommen werden. Es muß also im Bereich phonetisch verwandter Lautelemente Einheiten geben, welche im System der betreffenden Sprache unabhängig von Abweichungen in ihrer artikulatorischen Realisation als immer gleich fungieren.

5.2 Phonetik und Phonologie

Dieser Tatbestand bildet die Basis dessen, was man in der modernen Linguistik unter Phonologie versteht. Leider haben sich die terminologischen Gebräuche der einzelnen Schulen (z. B. Prag, Kopenhagen, U.S.A.) hier auseinanderentwickelt. In einem Teil der Literatur, besonders im Bereich der U.S.A., wird *Phonologie* als Oberbegriff der zu unterscheidenden Begriffe *Phonetik* und *Phonematik* verstanden.

Phonology

Phonetics | *Phonemics*

Der Vorteil dieser terminologischen Aufgliederung liegt darin, daß man zwischen einer Phonologie, die mit *Phonemen* arbeitet (*Phonemics;* dt. *Phonematik*) und einer solchen, die ohne Phoneme auszukommen meint *(Phonology)*, unterscheiden kann. In Deutschland werden meist nur die beiden Begriffe *Phonetik* und *Phonologie* einander gegenübergestellt. Wo der Begriff *Phonematik* erscheint, ist er häufig mit *Phonologie* gleichbedeutend.

Im Zusammenhang mit den Anfängen der Phonologie und der Entwicklung des Phonembegriffs sind die Namen N. V. Kruszewski, Jan Baudouin de Courtenay und insbesondere N. S. Trubetzkoy, Haupt der sogenannten Prager Schule, wichtig. Diese Anfänge liegen schon vor der Jahrhundertwende. Trubetzkoy starb 1938.

Die damals entwickelte und heute als „klassisch" bezeichnete Phonologie ging von einer Annahme aus, die, wie wir oben dargelegt haben, nach dem heutigen Forschungsstand als widerlegt gelten darf: nämlich daß die Phonetik mit Hilfe naturwissenschaftlicher Experimente die Laute gewissermaßen als Rohmaterial für die Phonologie liefere. Letztere hatte dann die Aufgabe, die Funktion solcher in Klassen zusammengefaßter Laute im System von bestimmten Sprachen oder Dialekten zu untersuchen.

Wenn man heute weiß,

Merke daß der Lautsrom ein Kontinuum ohne experimentalphonetisch festlegbare Ruhepunkte und abrenzbare Einheiten ist,
so bedeutet das, daß jener Teil der Phonetik, der sich mit der Beschaffenheit von Sprachlauten, also Segmenten, dieses Kontinuums, befaßt, nicht Ausgangspunkt, sondern nur Folge der phonematischen Analyse sein kann. Daher sagt PILCH im Vorwort zur 3. Auflage seiner *Phonemtheorie* über seinen schon in der 1. Auflage gefundenen Ansatz: „Dementsprechend verwarfen wir die traditionelle Dichotomie von Phonetik (‚Wissenschaft von den Sprachlauten‘) und Phonologie (‚Wissenschaft von der Funktion der Sprachlaute‘) und wiesen der Phonetik (im engeren Sinne) die Aufgabe zu, den (durch linguistische Analysen vorgegebenen) phonematischen Einheiten ihre ‚phonetischen‘ (artikulatorischen, akustischen, auditiven) Korrelate zuzuordnen, der Phonemtheorie dagegen die Begründung der phonematischen Einheiten“ (1974: S. XVI).
Nach PILCH ist Phonetik im weiteren Sinne das Gesamtgebiet. Eine strenge Trennung zwischen Phonetik und Phonologie kann nicht erfolgen.

5.3 Segmentierung

Die linguistisch motivierte Zerlegung des Lautstroms wird Segmentierung genannt. „Die Segmentierung ist ein spezifisch linguistisches Verfahren, d. h. jede Segmentierung gilt speziell für eine gegebene Sprache und innerhalb der Struktur dieser Sprache“ (PILCH 1974: S. 89). Die dabei gewonnenen Segmente sind abstrakte Lauteinheiten, gefunden mit Hilfe des auditiven Eindrucks. Eine wie auch immer geartete Zerlegung des experimentalphonetisch aufgezeichneten Redestroms ergibt keine den linguistischen Einheiten vergleichbaren Segmente.
Für die Segmentierung, die also ein erster Abstraktionsschritt ist, gibt es verschiedene Verfahren. Das gängigste ist die sogenannte *Minimalpaar-Analyse,* bei der Ausdrücke einander gegenübergestellt werden, die sich in zweifacher Weise unterscheiden: a) in einem möglichst kleinen Seg-

ment, b) in der Bedeutung. Ein solches Minimalpaar stellen z. B. im Englischen die Ausdrücke **bet** und **pet** dar. Wie man sieht, wird neben der Ausdrucksebene auch die Inhaltsebene herangezogen, und das Verfahren funktioniert nur, wenn die Bedeutung so weit bekannt ist, daß man sagen kann, wann durch eine Operation eine neue Bedeutung erreicht ist.

Daß man bei einem englischen Ausdruck durch Ersetzen von anlautendem [b] durch [p] zu einem Ausdruck mit neuer Bedeutung gelangen kann, erscheint uns selbstverständlich und kaum erwähnenswert. Das liegt daran, daß auch im Deutschen die gleiche Operation möglich ist **(Blatt – platt)** und ebenso im Französischen **(bile – pile)** und daß sogar die drei Schriftsysteme zwischen **b** und **p** im Anlaut in der gleichen Weise wie die zugehörigen Lautsysteme unterscheiden. Das braucht jedoch nicht für alle Sprachen zu gelten. Im Englischen stehen jedenfalls [b] und [p] in *Opposition* zueinander.

Wir können nun von englisch **bet** ausgehend Minimalpaargruppen bilden, um den Ausdruck in seine minimalen Bestandteile zu zerlegen:

	1	2	3
a	[b] e t	[p] e t	[s] e t
b	b [e] t	b [i] t	b [æ] t
c	b e [t]	b e [k]	b e [g]

Die sich ergebenden Segmente [b + e + t] (siehe Spalte 1) sind Sprachlaute und werden auch *Phone* genannt. Die in Spalte (1) in den Kästchen erscheinenden Phone [b + e + t] können, in zeitlicher Abfolge miteinander verknüpft, in *Kontrast* zueinander treten, die in Zeile (a) erscheinenden [b–p–s] dagegen in *Opposition*. Ebenso stehen die Laute [e–i–æ] in Zeile (b) und [t–k–g] in Zeile (c) jeweils in

Opposition zueinander. Die Laute in den Kästchen in den Spalten (2) und (3) *können* sich mit ihrer Lautumgebung zu Wörtern der englischen Sprache zusammenfügen: **pick, sag**[8].

Die Kontrast-Beziehung ergibt sich für alle miteinander verknüpften Segmente: [p + e + t], [s + e + t], [b + i + t] usw.

Viele Phonologen halten die Einbeziehung der – streng genommen, unbekannten – Inhaltsebene nicht für erlaubt. PILCH trägt der Erkenntnis S. K. ŠAUMJANS Rechnung, „daß phonologische Unterschiede sich nicht an semantische, sondern an morphologisch-syntaktische Unterschiede knüpfen" (1974: S. XVIII). Er entwickelt daher die minimalen Segmente durch Vergleich der zeitlich aufeinanderfolgenden, teils auditiv gleichen, teils ungleichen Teilgeräusche mehrerer Äußerungen einer gegebenen Sprache. So ergeben sich zunächst gleiche und ungleiche Segmente in bestimmter, zeitlicher Anordnung. „Die so gefundenen Segmente unterteilen wir durch Vergleich mit weiteren teils gleichen, teils verschiedenen Äußerungen derselben Sprache weiter in immer kürzere, teils gleiche, teils ungleiche Segmente, bis wir für jeden gegebenen Gehörseindruck eine konstante Feinsegmentierung gefunden haben" (101 f). PILCH betont, daß dieses Verfahren nicht auf (vermeintlicher) Homogenität eines bestimmten Gehörseindrucks, sondern auf der Vergleichbarkeit verschiedener Gehörseindrücke beruht.

Das Verfahren zur Feststellung minimaler Segmente, sei es mit oder ohne Einbeziehung der Inhaltsebene, ist umstritten. D. ABERCROMBIE nennt es eine *„pseudo-procedure"*, besonders für den Fall, daß man es tatsächlich für eine Sprache konsequent *ganz* durchführen wollte (1965: S. 115 f). Es ist aber wohl nicht zu leugnen, daß das Segmentierungsverfahren als Vorstufe zur Feststellung der Phoneme explanativ wertvoll ist.

5.4 Phonem und Allophon

Die in einer gegebenen Sprache phonematisch als gleich

[8] *Kontraste* und *Oppositionen* auf der phonologischen Ebene entsprechen *syntagmatischen* und *paradigmatischen* Beziehungen auf der syntaktischen Ebene.

(funktional äquivalent) festgestellten Segmente *(Phone)* können in einem weiteren Abstraktionsschritt zu einer Einheit zusammengefaßt und *klassifiziert* werden, die man dann *Phonem* nennt. So haben z. B. alle [b]-Phone in unserem Schema sowie in der englischen Sprache überhaupt in Anlaut, Inlaut und Auslaut die gleiche *distinktive Funktion* (vgl. **bet/set; robber/rocker; rib/rid**): Sie sind bedeutungsunterscheidend, nicht weiter teilbar *(minimal)* und funktional (phonematisch) äquivalent.

Merke Das *Phonem* ist eine Klasse von minimalen, phonematisch äquivalenten Segmenten. „Phonematisch äquivalent" bedeutet: alle zu dieser Klasse gehörigen Segmente haben die gleiche distinktive Funktion im phonologischen System einer gegebenen Sprache.

Phonematisch äquivalent heißt aber nicht, daß alle Segmente, die wir zu einem Phonem zusammenfassen, auditiv und artikulatorisch genau gleich sind. Das [k] in dem deutschen Wort **Kiel** wird am vorderen Gaumen (palatal) gebildet, das [k] in **Kohl** dagegen am hinteren Gaumen (velar). Eine Untersuchung, in welchen Umgebungen [k] auftritt, würde u. a. zeigen, daß das palatale [k] nur vor sogenannten hellen Vokalen [i, e], das velare nur vor sogenannten dunklen Vokalen [o, u] vorkommt. Wir haben damit einen Teil der Distribution des [k]-Segmentes festgestellt: die beiden beschriebenen [k]-Segmente stehen in *komplementärer Distribution* (Verteilung); das palatale [k] kommt nie vor dunklen Vokalen vor. Es könnte also nicht eine Lautsequenz wie **Kohl** [koːl], mit palatalem [k] artikuliert, im Deutschen eine neue Bedeutungseinheit bilden, d. h., die beiden [k]-Segmente können nie in Opposition zueinander stehen. Wir empfinden die beiden [k]-Segmente intuitiv als gleich. Wenn wir uns dann bewußt werden, daß der Unterschied sogar hörbar ist, werden wir trotzdem darauf beharren, daß sie *phonetisch verwandt* sind. Die beiden Kriterien, nämlich daß sie *komplementär distribuiert* und daß sie *phonetisch verwandt* sind, führen dazu, daß wir die beiden [k]-Segmente als Realisationen (Allophone) des /k/-Phonems auffassen. Dabei ist es klar,

daß es noch weitere *Allophone* des deutschen /k/-Phonems gibt, z. B. vor Konsonanten. In der üblichen Notation schreiben wir Phoneme zwischen Schrägstrichen und Allophone in eckigen Klammern: /k/ meint also das Phonem, [k] ein Allophon dieses Phonems.
Außer den komplementär distribuierten gibt es noch *freie allophone Varianten,* z. B. im Deutschen das uvulare [r] (Zäpfchen-[r]) und das linguale [r] (Zungen-[r]). Sie sind artikulatorisch und auditiv verschieden, jedoch nicht an bestimmte Umgebungen gebunden. Meist gebraucht ein Sprecher immer nur eine der beiden Varianten. Wenn er, wie die meisten Deutschen, ein Zäpfchen-[r] spricht, so kann er aber manchmal das Zungen-[r] etwa zum Zwecke besonderen Nachdrucks oder ironischer Verfremdung einsetzen. Auch kann das heutzutage in der sogenannten Hochsprache selten anzutreffende Zungen-[r] eine Dialektgebundenheit signalisieren. Die beiden [r]-Varianten sind zwar im Hinblick auf die Artikulationsstelle nicht miteinander verwandt, jedoch sind sie auditiv, also nach dem Gehörseindruck, verwandt. Sie können nicht in Opposition zueinander stehen und werden daher einem gemeinsamen /r/-Phonem zugeordnet.

Merke Ein *Allophon* ist ein Segment (Phon), das durch Klassifizierung einem Phonem zugeordnet ist. Die Allophone eines Phonems sind als Teilklassen innerhalb der Klasse aller Segmente aufzufassen, die das betreffende Phonem bilden.

5.5 Verschiedene Auffassungen des Begriffes „Phonem“.

Darüber, was das Phonem eigentlich ist, welche Funktionen es hat und in welche sprachlichen Zusammenhänge es gestellt werden soll, gehen die Meinungen auseinander. Gerade weil es eindeutig ein abstrakter Begriff ist, kann man über den Abstraktionsgrad verschiedene Auffassungen haben. Je nachdem ist auch der Umfang dessen unterschiedlich, was der Begriff in der Phonologie zu leisten vermag. E. C. Fudge hat in einem Beitrag “Phonology” zu dem von

J. Lyons herausgegebenen Buch *New Horizons in Linguistics* (1970) die verschiedenen Ansichten zum Phonembegriff klärend dargestellt. Das soll hier, kurz zusammengefaßt, referiert werden.

5.5.1 Die mentalistische oder psychologische Auffassung.

Das Phonem wird als ein Ideallaut angesehen, den der Sprecher anstrebt. Abweichungen davon entstehen deshalb, weil es schwierig ist, bei neuen Äußerungen den Laut identisch zu reproduzieren und weil die je verschiedene Nachbarschaft anderer Laute verändernd einwirkt. Der Versuch, den Phonembegriff von der linguistischen Realität loszulösen und in der Vorstellung des Sprachbenutzers zu verankern, ist verständlich, da ja der Sprecher tatsächlich intuitiv weiß, welche objektiv unterschiedlichen Laut-Realisationen in der phonologischen Struktur seiner Sprache als „gleich“ oder „ungleich“ zu gelten haben.
Ein solcher anzustrebender Ideallaut als Kern des Phonems läßt sich jedoch nicht nachweisen. Das Sprachbewußtsein ist, obschon vorhanden, keine verläßliche Analyse-Grundlage. Überdies können Variationen von Sprecher zu Sprecher (z. B. dialektaler Art) im Rahmen dieser Auffassung nicht erfaßt werden.

5.5.2 Die physikalische Auffassung

Das Phonem wird als eine Art Lautfamilie verstanden, deren Mitglieder phonetisch verwandt sein und in komplementärer Distribution stehen müssen. In der extremen physikalischen Auffassung werden alle nicht-phonetischen Kriterien ausgeschlossen. Danach kann auch die bedeutungsunterscheidende Funktion des Phonems (z. B. im Falle der Phoneme /b/ und /p/ die Erreichung einer neuen Wortbedeutung beim Übergang von **bet** zu **pet**) nur als Begleiterscheinung, nicht als Basis für den Phonembegriff gelten.
In vielen Fällen ist jedoch das Kriterium, ob bei einer mehr oder weniger starken Abweichung von der „üblichen“ Realisation eines Phonems eine neue Bedeutung erreicht

wird, das einfachste und sicherste Mittel zu der Feststellung, ob eine Variation in einer bestimmten Sprache zum gleichen Phonem gehört oder nicht. Weder Abweichungen von Sprecher zu Sprecher, noch solche von einer Äußerung zu deren Wiederholung durch den gleichen Sprecher können im Rahmen dieser Auffassung befriedigend erfaßt werden.

5.5.3 Die funktionale Auffassung

Hier wird die Bedeutungsunterscheidung als definitorisches Charakteristikum verwendet. Wenn z. B. das palatal realisierte [k] gegenüber dem velar realisierten nicht zu Bedeutungsveränderungen führen kann (vgl.: [k] in **Kiel** immer palatal, in **Kohl** immer velar), fungieren die beiden [k] nicht als Realisationen von je einem Phonem, sondern als zwei allophone Varianten des einen /k/-Phonems. In anderen Sprachen können sie zwei Phoneme bilden (z. B. Arabisch).

Der Abstraktionsgrad ist bei dieser Auffassung höher als bei der physikalischen: von den tatsächlich feststellbaren phonetischen Merkmalen eines Lautes sind immer nur einzelne an der Bedeutungsunterscheidung beteiligt: die *distinctive features*. Die Aspiration des [p] im Englischen (das [p] in **pin** ist aspiriert, in **spin** nicht) hat keine bedeutungsunterscheidende Funktion, wird also nicht als distinktives Merkmal herangezogen. Die Stimmlosigkeit des [p] steht jedoch im Englischen in Opposition zur Stimmhaftigkeit des [b] (vgl. **pet/bet**); also hat das Phonem /p/ im Englischen im Gegensatz zum Phonem /b/ das distinktive Merkmal [-stimmhaft], d. h. nicht stimmhaft. Diese Merkmal-Oppositionen können dann als die Grundelemente der phonologischen Struktur eingesetzt werden. Der Anschein, daß sie die Phoneme ersetzen, trügt allerdings; denn sie gehen von den Phonemen aus.

Da bei dieser Auffassung die nicht-distinktiven Merkmale ausgeschlossen bleiben, können Abweichungen, wie sie von Sprecher zu Sprecher auftreten, berücksichtigt werden, sofern sie nicht zu groß sind.

5.5.4 Die abstrakte Auffassung

Diese Auffassung geht auf dem Wege der Abstraktion am weitesten: sie betrachtet die Phoneme als ihrem Wesen nach von den phonetischen Eigenschaften, mit denen sie verbunden werden, unabhängig und zieht (a) morphologische und (b) distributionelle Kriterien heran.

(a) Es gibt z. B. im Englischen zwischen stimmlosen Reibelauten und ihrer jeweiligen stimmhaften Entsprechung oft eine enge und morphologisch bedeutsame Beziehung, wie sie bei stimmlosen und stimmhaften Verschlußlauten nicht vorkommt:

/f/ versus /v/: **safe – save**
/θ/ versus /ð/: **breath – breathe**
/s/ versus /z/: **use – use**

(b) Im Deutschen ist die Opposition stimmlos/stimmhaft bei Verschlußlauten von der Distribution abhängig: im Auslaut ist sie aufgehoben (neutralisiert): z. B. **Rad** /raːt/. Da diese Transkription mit der von **Rat** /raːt/ zusammenfiele (was den phonetischen Realitäten genau entspräche), wählte man im Rahmen des abstrakten Ansatzes für **Rad** die Umschreibung /raːD/, um auszudrücken, daß dieses Segment in allen Umgebungen /d/ ist, nur im Wortauslaut /t/. Das /D/ wird dann als Archiphonem bezeichnet. Damit hat man sich von den phonetischen Eigenschaften weiter entfernt und eine Gegenposition gegen die physikalische Auffassung eingenommen. Diese Abstraktionsstufe braucht jedoch keineswegs zu bedeuten, daß die Beziehung zur Sprachrealität verlorengegangen wäre.

Die Einbeziehung von im weitesten Sinne grammatikalischen Gesichtspunkten erlaubt die Beschreibung von diachronischen und synchronischen Lautveränderungen. Von den bei FUDGE (1970: 93) angeführten Beispielen sei hier zur Verdeutlichung dieses Ansatzes das Wort **logic** herausgegriffen, dessen /k/-Phonem sich bei Hinzutreten des Affixes **-ian** verändert. Dazu gibt FUDGE drei Regeln:

1. /k/(und /t/) werden zu /s/ vor Affixen, die mit /i/ beginnen: /lɔdʒik+ian > lɔdʒisian/
2. /s/ + /i/ wird zu /ʃ/ vor Vokal:
/lɔdʒisian > lɔdʒiʃan/
3. /a/ (und /o/) werden zu /ə/ in schwachbetonter Silbe:
/lɔdʒiʃan > lɔdʒiʃən/

Eine Weiterführung dieser grammatikalisch orientierten Phonologie ist die generative Phonologie. Sie kennzeichnet das Phonem durch ein Bündel von distinktiven Merkmalen. Diese Merkmale werden dann in Paare (binär) zusammengefaßt, zahlenmäßig reduziert und so universal, d. h. für alle Sprachen anwendbar, gemacht. Damit hat man sich von dem ursprünglichen Phonembegriff weiter entfernt[9].

5.6 Phonologie kontrastiv angewandt

Der Nutzen der Phonemtheorie bei der kontrastiven Lautanalyse zweier (oder mehrerer) Sprachen liegt auf der Hand und soll hier an ein paar Beispielen aus dem Bereich Englisch–Deutsch verdeutlicht werden. Es ist für den Fremdsprachenlehrer von größter Wichtigkeit zu wissen, wo und in welcher Weise die Phonemgrenzen in der Fremdsprache anders verlaufen als in seiner Muttersprache.

5.6.1 Drei Vokalphoneme des Englischen: /e/, /æ/, /ʌ/.

Man kann ein [eː] sprechen und dann, ohne abzusetzen, zu [aː] übergehen. Leichter als bei der Bildung von in der eigenen Sprache nicht fungierenden Konsonanten kann man bei der Hervorbringung dieses stufenlosen Vokalkontinuums verstehen, daß zwei Sprachen daraus unter-

[9] Für den an der generativen Phonologie interessierten Leser verweisen wir auf zwei aufschlußreiche Veröffentlichungen:
1. CHOMSKY/HALLE (1968) stellen die bisher erzielten Ergebnisse dar; wer nicht das 470 Seiten umfassende Buch vollständig studieren will, kann sich auf den in *Part I* (S. 3–55) gegebenen “General Survey” beschränken.
2. Eine gut gegliederte und relativ leicht verständliche Einführung in dieses Gebiet gibt SANFORD A. SCHANE, *Generative Phonology,* (1973).

schiedliche Phoneme „herausschneiden“ und daß die Übergänge zwar nach den Möglichkeiten der Sprechwerkzeuge fließend sein können, daß diesem Fluß nach mehreren Richtungen aber im phonologischen System jeder individuellen Sprache ganz bestimmte Grenzen gesetzt sind.
Wenn nun das Englische ein /e/- und ein /æ/-Phonem hat, so können Laute, die dazwischenliegen, nur entweder als allophone Varianten des einen oder des anderen Phonems fungieren. Der [ɛː]-Laut, der im Deutschen als Realisation des /ɛː/-Phonems fungiert (vgl. **wäre** /ˈwɛːrə/) liegt dazwischen (→ Abschnitt 7.1, Abbildung 14).
Für Deutsche ist dieses /ɛː/ auf der von „geschlossen“ nach „offen“ verlaufenden Linie von /eː/ nach /aː/ das einzige vorkommende Phonem: **wehre – wäre,** (wobei anzumerken ist, daß die meisten Norddeutschen diesen Unterschied nicht machen). So kommt es, daß Deutsche, wenn sie Englisch sprechen, für das englische /æ/ meist [ɛ] substituieren: [ɛ] ist aber im Englischen ein Allophon von /e/ und nicht von /æ/.
Wenn in einem Raum in England Gasgeruch auftritt und ein Deutscher gefragt wird, wonach es denn da rieche, so darf er nicht [gɛs] statt /gæs/ sagen; denn das hieße für den Engländer **guess** /ges/: „Rate mal“. – Ernst Leisi erklärt das mit einigen anderen Beispielen:
„Bekanntlich besitzt das Englische ein /e/-, /æ/- und /ʌ/-Phonem, indem **bed, bad** und **bud** verschiedene Wörter sind. Durch falsche Aussprache werden hier vom Deutschen oft die richtigen Grenzen überschritten: so besteht z. B. eine Neigung, /æ/ zu hell als [ɛ] auszusprechen; [ɛ] aber gehört im Englischen zum /e/-Phonem: /bɛd/ wird infolgedessen nicht wie beabsichtigt als /bæd/, sondern als /bed/ verstanden, d. h. als ein anderes Wort. Das gleiche geschieht, wenn /ʌ/ als [a] ausgesprochen wird: es kommt dann in den Bereich des englischen /æ/-Phonems (als nördliche Variante) hinein, und statt /bʌt/ **(aber)** wird /bæt/ **(Fledermaus),** statt /bʌd/ **(Knospe)** wird /bæd/ **(schlecht)** verstanden“ (E. Leisi ^{6}1974: 28f).
In diesem Vokalbereich würden die englischen Phoneme und ihre allophonen Varianten folgendermaßen voneinander abgegrenzt werden:

Phoneme	/æ/		/e/		/ʌ/
Allophone	[æ]	[a]	[e]	[ɛ]	[ʌ]
	bad		**bed**		**bud**
	bat		**bet**		**but**

Man könnte hinzufügen, daß das /i/ im Englischen (vgl. **bid/bit**) so offen ist, daß es dem /e/ von **bed/bet** „nahekommt“. Es darf nicht durch eine geschlossene [i]-Variante ersetzt werden, sonst versteht der Engländer **bead/beat** statt **bid/bit**. (Bei dem Versuch, die Vokal*quantitäten* gegeneinander abzugrenzen, gibt es divergente Auffassungen. Moulton z. B. würde, entgegen traditionellen Festlegungen, **beat** als kurz, **bead** als halblang und **bee** als lang bezeichnen.) Neben den in unserem Schema angegebenen Varianten gibt es besonders bei den halblangen /æ/- und /e/-Phonemen **(bad, bed)** regionale Diphthongierungen [bæᵊd], [beᵊd]. (Dabei muß die Phonemgrenze zu **bird** und **beard** beachtet werden.) Alle diese Varianten sind funktional nicht relevant, d. h. der Sprecher/Hörer empfindet sie in seiner Muttersprache als jeweils zum /æ/- bzw. /e/-Phonem gehörig und wird sich der Abweichungen meist nicht bewußt. Es kommt für ihn nicht auf die phonetische Realisation eines Lautes an, sondern auf die *phonologische Funktion.* Für den Ausländer dagegen ist es oft schwierig, die ihm nicht vertrauten Phonemgrenzen einzuhalten.

5.6.2 **Zwei Konsonantenphoneme des Englischen:** /θ/ und /ð/

Im Deutschen tauchen die Lispellaute [θ] und [ð] als Allophone des /s/-bzw. /z/-Phonems auf. Es handelt sich um *freie Varianten,* da sie nicht an einen Lautkontext gebunden sind und individuell realisiert werden. Spricht jemand den folgenden Satz durchweg mit [θ]- oder [ð]-Varianten anstelle der /z/-Anlaute, so klingt das ungewohnt, beeinträchtigt aber das Verständnis im allgemeinen nicht: **Ich sehe da eine sichere, saubere Sache für Sie.**

Da der Deutsche die Laute [θ] und [ð] in seiner korrekten Aussprache nicht kennt, bzw. er sie meist in irgendeiner Phase der Kindheit, wohin er sie noch von den Lallmonologen her „mitbrachte“, zu vermeiden gelernt hat, fällt ihm die Bildung dieser Laute in seiner Fremdsprache Englisch manchmal schwer. Die eigentliche Schwierigkeit für ihn liegt aber weniger in der isolierten Lautbildung als in der Abgrenzung gegen andere benachbarte Laute wie [s/z], [t/d] und [f/v], die im Englischen Realisationen von sechs Phonemen bilden, wie man aus der folgenden Reihe ersehen kann: **seal, zeal, teal, deal, feel, veal.** Nicht nur folgen die genannten sechs Laute und die Laute [θ] und [ð] in unterschiedlichen Folgen oft dicht aufeinander (vgl. etwa **three fifths of the zoo:** [θ + (r) + f + f + θ + s + v + ð + z]); die sechs Laute [s, z, t, d, f, v] sind auch die Laute, die von Deutschen am häufigsten fälschlich substituiert werden, nämlich [s, t, f] für /θ/ und [z, d, v] für /ð/ (→ Abschnitt 9.3.3).
Besonders wichtig ist für Deutsche, daß im Englischen /s, z, θ, ð/ als vier Phoneme gelernt und auseinandergehalten werden müssen. Vgl.

They are very sick – Sie sind sehr krank
They are very thick – Sie sind dick befreundet (dicke Freunde)

5.6.3 Die sogenannte Auslautverhärtung im Deutschen

Die Auslautverhärtung im Deutschen kann zeigen, daß der Vergleich der Phoneminventare zweier Sprachen nicht genügt, sondern es, wie schon in 5.6.2 angedeutet, entscheidend auch auf die Stellung der Phoneme in verschiedenen Lautkontexten, d. h. auf ihre Distribution ankommt. Bei Verschlußlauten und bei den Reibelauten [f] und [v] im Anlaut hat das Deutsche Oppositionen, die mit den entsprechenden des Englischen vergleichbar sind, z. B. bei [t, d] **(tear – dear; Tier – dir)** und [f, v] **(ferry – very; Feder – weder).** Im Auslaut jedoch hat das Deutsche keine stimmhaften Verschlußlaute und kein [v]. Wir sagen zwar **geben** /geːbən/, aber **gibt** /gipt/, und wir wundern uns vielleicht, warum wir mit den englischen Wörtern **rip** /rip/ und **ripped** /ript/ keine, mit **rib** /rib/ und **ribbed** /ribd/ dagegen erhebliche Ausspracheschwierigkeiten bei den Auslautkonsonanten haben. In beiden Sprachen gibt das Schriftbild keine verläßlichen Hinweise: **ripped** /pt/; **gibt** /pt/, **sagt** /kt/, **Jagd** /kt/, **Rad** /t/.

Im Deutschen stehen die stimmlosen Verschlußlaute [p, t, k] im Auslaut **(Lob, Rad, Weg)** bei vielen Wörtern in *komplementärer Distribution* mit den stimmhaften Verschlußlauten [b, d, g] im Inlaut **(loben, Räder, Wege),** (nicht jedoch bei Wörtern, die auch im Inlaut einen stimmlosen Verschlußlaut haben: vgl. **Rat, Räte**). Anders ausgedrückt: der Unterschied zwischen stimmhaften und stimmlosen Verschlußlauten wird im Deutschen im Auslaut zur stimmlosen Variante hin neutralisiert.
Trubetzkoy nannte eine solche Neutralisation zweier Oppositionselemente ein *Archiphonem:* im Deutschen werden die Archiphoneme von [p/b], [t/d] und [k/g] in der Auslaut-Position durch /p/, /t/ und /k/ repräsentiert. (→ Abschnitt 5.5.4)
Dieser besonders für Englischlernende wichtige Tatbestand im Deutschen läßt sich wie folgt darstellen:

Inlaut		Auslaut
/b d g/	komplementäre Distribution mit	/p t k/
loben		**Lob**
Räder		**Rad**
Wege		**Weg**
/p t k/	bleibt	/p t k/
stoppen		**stop**
Räte		**Rat**
wecken		**weck**

Spricht jemand die Wörter **Lob, Rad, Weg** mit [b, d, g], wie man das von Ausländern hören kann, so klingt das fremd in deutschen Ohren. *Gebundene Varianten* sind jedoch *nicht distinktiv* (ebensowenig wie *freie*, etwa eine ungebräuchliche [r]-Aussprache): sie behindern das Verständnis im allgemeinen nicht,

Der Engländer kennt diese Neutralisation des Merkmals „Stimmhaftigkeit" bei den Verschlußlauten im Auslaut nicht. Seine Sprache unterscheidet zwischen **lap** und **lab, kit** und **kid, dock** und **dog:** /p, t, k/ und /b, d, g/ bilden auch im Auslaut Phoneme. Wer **dog** meint und /dɔk/ sagt, wird unter Umständen falsch verstanden; er hat fälschlich eine Phonemgrenze übertreten. Daß die Stimmhaftigkeit des auslautenden /g/ nur schwach ist und der Unterschied zwischen **dog** und **dock** sich auch durch die reduzierte Länge (Quantität) des /ɔ/ von **dock** und durch die Lenis-Qualität des /g/ realisiert, ändert nichts an der Schwierigkeit, die Deutsche hier zu überwinden haben; denn diejenigen, welche /dɔk/ statt /dɔg/ sprechen, reduzieren meist auch die Quantität des /ɔ/ und sprechen dann im Auslaut einen Fortis-Konsonanten.

5.7 Schlußwort zur Phonologie

Jeder Mensch hat, da er mit einer bestimmten Sprache aufgewachsen ist, gewisse „blinde Flecken" in seinem Lautverständnis, d. h. er hört viele allophone Varianten als funktional gleiche Laute; entsprechend besitzt er für die in seiner Muttersprache fungierenden Phoneme ein geschärftes Unterscheidungsvermögen, das auch ohne kontextuelle Hilfen Dienst tut. Obwohl dieses intuitive Wissen des Sprachbenutzers direkter Erforschung nicht zugänglich ist, stellt es doch die Grundlage der phonologischen Struktur einer Sprache dar. Dem Fremdsprachenlehrer gewährt das kontrastive Studium der Phoneme der Fremdsprache und seiner Muttersprache wertvolle Einblicke in die Schwierigkeiten des Erlernens der fremden Aussprache, und es erklärt, warum Aussprache- ebenso wie Grammatik-Schulung im Hinblick auf eine bestimmte Zielsprache nicht für Sprecher verschiedener Ausgangssprachen in gleicher Weise aufgebaut werden kann. (Vgl. dazu Moulton 1962.)

Was die sog. phonetische Umschrift anbelangt, so verwendet man für Zwecke der Aussprachebeschreibung einer Einzelsprache (die Mutter- oder Fremdsprache sein kann), meist eine eher phonemisch zu nennende Transkription, die sich weitgehend auf Phoneme beschränkt und Allophone außer acht läßt; sie macht z. B. keinen Unterschied zwischen hellem [l] und dunklem [ł], die komplementär verteilt sind. Manche Veröffentlichungen geben jedoch im Rahmen des Begriffes „weite Transkription" auch wichtige allophone Varianten wieder. Insbesondere ist D. Jones in seinem EPD bedacht, gängige freie Varianten anzugeben, z. B. für **sure:** /ʃuə/, [ʃɔə, ʃɔː, ʃəː].

Auf jeden Fall muß im Fremdsprachenunterricht die korrekte Realisation gebundener (kontextabhängiger) Allophone (z. B. helles (l] und dunkles [ł]) neben den Phonemen und ihrer distinktiven Funktion gelehrt werden.
Darüber hinaus muß sehr eindringlich gesagt werden, daß es beim Fremdsprachenlernen neben den phonologischen Schwierigkeiten (vgl. etwa die falsche /sin/-Aussprache für **thin**) ebenso große phonetische Schwierigkeiten gibt, etwa wenn ein Deutscher durchweg ein deutsches [r] (gerolltes Zäpfchen-[r]) statt dem englischen /r/ (geräuschloser Dauerlaut, mit dem Zungenrand gebildet) spricht; daraus erwachsen keine Verständigungsschwierigkeiten, da das gerollte uvulare [r] im Englischen gegenüber dem Zungen-/r/ als Dauerlaut keine distinktive Funktion hat. Jedoch wird dabei, auch durch ungünstige Beeinflussung der Lautumgebung, die gesamte Aussprache des Englischen verfälscht. Die Phonologie allein genügt also nicht.

6. Transkription II

A2 **AUFGABE 2**

Sie sollen nun dazu übergehen, Lautschrift aktiv zu schreiben, um sich der Besonderheiten der Umsetzung von Schreibung in Lautung bewußt zu werden. Die folgende Aufgabe ermöglicht zwei Lern- und Übungschritte:

a) einige (schwierigere) Sprachsequenzen sind links in Lautschrift vorgegeben und sollen von Ihnen rechts in Orthographie eingetragen werden;
b) danach können Sie links in Lautschrift umsetzen, was Sie rechts in Orthographie lesen.

Dazu ein paar HINWEISE:

● Achten Sie auf die *Flexionsendungen* **-s** und **-(e)d** und lesen Sie die Regeln für deren wechselnde Aussprache in Abschnitt 11 nach. Beispiele: **pigeons** mit /z/ (Zeilen 4 und 8), **exclaimed** mit /d/ (Zeile 12). – Andere **s**-Endungen müssen jeweils gesondert memoriert werden: z. B. **this** mit /s/ (Zeile 10) und **those** mit /z/ (Zeile 8).

● Vergewissern Sie sich, wann das **th** stimmhaft und wann es stimmlos ist: → Abschnitt 9.3.3. Nochmals die Regel für **th** im *Anlaut* (→ 3.1.2): bei Bedeutungsträgern stimmlos: /θ/, bei Strukturwörtern stimmhaft: /ð/. Beispiele: **that** mit /ð/ (Zeile 8), **three** mit /θ/ (Zeile 9).

● Die Entscheidung, wo die Haupt- (ˈ) und Nebenakzente (ˌ) liegen, richtet sich nach der Akzentverteilung im Satz (Sinn- bzw. Tongruppe), welche vom Akzentschema des isolierten Wortes abweichen kann: → 12.2 und 12.4. Im Nachsatz zu einer direkten Rede z. B. haben **exclaimed** (Zeile 12) und **father** (Zeile 13) nur Nebenakzente.

● Da es nicht darum geht, wie Sprache laut gelesen, sondern darum, wie sie (frei) gesprochen wird, soll die Lautschrift einen der Situation angemessenen Aussprache-Stil *(register)* wiedergeben, den man hier, insbesondere bei der direkten Rede, als umgangssprachlich *(colloquial)* bezeichnen kann (→ Abschnitt 13). Es kommen also wichtige Auslassungen (→ 9.3.5 und 10.4), Abschwächungen (→ 12.2.2) und Assimilationen (→ 10) vor, die keineswegs Zeichen einer vulgären Sprechweise sind, sondern zur RP gehören. Beispiele: **had** [əd] (Zeile 1), Auslassung und Abschwächung; **are** [ə] (Zeile 8) Abschwächung und Reduzierung der Quantität; **that is** [ðæts] (Zeile 11), Auslassung und Assimilation; diese Aussprache ist gängig und durchaus nicht davon abhängig, daß in der Schreibung **that's** erscheint; **can** [kən] (Zeile 7), Abschwächung; **shall** [ʃl] (Zeile 13), Auslassung. – Dagegen gibt es bei **this is** /ðis iz/ (Zeile 10) keine dieser Erscheinungen, und die Qualität der beiden Laute /s/ und /z/ ändert sich nicht.

TRANSKRIPTION II
Aufgabe 2

ə ˈguˈdiːl ət

ˈðəuz ˈtuːˈpidʒinz ə

ˈmænidʒˈðæt?

ən(d)ˈwʌn ənˈtuː

ikˌskleimd

ðə ˈθəːd.

A schoolboy who had been working arithmetic, came home one summer for his holidays. One evening there were two roast pigeons on the dinner table; and the boy, who thought himself very smart, said to his father, "I can prove to you by arithmetic that three." "Oh!" said his father, "how do you ?" "Well, this is one, and that is two; make three." "How very clever!" his father. "Then your mother shall have the first, I'll eat the second, and you can have "

(Adapted from D. Jones, *Phonetic Readings in English* Carl Winter, Heidelberg ³1964, pp. 6 und 57.)

7. Die englischen Vokale[10]

7.1 Kontrastive Darstellung der deutschen und englischen Vokalphoneme

Das Viereck mit den englischen Vokalen (herausklappbare Abbildung 13) soll Ihnen während der folgenden Beschreibung laufend die absoluten Positionen dieser Vokalphoneme zeigen. Um sich aber die Besonderheiten gegenüber den deutschen Vokalen bewußt zu machen, beachten Sie bitte genau die Darstellung der Vokalphoneme des Deutschen und Englischen (Abbildung 14) und den Pfeil zwischen jeweils ähnlichen Phonemen, der zeigt, welche Abweichungen von den ihm geläufigen Vokalen der deutsche Sprecher im Englischen berücksichtigen muß.

Nicht allen Vokalphonemen können Entsprechungen in der jeweils anderen Sprache zugeordnet werden. Wo das aber der Fall ist, weisen die Pfeile deutlich eine allgemeine Tendenz aus: sie zeigen fast alle nach unten, d. h. die englischen Vokale sind fast alle *offener* als die entsprechenden deutschen. Dies trifft zu für /iː, i, ə, əː, æ, uː, u, ɔː, ɔ/. Von diesen wiederum werden die meisten zentraler, d. h. mehr zur Mitte hin, artikuliert als die entsprechenden deutschen: /iː, i, ə, əː, uː, u/. Das englische /ʌ/ ist etwas geschlossener als das deutsche /a/. Sie sind jedoch nicht weit voneinander entfernt, so daß man notfalls das /a/ in dt. **Kappe** für das /ʌ/ in engl. **cup** substituieren kann. Jedenfalls ist die deutsche Entsprechung für das heutzutage gesprochene /ʌ/ nicht /œ/!

Keine Entsprechung im Englischen haben eine Reihe von deutschen Vorderzungen- bzw. Mittelzungenvokalen: /yː/ **fühle,** /y/ **fülle** /œː/ **Öfen,** /œ/ **öffnen,** /eː/ **lesen.** Das englische /æ/ kann als eine viel weiter offene (!) Entsprechung zu dem deutschen Vokal /ɛː/ betrachtet werden: beim „Übergang" von **Mädchen** /ˈmɛːtçən/ zu engl. **mad** /mæd/

[10] Eine relativ kurze Darstellung des englischen Lautsystems findet sich in Branford 1967.

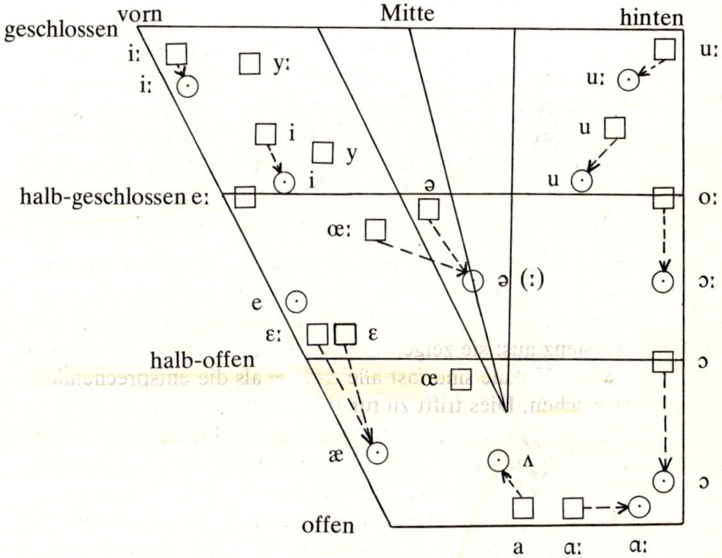

Abb. 14: Vokalviereck mit deutschen und englischen Vokalphonemen. □ Deutsche Vokale; ⊙ Englische Vokale

muß der Deutsche den Mund so weit öffnen, wie er es bei Vorderzungenvokalen in seiner Muttersprache nicht gewöhnt ist. Die Zeichnung weist im unteren Drittel ganz vorne, wo engl. /æ/ steht, auch keinen einzigen deutschen Vokal aus! Ebenso weit wie die Entfernung ɛ → æ ist die zwischen dt. /ɔ/ und engl. /ɔ/; also starke Öffnung beim „Übergang" von dt. **Topf** zu engl. **top.** Das engl. /ɑː/ wird weiter hinten artikuliert als das dt. /ɑː/, vgl. **Tat – tart.** Die phonemische Umschreibung wäre für Deutsch und für britisches Englisch in beiden Fällen gleich: /tɑːt/. Allerdings gibt es in beiden Sprachen so viele nach hinten bzw. vorne tendierende allophone Varianten, daß hier große Ausspracheschwierigkeiten kaum auftreten (→ Abschnitt 7.4).

Was die Zeichnung nicht zeigt, ist das wichtige Merkmal der *Lippenstellung.* Das Deutsche hat weit mehr gerundete Vokale. Bei den wenigen gerundeten Vokalen des Englischen /ɔː, ɔ, uː, u/ sind die Lippen weniger gerundet und vorgestülpt als bei deutschen gerundeten Vokalen.

Merke Die *Artikulationsbasis* für die englischen Vokale zeichnet sich durch größere Mundöffnung, stärkere Zungensenkung und geringere Lippenrundung als im Deutschen aus.

Ein Problem, über das kaum allgemeine Aussagen gemacht werden können, ist die *Länge (Quantität)* der Vokale in den beiden Sprachen und ihre Veränderung in verschiedenen Latumgebungen. Wir werden bei der Besprechung der Vokale im einzelnen darauf zurückkommen. Umstritten sind Angaben über die Muskelanspannung bei einzelnen Vokalen mit Hilfe der Merkmale *gespannt (tense)* und *ungespannt* oder *schlaff (lax);* (→ Abschnitt 4.2.2).

7.2 Die englischen Monophthonge

Bitte klappen Sie die hinten eingebundene Abbildung 13 (Die englischen Vokale) heraus und benutzen Sie sie bei der Durcharbeitung von Abschnitt 7.2 als ständige visuelle Hilfe.

Bei der Beschreibung der englischen Vokale im einzelnen werden hauptsächlich folgende Angaben gemacht:

1) eine *Kurzbeschreibung* der Lautbildung mit Hilfe von Unterscheidungsmerkmalen *(distinctive features)*
   a) Vorder-, Mittel-, Hinterzunge
   b) geschlossen bis offen
   c) Lippenstellung
   d) gespannt oder ungespannt

2) Hinweise auf Unterschiede, welche die *Quantität* betreffen. Beispiel für die Quantitätsveränderung des [i]-Vokals von ganz kurz bis ganz lang: **bit – bid – beat – bead – bee.**

3) *Schreibung.* Die am häufigsten anzutreffenden Grapheme werden zuerst genannt. Bei den weniger häufigen Schreibungen finden sich hier oft schon Wörter, deren Schriftgestalt Ausländer zu falscher Aussprache verleitet.

4) *Merkwörter.* Dies sind hier nicht Wörter, an denen man sich die Aussprache des betreffenden Vokals besonders gut merken kann, sondern im Gegenteil solche, die von Deutschen sehr oft falsch ausgesprochen werden. Sofern nicht ausdrücklich anders vermerkt, werden alle diese Wörter mit dem Vokal gesprochen, von dem gerade die Rede ist. Daher erübrigt sich die Darstellung in Lautschrift manchmal.

7.2.1 | iː | vorn, geschlossen, gespreizt, gespannt.

Wie Abb. 14 zeigt, ist das engl. /iː/ z. B. in **leaf** etwas offener als das dt. /iː/, z. B. in **lief**. Das ganz geschlossene Kardinal-[iː] finden wir im Französischen. Also allmähliche leichte Öffnung bei folgenden Wörtern aus den drei Sprachen: frz. **lie,** dt. **lieh,** engl. **lee.**
Quantität: Die Länge von /iː/ ist bei dt. **lieh** und engl. **lee** etwa gleich. **Sea** ist etwas kürzer als **sieh,** und **seed** noch kürzer. Sehr wichtig für Englischlernende deutscher Muttersprache ist jedoch die weitere Reduzierung der Quantität bei **seat** gegenüber **seed: seat** ist erheblich kürzer. Die Kürzung wird durch den stimmlosen Fortis-Konsonant /t/ bewirkt. Deutlicher Unterschied in der Vokalquantität also bei folgenden Wortpaaren:

bead – beat
seize – cease
Eden – eaten

Schreibung

ee	**bee, see**	**ie**	**piece, siege**
e	**be, complete**	**ei, ey**	**receive, key**
ea	**beat, sea**	**i**	**machine, suite**
		eo	**people**
		ay	**quay**

Merke Die beiden lateinischen Graphemgruppen **ae** und **oe** werden in betonter und schwachbetonter Silbe fast immer /iː/ gesprochen: **anaemia, Caesar, encyclopaedia**/ en.saiklǝuˈpiːdjǝ/, **aesthetic** /iːsˈθetik/, **phoenix.**

Merkwörter **prestige** /presˈtiːʒ/, **sardine, marine, intrigue unique** /juː-ˈniːk/; Homophone: (gleichlautende Wörter): **key – quay.**

7.2.2 ɪ vorn bis Mitte, halb-geschlossen, neutral, ungespannt.

Das kurze engl. /i/ wird weiter hinten und offener gesprochen als das engl. /iː/ und auch offener als das dt. [i] etwa in **Wissen,** wie es in Süddeutschland gesprochen wird. Das in Norddeutschland gebrauchte [i] kommt dem engl. /i/ nahe, ist aber oft etwas gespannter. Ganz besonders offen ist das engl. /i/ im Auslaut. Da fällt es fast mit /e/ zusammen: **Baby** [beibi, beibe]. Die zweite Variante hört man nicht selten von Schlagersängern, (die damit gar nicht ein Kleinkind meinen).
Das /i/ in schwachbetonter Silbe hat die Tendenz, sich weiter nach [e] hin zu öffnen, sowohl in den gängigen Präfixen (Vorsilben) **be-, re-, de-,** als auch im Auslaut-Morphem **-es: believe, remain, demand, bridges.**

Quantität: Das sogenannte kurze [i] hat in Wirklichkeit zwei verschiedene Quantitäten: vor stimmlosem Fortis-Konsonant ist es kürzer als vor stimmhaftem Lenis-Konsonant, so daß **bit** und **rip** kürzer sind als **bid** und **rib.**

(Über die Stimmhaftigkeit von Auslautkonsonanten wie /d/ oder /b/ → Abschnitt 9.2.1).

Schreibung. Besonders:

i	**rich, bit**	**y**	**symbol, rugby**

Weit weniger häufig:

e	**pretty**	**u**	**busy**
ey	**jockey**	**o**	**women**
ai	**curtain**		

i in schwachbetonten Silben bleibt oft stumm: **Pencil, evil, devil, business, medicine, parliament.**

Merkwörter **Yankee, apprentice** /əˈprentis/, **accomplice** (əˈkʌmplis/, **catastrophe** /kəˈtæstrəfi/, **anemone** /əˈneməni/, **recipe** /ˈresipi/, **biscuit** /ˈbiskit/, **circuit** /ˈsəːkit/ (Kreislinie, Rundgang, Stromkreis), **conduit** /ˈkɔndit/ (Rohrleitung), **crystal** /kristl/, **kindle** /kindl/ (anzünden, entflammen, begeistern).

7.2.3 [e] vorne, halb-geschlossen bis halb-offen, neutral, halbgespannt oder ungespannt.

Relativ große Schwankungsbreite zwischen mehr offen und mehr geschlossen. Wichtigste allophone Variante ist offenes [e] vor dunklem [ɫ]: **tell, felt, else.** Im Zuge einer „Fehlerkette“ neigen Deutsche dazu, **men** /men/ als [min] auszusprechen, weil sie es deutlich von **man** /mæn/ absetzen wollen, das sie ebenso falsch als [mɛn], d. h. nicht offen genug, artikulieren.

Quantität: Beachten Sie Längung des /e/ in **bed** und **led** gegenüber **bet** und **let.**

Schreibung:

e	**wet, went**	**ie**	**friend**
ea	**head, breath**	**u**	**bury**
ai, ay,	**said, says**	**eo**	**leopard**
a	**any, Thames**		

Merkwörter **errand** /ˈerənd/, **ate** /et/ (aß), **leisure, leopard, Leonard, legend, Leicester** /ˈlestə/, **Reading.**

7.2.4 | æ | vorn, halb-offen bis offen, neutral, halbgespannt oder gespannt.

Dieser relativ weit offene Vorderzungenvokal hat im Deutschen keine Entsprechung. Er ist, artikulatorisch gesehen, leicht zu bilden; aber Deutsche substituieren dafür unwillkürlich immer wieder ihr deutsches /ɛ/, wie sie es in **wenn** und **älter** sprechen. Man kann nicht eindringlich genug betonen, daß das engl. /æ/ nicht ein Allophon von /e/ ist, sondern ein eigenes Phonem, so daß **sad, bad** andere Bedeutung haben als Wörter, die im genau gleichen Lautkontext /e/ aufweisen, wie **said, bed.** Man kann sich die Überschreitung der Phonemgrenze an Wortpaaren bewußt machen: **pet – pat; lend – land; peck – pack; ten – tan; merry – marry.** Wie das Vokalviereck zeigt, ist /æ/ viel weiter offen als /e/. Es ist auch weiter offen als das /ɛ/ im /ɛə/-Diphthong wie etwa in **hair** /hɛə/. (Vgl. dazu auch das Zitat von Leisi in Abschnitt 5.2 und den Abschnitt 7.1).

Quantität: Beachten Sie Längung des /æ/ vor stimmhaften Lenis-Konsonanten, zu hören bei Minimalpaaren wie **cap – cab; bat – bad, back – bag.** Vor /d/ und /g/ neigt das /æ/ neuerdings dazu, noch länger und auch gespannt gesprochen zu werden: [bæːd, bæːg]. (In der Transkription ein Längezeichen für /æ/ anzugeben, ist im allgemeinen nicht üblich, da es die mehrfachen Quantitätsunterschiede wie etwa bei /i/ (vgl. **bit, bid, beat, bead, bee**) bei /æ/ nicht gibt.

Schreibung: Besonders:

a **thank, exact**

Merkwörter **raven** /rævn/ (rauben, plündern, lechzen); *aber:* **raven** /reivn/ (Rabe, kohlrabenschwarz); **agile** /ˈædʒail/ (flink, behende, rege), **plaid** /plæd/ (schottisches Tuch, buntkariert), **plait** /plæt/ (Zopf, Flechte, Geflecht), **mass** /mæs/ (Masse; Messe).

7.2.5 **ʌ** Mitte, halb-offen bis offen, neutral, ungespannt.

Das auch „*but*-Laut“ genannte /ʌ/ kommt so, wie es heute in der *RP* gesprochen wird, dem deutschen /a/ sehr nahe, so daß **shuts** fast wie **Schatz** klingt. Es ist meist aus einem älteren /u/ entstanden und dürfte zeitweise eine an dt. /œ/ anklingende Aussprache gehabt haben. Heute ist /ʌ/ jedoch völlig entrundet.

Die im Deutschen übliche Aussprache der Wörter **curry** und **pumps** als [ˈköri] und [pömps] muß der Deutsche, der Englisch lernt, also bewußt vermeiden. Er wird die beiden Wörter unter die *false friends* einreihen; denn die englische Aussprache ist /kʌri/ und /pʌmps/. Obwohl man mit der englischen Aussprache in Deutschland gar nicht verstanden wird, muß man sich in England ganz von der deutschen Aussprache lösen. Also Hauptmerkmal für die Aussprache des /ʌ/: keine Lippenrundung.

Quantität: Beachten Sie seltene Längung des /ʌ/ vor stimmhaften Lenis-Konsonanten, zu hören beim Vergleich:
but – bud; luck – lug.

Schreibung:

u	**sun, cut**	**ou**	**country, couple**
o	**son, come**	**oo**	**flood, blood**
		oe	**does**

Merkwörter **London** /ˈlʌndən/, **borough** /ˈbʌrə/, **thorough** /ˈθʌrə/, **onion, glove, shovel, southern** /ˈsʌðən/, **flourish, tough** /tʌf/.

Homophone: **one – won** /wʌn/;
wonder /ˈwʌndə/; **aber: wander** /ˈwɔndə/.

7.2.6 **ɑː** Mitte bis hinten, offen, neutral, ungespannt.

Von regionalen Varianten abgesehen, wird das engl. /ɑː/ weiter hinten artikuliert als das von den meisten Deutschen gesprochene /ɑː/. Die Hamburger sprechen es allerdings so weit hinten wie die Engländer, so daß bei ihnen **(Reeper)-bahn** fast wie engl. **barn** klingt. Süddeutsche dagegen müssen meist daran erinnert werden, daß das engl. /ɑː/ einen dumpfen Klang nach /ɔː/ hin hat, so daß **card** und **cord** sehr ähnlich klingen.

Quantität: Beachten Sie die reduzierte Länge des /ɑː/ vor stimmlosen Fortis-Konsonanten und vergleichen Sie: **card – cart; carve – calf; large – larch; hard – heart.**

Schreibung:

a	**ask, bath**	**au**	**aunt, laugh**
ear	**heart, hearth**		
er	**sergeant, clerk**		

Die Buchstabenfolge **-oir** und **-ois** in neueren Lehnwörtern aus dem Französischen wird als /wɑː/ realisiert: **reservoir** /ˈrezəvwɑː/, **bourgeois** /ˈbuəʒwɑː/, **chamois** /ˈʃæmwɑː/. Viel Unsicherheit herrscht bei Deutschen in der Frage, wann vor den Nasalen /m/ und /n/ geschriebenes **a** als /ɑː/ und wann es als /æ/ gesprochen wird. Hier einige Beispiele

- für die /ɑː/-Aussprache: **demand, command, answer, dance, France, chancellor, branch, grant, can't**
- für die /æ/-Aussprache: **fancy, pansy, ant, pants.**

Dieser Unterschied ist wichtig für die britische *RP.* Im Amerikanischen werden jedoch alle genannten Wörter unterschiedslos mit [æ], bzw. [æː] gesprochen. (Vgl. eine alte amerikanische Schlagerzeile: “I can't dance, I've got ants in my pants”; vier Mal [æn] mit reim-ähnlicher Wirkung.)

Merkwörter **pyjamas** /pəˈdʒɑːməz/, **cantata** /kænˈtɑːtə/, **banana, soprano, sonata, garage** (ˈgærɑː(d)ʒ/ (→ Abschnitt 12.1), **promenade, moustache, vase.**

7.2.7 | ɔ | hinten, offen, leicht gerundet, ungespannt.

Wie Abbildung 14 zeigt, ist der entsprechende deutsche Laut, z. B. in **Locke** oder **Lok** halb-offen, also viel ge-

schlossener als das engl. /ɔ/ in **lock.** Daher beim „Übergang“ von **Lok** zu **lock** Mund weit öffnen! Ebenso: **Gott – got.** Lippenrundung dabei etwas zurücknehmen!
Über die bekannte Erscheinung der Längung und Schließung des [ɔ] vor bestimmten Reibelauten sagen Scherer/Wollmann: „Die [ɔː]-Aussprache des [ɔ] vor [f, θ, s] in Wörtern wie **off, cloth, cross** gilt heute als konservativ. Die junge Generation spricht nur [ɔ]“ (1972: 140).

Quantität: Beachten Sie Längung des /ɔ/ vor stimmhaften Lenis-Konsonanten und vergleichen Sie: **dock – dog; cot – cod; shot – shod.**

Schreibung:

o	**sorry, holiday**	ou	**cough, Gloucester** /ˈglɔstə/
a	**what, want**	ow	**knowledge**
au	**sausage, Australia**		

Merkwörter **quarrel** /ˈkwɔrəl/, **swan, wan** (bleich, fahl, matt, erschöpft), **warrant** /ˈwɔrənt/ (Vollmacht, Garantie),
shone /ʃɔn/, **yacht** /jɔt/, **John** /dʒɔn/ (vgl. **Joan** /dʒəun/).

7.2.8 ɔː hinten, halb-offen bis halb-geschlossen, gerundet, ungespannt.

Es fällt Deutschen im allgemeinen nicht schwer, ihr langes /oː/ zu öffnen, so daß **Brot** zu **brought** wird. – Das verstummte **r** nach /ɔː/ war früher als /ə/ hörbar, und man hatte in Wörtern wie **four, floor, door, before** einen [ɔə]-Diphthong. Heute hört man da oft nur noch den Monophthong [ɔː] : [fɔː, flɔː, dɔː, biˈfɔː]. Das Auslaut-[r] ist im britischen Englisch, anders als im Amerikanischen, nur noch beim Hinüberbinden zu Anlaut-Vokalen hörbar: **pour out** /pɔːraut/.

Quantität: Beachten Sie Reduzierung des /ɔː/ vor stimmlosen Fortis-Konsonanten und vergleichen Sie: **cord –**

court (-caught); bored (-board) – bought; saws – sauce; poured – port.

Schreibung:

o	**born, short**	**au**	**fault, cause**
a	**talk, water**	**aw**	**law, yawn**
oo	**door, floor**		
ou	**court, bought**		

Geschriebenes **a** wird vor /l/ teils /ɔː/ teils /æ/ gesprochen. Beispiele:

- für die /ɔː/-Aussprache: **all, ball, wall, altar, alter, Baltic, Malta, appal, withal** /wiðɔːl/, **balsam.**
- für die /æ/-Aussprache: **album, balcony, rally, Albert, Alfred**

Merkwörter **pour, dwarf** /dwɔːf/ (Zwerg), **wardrobe, reward Magdalen** /mɔːdlin/ (Oxford college and street), **sword** /sɔːd/

7.2.9 u Hinten bis Mitte, halb-geschlossen, gerundet, ungespannt.

Abbildung 14 zeigt, daß das engl. /u/ etwas offener ist als das dt. /u/. Die Lippen sind weniger gerundet und nicht vorgestülpt. Wenn Sie also zuerst **Bulle** und dann **bull** sprechen, müssen Sie den Mund etwas öffnen, die Zunge senken und die Lippen zurücknehmen und entspannen. Schwierigkeiten entstehen bei Deutschen dabei nicht.

Quantität: Beachten Sie Längung des /u/ vor stimmhaften Lenis-Konsonanten wie beim Übergang von **wolf** zu **wolves. Good** ist also etwas länger als **foot,** beide [u]-Varianten werden aber gängig als „kurz“ bezeichnet. Ein sogenanntes langes /uː/ tritt dann z. B. bei **food** auf.

Schreibung:

u	**push, full**	**oo**	**book, wood**
o	**woman, bosom**	**ou**	**could, should, would**

Merkwörter Deutsche neigen dazu zu übersehen, daß viele mit **u** geschriebene Wörter nicht mit /ʌ/ (wie **cut**), sondern mit /u/ (wie **put**) gesprochen werden: **butcher, bullet, bulletin, bushel** (Scheffel = 36, 37 Liter), **bulwark, cushion, cuckoo** /ˈkukuː/, **pudding.** Auch **o** wird häufiger als man meint, /u/ ausgesprochen: **wolf, bosom, Worcester** /ˈwustə/, **Wolsey** /ˈwulzi/.

Denken Sie weiter daran, daß die Grapheme **oo** sehr häufig gesprochenes /u/ (und nicht immer /uː/) darstellen: **foot, good, soot, gooseberry** /ˈguzbri/(Stachelbeere); **bedroom, bathroom** usw.: **room** hat in Zusammensetzungen ein kurzes /u/; **bouquet** /ˈbukei/ oder /buˈkei/, **nook** (Schlupfwinkel, Ecke), **rook** (Krähe; Gauner).

Die **oo-**Schreibung ist für Ausländer verfänglich. Vergleichen Sie: **wood** /u/, **food** /uː/ **blood** /ʌ/, **flood** /ʌ/.

7.2.10 | uː | Hinten, geschlossen, gerundet, gespannt.

Engl. **hoot** ist etwas offener als dt. **Hut**. Die Lippen sind weniger vorgestülpt. Die Tatsache, daß es im Englischen kein [üː] (wie in **Güte**) gibt, hat zur Folge, daß bei manchen engl. Sprechern das [uː] in Richtung [üː]-Position, auf das Zentrum hin, verschoben wird. – Im Gegensatz zu den anderen Vokalen wird /uː/ auch in schwachbetonten Silben nicht zu /ə/ abgeschwächt. Vgl. **absolute, virtue, statue, refuge** usw.

Quantität: Beachten Sie die quantitative Reduzierung des /uː/ vor stimmlosen Fortis-Konsonanten. Vgl. **lose** /luːz/ – **loose** /luːs/; **rude – root; Jews – juice.**

Schreibung:

o	**move, who**	**(i)ew**	**chew, few, view**
oo	**boot, moon**	**eu**	**neutral, queue**
ou	**youth, soup**	**ui**	**fruit, recruit**
u(e)	**rude, blue**	**oe**	**shoe, canoe** /kəˈnuː/

Merkwörter **wound** (Wunde), **coup** /kuː/, **rouge, route, routine** /ruːˈtiːn/, **souvenir, menu** /ˈmenjuː/, **nucleus** /ˈnjuːkliəs/, **feudal, rheumatism, suit, superfluous** /sjuːˈpəːfluəs/, **impugn** /imˈpjuːn/ (bestreiten, anfechten), **fuchsia** /fjuːʃə/, **manoeuvre** /məˈnuːvə/, **eunuch** /ˈjuːnək/, **unique** /juːˈniːk/.
Achten Sie auf die **omb-**Schreibung: **tomb** /tuːm/, **womb** /wuːm/ (Gebärmutter, Schoß); aber **comb** /kəum/, **bomb** /bɔm/.

7.2.11 [ə] Mitte, halb-geschlossen bis halb-offen, neutral, ungespannt.

Der Laut kommt auch im Deutschen vor und bereitet daher keine Schwierigkeiten. Er hat in beiden Sprachen eine große Variationsbreite. Er umfaßt sogar im Deutschen zwei Phoneme mit hoher Vorkommensfrequenz, nämlich ein geschlosseneres [ə] wie im Auslaut von **Stifte** und ein offeneres nach dem engl. /ʌ/-Phonem tendierendes [ə] wie im Auslaut von **Stifter.** Folgende Minimalpaare machen die phonemische, d. h. distinktive Funktion der beiden Laute deutlich:

richte	**Richter**
fechte	**Fechter**
fege	**Feger**
Größe	**größer**
bitte	**bitter**
ihre	**ihrer**

Da die deutsche Phonologie meistens an der (anzustrebenden) Aussprache des nachvokalischen [r] in allen Lautkontexten festhält, entfällt für sie die distinktive Funktion dieser beiden Laute. Wenn man jedoch von der Sprachwirklichkeit ausgeht, so ist es klar, daß es sich hier um zwei Phoneme handelt. Man braucht keinen Kontext, um den Satz *Das ist Größe* von dem Satz *Das ist größer* zu unterscheiden; allein die unterschiedliche Lautung der beiden Wörter leistet das. Der nach [ʌ] tendierende Auslaut von **größer** kann zur Erlernung des englischen /ʌ/ dienen.

De Boor/Moser/Winkler sagen zu der Frage der deutschen [r]-Lautung in der 19. Auflage (1969) des Siebs: „Andererseits soll der r-Laut im Auslaut und vor Konsonanten nicht so weit geöffnet werden, daß ein vokalähnlicher Laut entsteht, der im Wortinnern, namentlich nach **a** und hellen Vokalen als [ə] erscheint und dann fast ganz verklingen kann: **Kurt, Kerze, Karte** nicht wie [kuət, ˈkɛətsə, ˈkaətə], das vollends zu [ˈkaːtə] werden kann" (S. 86). Den Forderungen anhand dieser Beispiele kann man zustimmen. Aber oben im Satz werden *zwei* Lautkontexte erwähnt, nämlich [r] im Auslaut und [r] vor Konsonanten; weiter unten ist dann jedoch nur von der letzteren Position die Rede. Beispiele für [r] im Auslaut fehlen in diesem Zusammenhang. In der Tabelle III (S. 85), Spalte 6, wird Vokalisierung des [r] im Suffix **-er** jedenfalls abgelehnt. Doch die Annahme, daß etwa bei **Geber** das Auslaut-[r] als solches gesprochen wird, geht an der deutschen Sprachwirklichkeit vorbei. Eher ist das noch bei schwachtonigen Präfixen und nach stark betonten kurzen Vokalen im Wortinnern der Fall, wie man am Beispiel **verderben** sehen kann.

Der Name **Müller** lautet im Deutschen [ˈmülə] und nur im Französischen [müˈlɛr]. Das Wort **Kerker** hat zwei orthographisch identische Silben; aber spräche jemand die zweite mit Auslaut-[r] wie die erste, so würde das reichlich gestelzt klingen. (Von Dialektlautungen wie etwa [ˈkɛrkr] sehen wir hier ab.) Nach Siebs aber doch: [ˈkɛrkər] (S. 310). In der deutschen Umgangssprache kann man in dem Satz **Er trinkt sein Bier um vier Uhr im Kerker** kaum irgendwelche [r]-Laute im Wortauslaut hören (allenfalls noch schwach in der Bindung zum nachfolgenden Vokal zwischen **Bier** und **um**), und wir sollten den Germanisten und Deutschlehrern im Ausland keine unrealistische Norm suggerieren. Auf das deutsche Auslaut-[r] nach langen Vokalen in einsilbigen Wörtern **(Bier, Uhr)** soll in Abschnitt 7.3.1 kurz eingegangen werden. Es bleibt als Fazit anzumerken, daß es beim Einfluß des nachvokalischen [r] auf den Lautkontext interessante Analogien zwischen dem britischen Englisch und dem Deutschen gibt.

Die Bewußtmachung dieser zwei deutschen Phoneme im [ə]-Bereich hilft zum Verständnis der relativ weit auseinanderliegenden Allophone des engl. /ə/-Phonems, (welche nicht phonologisch relevant sind): im Anlaut (**adrift** /əˈdrift/, **ago** /əˈgəu/) ist das [ə] halbgeschlossen, im Auslaut (**bigger** /ˈbigə/, **China** /ˈtʃainə/) ist es halboffen und nähert sich bei manchen Sprechern dem [ʌ] an: **Canada** [ˈkænədʌ], **waiter** [ˈweitʌ]. Darüber hinaus wird das [ə] in **adrift** weiter vorne gebildet als das von einem velaren Konsonant gefolgte [ə] in **ago.** – Der [ə]-Laut kommt nur in schwach-betonten Silben vor (→ Abschnitt 12.1.4). Er wird auch **schwa-vowel** /ʃwɑː/ genannt.

Quantität: Da die schwachbetonten Silben im Inlaut von Sprechtakten im Englischen rhythmisch sehr zusammengedrängt werden, ist das /ə/ in diesen Positionen extrem kurz (→ Abschnitt 12.3).

Schreibung: Fast alle Vokalgrapheme und ihre Kombinationen werden in schwachbetonter Silbe /ə/ gesprochen. Hier einige Beispiele nach Gimson (1972: 124):

i	**possible**	**er**	**mother**
e	**gentlemen**	**or**	**doctor**
a	**woman**	**ou**	**famous**
o	**oblige**	**our**	**colour**
u	**suppose**	**ure**	**figure**
ar	**particular**		

Merkwörter **opera** /ˈɔp(ə)rə/, **honour** /ˈɔnə/, **thorough** /ˈθʌrə/, **borough** /ˈbʌrə/, **phenomenon** /fiˈnɔminən/, **neuralgia** /njuəˈrældʒə/, **martyr** /ˈmɑːtə/, **satyr** /ˈsætə/.

7.2.12 | əː | Mitte, halb-geschlossen bis halb-offen, neutral bis gespreizt, gespannt.

Das engl. /əː/, ein Laut, den es im Deutschen nicht gibt, ist die Verlängerung der zentralen Variante des engl. /ə/ und damit auch des deutschen /ə/. Verlängert man also die

Auslautvokale der nach Bühnenaussprache artikulierten Wörter **bitte** oder **Knabe,** so kommt man zu dem engl. /ɜː/. Kenner wissen allerdings, daß das /ɜː/ unter den engl. Monophthongen derjenige ist, der Deutschen am meisten Schwierigkeiten bereitet, weil sie nämlich immer wieder unwillkürlich ihr lippengerundetes [œː] dafür substituieren. Sprachbewußte Engländer erkennen Deutsche noch nach jahrelangem England-Aufenthalt an ihrer fehlerhaften [œː]-Aussprache des /ɜː/-Phonems.

Da bei /iː/ die Lippen gespreizt sind, kann man von Wörtern wie **fee, bead, lean** ausgehen und dann unter Beibehaltung der Lippenspreizung und mit nur mäßiger Kieferöffnung **fur, bird, learn** üben. Keine Lippenrundung! Besonders schwierig ist das für Deutsche, wenn das /ɜː/ auf einen bilabialen Laut wie /w/ folgt: **word, world, work.** Im Gleiten von dem halbvokalischen /w/ zum /ɜː/ muß der Deutsche anfangs bewußt die Lippen spreizen.

Quantität: Beachten Sie Reduzierung der Länge des /ɜː/ vor stimmlosen Fortis-Konsonanten. Vgl. **heard – hurt; bird – Burt; serve – surf; Thursday – thirsty.**

Schreibung: Alle Vokalgrapheme außer **a** können vor einem verstummten **r** die /ɜː/-Aussprache haben:

ir, yr	**first, myrtle**	**our**	**journey, courtesy**
er, ear	**herd, heard**		/ˈkɜːtisi/
		ur	**burn, church**
		or	
		(nach w)	**work, worse**

Merkwörter **worm, attorney, scourge** (Geißel, Plage), **amateur** /ˈæmətə(ː), **chauffeur** /ˈʃəufə(ː)/, **connoisseur** /ˌkɔnəˈsɜː/, Homophone: **colonel – kernel** (Kern, Wesen, Innerstes) /ˈkɜːnl/; **earn – urn** /ɜːn/.

A3 AUFGABE 3

1. Setzen Sie die folgenden Wörter in die Lautschrift
   a) leopard
   b) apprentice
   c) worm
   d) agile
   e) cushion
   f) circuit
   g) superfluous
   h) recipe
   i) legend
   k) plaid
   l) butcher
   m) thorough
   n) vase
   o) yacht
   p) balcony
   q) martyr
   r) particular
   s) Caesar
   t) routine
   u) reward

2. Ordnen Sie die folgenden Wörter nach der (intuitiv geschätzten) Länge ihres Vokals mit den Ziffern 1 bis 5: 1 für den kürzesten, 5 für den längsten Vokal.

a)	rude	put	root	shoe	good
	☐	☐	☐	☐	☐
b)	thought	raw	cord	rot	rod
	☐	☐	☐	☐	☐

3. Sind folgende Wortpaare homophon? Setzen Sie „ja“ oder „nein“ ein!

a) peace – piece	☐	f) berry – bury	☐
b) sees – cease	☐	g) won – one	☐
c) caught – cord	☐	h) dew – due	☐
d) bored – board	☐	i) wonder – wander	☐
e) pours – pause	☐	k) peas – piece	☐

7.3 Die englischen Diphthonge

Diphthonge sind Gleitlaute von einem Vokal zu einem anderen innerhalb einer Sprechsilbe. Im Englischen wie im Deutschen sind sie fallend, d. h. der erste Vokal hat mehr Nachdruck als der zweite. Der Hauptunterschied, z. B. zwischen dt. **Heide** /haidə/ und engl. **hide** /haid/ besteht darin, daß im Englischen der erste Bestandteil des Doppelvokals eine größere Quantität hat, also länger ausgesprochen wird. Die Sprechwerkzeuge bewegen sich nach Artikulation des ersten Bestandteils auf die Stellung des zweiten zu, erreichen aber dessen Position nicht ganz. Mit Abbildung 15 wird versucht, diesen schwer darstellbaren Bewegungsvorgang graphisch einsichtig zu machen.

Die acht engl. Diphthonge kann man in zwei Gruppen einteilen: solche, deren zweiter Bestandteil auf die vorne bzw. hinten geschlossenen [i]- oder [u]-Positionen hingeht *(verengend),* und solche, deren zweiter Bestandteil auf das zentrale [ə] hingeht *(zentrierend).* Bei den letzteren ist das erste Element ungespannt und nicht gedehnt.

Merke

- Verengende Diphthonge *(closing diphthongs):* /ei/, /ai/, /əu/, ɑu/, /ɔi/
- Zentrierende Diphthonge *(centring diphthongs):* /iə/, /ɛə/, /uə/

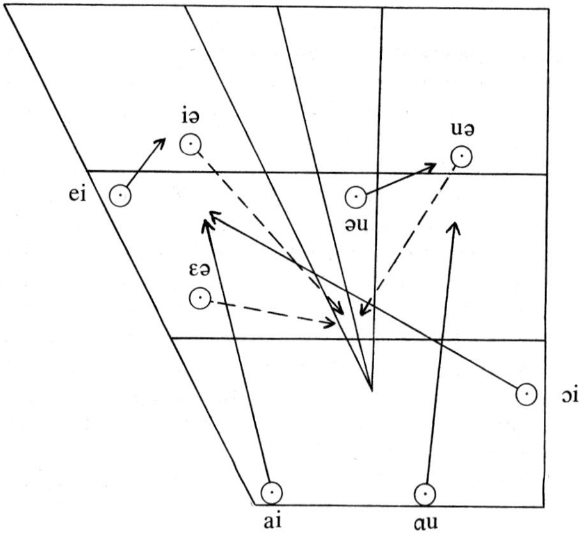

Abb. 15: Die englischen Diphthonge
Durchgezogene Linien: *closing diphthongs*
Gestrichelte Linien: *centring diphthongs*

7.3.1 Deutsche und englische Diphthonge

Den fünf *closing diphthongs* entsprechen im Deutschen nur drei verengende: /ai/ **(heiter, gescheit),** /au/ **(haute, geschaut),** /ɔi/ **(heute, gescheut).** Aber die jeweils ersten Elemente unterscheiden sich in Qualität und Quantität erheblich von den engl. Entsprechungen. Die [ei]- und [əu]-Diphthonge kommen im Deutschen nicht vor.

Den drei *centring diphthongs* entsprechen in der dt. Umgangssprache vier zentrierende: /iə/ **(Bier, hier),** /ɛə/ **(Bär, sehr),** /uə/ **(Kur, Uhr),** /ɔə/ **(Chor, Rohr).** Der in fast allen deutschen Publikationen zu findenden Aussage, daß diese Diphthonge im Deutschen nicht vorkämen, kann man nicht zustimmen[11]. Ähnlich wie die meisten *centring diphthongs* im Englischen entstehen die vier zentrierenden Diphthonge unter dem Einfluß von verstummtem nachvokalischem [r], und sie werden auch in der (gemäßigten) Hochsprache gesprochen, besonders bei einsilbigen Wörtern im Wortauslaut nach langem Vokal: **für vier Uhr; wer fuhr vor?** Das räumen auch De Boor/Moser/Winkler in der letzten Ausgabe ([19]1969) des Siebs ein: „Beim Zurückziehen der Zunge nach hinten löst sich das Reibe- [ʁ] in einen Mittelzungenvokal [ɐ] auf, der in der Alltagssprache verbreitet, in der Hochlautung jedoch nur bei Einsilblern in pro- und enklitischer Stellung **(der, mir, für, vor** [dɛɐ . . .]) gestattet ist“ (S. 86). („Proklitisch“ heißt, daß sich der Laut eng an den folgenden anlehnt, „enklitisch“ heißt, daß er sich eng an den vorhergehenden anschließt.) Ob der Sprecher der gemäßigten Hochlautung über [ɛə] hinaus bis zu einer [ɛɐ]-Öffnung geht, kann dahingestellt bleiben. Sicher ist jedenfalls, daß es selbst auf der Bühne unnatürlich und grotesk klingen würde, wollte ein Schauspieler in dem Satz **Wer fuhr vor?** die [r]-Laute als solche artikulieren. Für den Englischlehrer ist es gut zu wissen, daß

[11] Vgl. Arnold/Hansen ([4]1968: 71): „Während zentrale Diphthonge im Deutschen nicht vorkommen . . .“.
E. Germer (1970: 25): „Die in unserer Sprache fehlenden zentralen Diphthonge . . .“. Scherer/Wollmann (1972: 143): „Die deutsche Hochsprache kennt nur drei Diphthonge“.

er beim Lehren der drei englischen *centring diphthongs* /iə, ɛə, uə/ seine deutschen Schüler auf drei entsprechende zentrierende Diphthonge ihrer Muttersprache aufmerksam machen kann. Allerdings ist bei den deutschen zentrierenden Diphthongen das erste Element geschlossener, länger und gespannter als bei den englischen Entsprechungen.

7.3.2 **Quantität der Diphthonge**

Die Diphthonge entsprechen in ihrer Quantität der Länge der langen Monophthonge. Ähnlich wie bei den Monophthongen ist auch die längere Variante im Auslaut oder vor Lenis-Konsonanten gegenüber der kürzeren vor Fortis-Konsonanten zu beachten. Einige Beispiele sollen das hier zusammenfassend zeigen, so daß darauf bei den Einzelbesprechungen nicht mehr eingegangen werden muß:

/ei/	**raise – race; aid – eight**
/ai/	**hide – height; eyes – ice**
/əu/	**robe – rope; road – wrote**
/ɑu/	**allows – a louse; found – fount**
/ɔi/	**noise – voice;**
/iə/	**fears – fierce; peers – pierce**
/ɛə/	**scares – scarce**

Zur Frage der Quantität der Diphthonge vgl. Gimson: "Most of the length and stress associated with the glide is concentrated on the 1st element, the 2nd element being only slightly sounded. . . . The reduced forms show a considerable shortening of the 1st element" (1972: 126 f).

7.3.3 ei Wie Abbildung 15 zeigt, beginnt dieser Diphthong bei einem [e] zwischen halb-geschlossen und halb-offen und gleitet auf die [i]-Position zu. Der Weg, den die Sprechwerkzeuge dabei „zurückzulegen" haben, ist kurz, und dadurch wird die Gefahr vergrößert, daß Deutsche ihren Monophthong /eː/ dafür substituieren. Denn ein [ei] gibt es in der dt. Hochsprache nicht, (obschon der Ausruf [hei] in der Umgangssprache geläufig ist). Auf die Tatsache, daß engl. **gay** /gei/ nicht wie dt. **geh** /geː/ klingt, muß also immer wieder hingewiesen werden.

Die Variationsbreite ist bei Monophthongen größer als bei Konsonanten, aber am größten ist sie (außer bei /ə/) bei Diphthongen. Die Varianten bis hin zu dialektalen Färbungen (*Cockney* in London) liegen im Falle von /ei/ auf einer Linie: Öffnung des ersten Bestandteils: [ɛi, æi, ai, ʌi]. Die erste Variante liegt jedoch noch im Bereich der *RP*: geschlossene Silben haben [ei] **(wait, rained),** offene eher [ɛi] **(play, say).**

Schreibung:

a	**make, lady**	**ea**	**break, great**
ai, ay	**afraid, may**	**é(e)**	**soirée, fiancé(e)**
ei, ey	**eight, they**	**et**	**bouquet, ballet**

Merkwörter **steak** /steik/(!), **halfpenny** /ˈheipni/, **gauge** /geidʒ/ (Meßgerät, Anzeiger, Spurweite, Kaliber), **bass** /beis/ (Baßstimme), **dahlia** /ˈdeiljə/, **eh!** /ei/, **chamber** /ˈtʃeimbə/.

7.3.4

ai Der erste Bestandteil ist ein weit vorne artikuliertes [a], das dem Kardinal-[a] nahekommt (vgl. Abbildung 15). Dieses [a] kommt als Monophthong in der RP nicht vor. Das [a] ist lang, sehr viel länger als in dt. **Ei.** Der zweite, *kurze* Bestandteil ist nicht wirklich [i]: in Abbildung 9 reicht der Pfeil bis zu einer [e]-Position. – Die meisten Varianten gehen in Richtung auf ein hinteres, dunkleres [ɑː] im ersten Element des Diphthongs: [ɑi, ɔi].

Schreibung:

i	**time, nine**	**ei**	**either, neither**
y(e)	**why, dye**	**ai**	**aisle**
ie	**tie, lie**	**ey**	**eye**

Die lateinischen Plurale auf **-i** haben im Englischen /ai/-Aussprache: **nuclei** /ˈnjuːkliai/, **bacilli, stimuli.** Sie werden allerdings von manchen Engländern [i] gesprochen.

Merkwörter **design** /diˈzain/, **height, fertile** /ˈfəːtail/, **alibi** /ˈælibai/, **compromise** /ˈkɔmprəmaiz/ (Subst. und Verb gleich ausgesprochen),
nihilist /ˈnaiilist/, **pint** /paint/ (Brit. 0,57 l; Amer. 0,47 l),
ally /ˈælai/,
wild /ai/, aber: **wilderness** /i/ ....
to wind /ai/, aber: **the wind** /i/ und **long-winded** /i/ (langatmig),
sign /ai/, aber: **signature** /i/,
'advertise /ai/, aber: **ad'vertisement** /i/,
appetite, parasite /ai/, aber: **opposite, favourite, definite** /i/
Homophone: **isle, aisle** /ail/.

7.3.5 [əu] Man ist heute auch in der älteren Form der Lautschrift meist von /ou/ auf /əu/ übergegangen, weil nämlich das erste Element dieses Diphthongs mit einer Zungenposition einsetzt, welche der Qualität des /əː/ entspricht. Der Weg in Richtung auf das /u/ ist kurz. Der Diphthong kommt im Deutschen nicht vor. Viele Deutsche haben erhebliche Schwierigkeiten damit und substituieren immer wieder dt. [o] oder [ɔ]. Diese Gefahr ist gebannt, wenn man bewußt mit der Position des /əː/ beginnt. Sofern das /əː/ gelernt ist, kann man den Übergang von **turn** zu **tone** und von **girl** zu **goal** üben. Lippenstellung von gespreizt bis leicht gerundet. Also nicht mit gerundeten oder gar vorgestülpten Lippen beginnen! – In schwach betonten Silben wird dieser Diphthong zu /ə/ reduziert: **phonetics** /fəˈnetiks/.

Schreibung:

o	**old, home**	**au**	**beau, chauffeur**
oa	**boat, soap**	**ew**	**sew** (nähen)
ou	**though, poultry**	**eo**	**foe, toe**
ow	**know, blow**	**oo**	**brooch** /brəutʃ/ (Brosche)

Merk-wörter **bolt** (Bolzen, Riegel, Gewehrschloß), **colt** /kəult/(!), **folk, shoulder, poll** (Abstimmung, Umfrage), **bureau** /ˈbjuərəu/, **host(ess), boulder** (Felsblock), **gross** /grəus/ (plump, grob, derb, schwerfällig).
Homophone: **yoke** (Joch) – **yolk** (Eidotter) /jəuk/.
(Für **row, bow, sow** → Abschnitt 7.3.6).

7.3.6 [ɑu] Der /ɑu/-Diphthong beginnt meist mit einem Mittelzungen-[a], das etwa dem dt. /a/-Phonem (wie in **satt**) entspricht. Jones setzte den ersten Bestandteil noch weiter vorne an. Deshalb ist die [au]-Umschreibung vielfach üblich. Gimson gibt jedoch ein Hinterzungen-[ɑ] dafür an. Die Schwankungsbreite ist also groß. Jedenfalls ist das erste Element viel länger als das des dt. /ɑu/-Diphthongs, und das zweite hat nicht die dt. [ɔ]-Färbung. Daher klingen engl. **house, mouse** anders als dt. **Haus, Maus.** Ausländer sollten den ersten Laut aber auch nicht zu weit vorne bilden, sonst geraten sie in den Bereich dialektaler Varianten: [æu, ɛu]. – Das zweite kurze Element reicht knapp bis zu einer [o]-Position (vgl. Abbildung 15), ist aber *kaum gerundet.*

Schreibung:

ou	**round, about**	**ough**	**plough, bough** (Zweig)
ow	**cow, allow**		

Merk-wörter **bow** /ɑu/ (Verbeugung, sich (ver)neigen); Bug; aber: **bow** /bəu/ (Bogen, Schleife)
row /ɑu/ (Streit, Lärm, Krach); aber: **row** /rəu/ (Reihe; rudern)
sow /ɑu/ (Sau); aber: **sow** /səu/ (säen).

7.3.7 [ɔi] Der erste Bestandteil des /ɔi/ ist ein schwach gerundetes [ɔ] zwischen offen und halb-offen, der zweite geht bis zu einer [e]-Position. Der Unterschied zu dem entsprechenden dt. Diphthong kommt durch die größere Länge des [ɔ] im Englischen zustande. Also klingt die erste Silbe von **Eule** anders als **oil.**

Schreibung:

oi	**boil, point**	**oy**	**toy**

Merkwörter **noise** /nɔiz/; Homophone: **boy – buoy** (Boje) /bɔi/.

7.3.8 [iə] Die meisten *centring diphthongs* sind auf ein verstummtes nachvokalisches **r** zurückzuführen, (jedoch nicht alle; vgl. **idea, museum**).). Das **r** wird in der brit. *RP* nicht gesprochen außer bei der Bindung zu nachfolgendem Vokal: **hearing, here and there.** Der Diphthong beginnt mit einem kurzen offenen [i]. Deutsche neigen dazu, statt dessen ihr langes gespanntes /iː/ zu sprechen, so daß bei ihnen engl. **beer** wie dt. **Bier** zu klingen droht. Also engl. /iə/ mit kurzem ungespanntem [i] beginnen.
Eine häufig anzutreffende Variante für das auslautende /iə/ ist [iʌ], so daß **here** und **dear** wie [hiʌ] und [diʌ] klingen können.

Schreibung:

eer	**peer, deer**	**ier**	**fierce, pierce**
ear	**fear, beard**	**eir**	**weird**
ere	**here**		(unheimlich, sonderbar)

Merkwörter **tear** /tiə/ (Träne); aber: **tear** /tɛə/ (zerreißen)

7.3.9 [ɛə] Das erste Element von /ɛə/ ist ein [ɛ], das eher zu [æ] tendiert als zu [e]. Man sollte es also lieber offener sprechen als zu geschlossen.

Schreibung:

are	**rare, share**	**ere**	**there, where**
air	**hair, chair**	**eir**	**their, heir**
ear	**bear, wear**		

Merkwörter **pear, scarce, Mary** /ˈmɛəri/; aber: **marry** /ˈmæri/; **prayer** /ˈprɛə/ (Gebet); aber: **prayer** /ˈpreiə/ (der Betende). Homophone: **air – heir** (der Erbe) /ɛə/.

Im Bereich der /iə/- und /ɛə/-Diphthonge gibt es für die Phonem-Graphem-Beziehungen schwierige Überschneidungen, welche dem Englischlernenden zu schaffen machen können. Hier folgen ein paar der obengenannten Beispiele, anders zusammengestellt:

Wort	Schreibung	Lautung
beard	**ear**	/iə/
bear	**ear**	/ɛə/
weird	**eir**	/iə/
heir	**eir**	/ɛə/
here	**ere**	/iə/
there	**ere**	/ɛə/

7.3.10 uə Der /uə/-Diphthong beginnt mit einem kurzen offenen [u], das oft noch weiter geöffnet wird, so daß [ɔə] und auch [ɔː] entstehen: **sure** [ʃuə > ʃɔə>ʃɔː]

Schreibung:

oor	**poor, moor**
ure	**cure, pure**
ur	**during, curious**
our	**tour**

Merkwörter **sewer** /ˈsjuə/ oder /ˈsuə/ (Abwasserkanal); aber: **sewer** /ˈsəuə/ (Näher[in]).

o, oa oder **ou** vor **r** entsprach früher einem [ɔə]-Diphthong. Heute ist dieser allgemein monophthongiert: **score** /skɔː/, **coarse** /kɔːs/. **four** /fɔː/. Wie wir schon gesehen haben, wird/uə/ auch oft zu [ɔː]. Darüber hinaus ist das ursprüngliche /ɔː/ da: **(saw).** So ergeben sich neue Homophone, alle mit [ɔː]:

pour – pore – paw; nor – gnaw; roar – raw; soar – sore – saw; shore – Shaw – sure.

7.4 Die englischen Triphthonge: Diphthong plus /ə/

Vom Deutschen ausgehend, kann man daran erinnern, daß jeder verengende Diphthong nach sich einen [ə]-Laut haben kann, so daß *drei* Vokale gleitend aneinandergesprochen werden: **Laier, Mauer, teuer.** Die gleiche Erscheinung gibt es im Englischen: **player** /eiə/, **fire** /aiə/, **mower** /əuə/, **tower** /ɑuə/, **employer** /ɔiə/. Wenn man sich in Abbildung 15 die Pfeile dieser fünf Diphthonge umgebogen und auf ein offenes [ə] hin verlängert vorstellt, wird klar, daß die Sprechwerkzeuge dabei eine große Bewegung machen müssen, besonders bei /aiə/ und /ɑuə/. Diese wird nun zunächst durch Auslassen des mittleren Elementes verkürzt: **fire** /fa:ə/, **tower** /tɑ:ə/. Diese Einebnung *(levelling)* geht dann weiter bis zur Monophthongierung **fire** /fa:/, **tower** /tɑ:/. Sprachbewußte Sprecher lehnen eine so weitgehende Einebnung oft ab – und sprechen manchmal unbewußt selbst so. Wir erleben eine der auffallendsten Lautveränderungen des 20. Jahrhunderts.

Genau genommen, fallen die neu entstehenden Monophthonge unter sich und mit dem alten Monophthong nicht zusammen: das [a:] aus /aiə/ wird vorne, das [ɑ:] aus /ɑuə/ in der Mitte und das ursprüngliche /ɑ:/ hinten artikuliert; das *kann* man bei **tyre** /ta:/, **tower** /tɑ:/, **tar** /tɑ:/ hören. Aber solche feinen Unterchiede werden von den meisten Sprechern weder gehört, noch gemacht. (Es kann jedoch vorkommen, daß ein Deutscher etwa **far** mit einem zu weit vorn artikulierten [a:] ausspricht, sodaß ein Engländer fälschlich **fire** versteht.)

Dadurch gibt es zahlreiche neue Homophone: **tiring – towering – tarring; shire – shower – Shah; bower – bar; diary – dowry.**

Die extreme Einebnung wird jedoch weitgehend vermieden, wenn dadurch eine Morphemgrenze verwischt würde, d. h. wenn eine angehängte Endung dann nicht mehr als solche hörbar wäre: **greyer, higher, lower, plougher.** Also fällt **higher** meist nicht mit **hire** zusammen und **dyer** nicht mit **dire.** Auch vor Auslaut-[l] unterbleibt im allgemeinen die Einebnung **(towel, vowel),** weil der Weg zum dunklen [ɫ] leicht über /ə/ zu führen ist: /tauəl/, /vauəl/.

A4 AUFGABE 4

1. Welches Wort der folgenden Wortpaare hat einen längeren Diphthong als das andere?

a) right – ride	e) rose – roast
b) plays – place	f) plate – played
c) lied – hight	g) gross – grows
d) bout – bowed	

2. Setzen Sie folgende Wörter in die Lautschrift:

a) steak	g) walk
b) folk	h) colt
c) soot	i) cough
d) alibi	k) air – hostess
e) pear	l) nihilist
f) gauge	m) shoulder

3. Wie weit kann man nach Ihrer Ansicht die Einebnung der Triphthonge in den folgenden Wörtern gehen?
Setzen Sie die Wörter in die Lautschrift:

a) our	e) dyer
b) buyer	f) society
c) shower	g) shyer
d) fire	h) (theatre-)goer

7.5 Veränderungen im englischen Vokalismus

Weit mehr als bei den Konsonanten läßt die unstabile Zungenstellung und der Grad der Mundöffnung bei den

Monophthongen, Diphthongen und Triphthongen Abweichungen zu, die mit der Zeit zu bleibenden Veränderungen führen können. Die Sprachgeschichte kennt daher auch mehr Beispiele für solchen Wandel beim Vokalismus als beim Konsonantismus. Obwohl heutzutage die fixierte und im Volk weit verbreitete Schriftsprache „raschen" Wandel hemmt, lassen sich doch Veränderungstendenzen beobachten, die manchmal solchen aus früheren Jahrhunderten ähneln. Zwei Erscheinungen sind besonders auffällig.

a) *Diphthongierung.* Die Monophthonge [iː] und [uː] werden heute vielfach [iiː] und [uuː] gesprochen. Dieser Vorgang ist mit einer Zungenöffnung im ersten Teil des Diphthongs verbunden. In volkstümlicher Sprechweise erscheinen [iː] und [uː] sogar als [əi] und [əu], sodaß **tea** als [tiiː] und [təi] und **too** als [tuuː] und [təu] zu hören ist. – Die kurzen Vokale [i, e, æ] werden oft mit einem zentralen [ə]-Nachklang diphthongiert:

did [di^{ə}d], **dead** [de^{ə}d], **Dad** [dæ^{ə}d].

b) *Monophthongierung.* Auf die Verkürzung von Triphthongen zu Diphthongen und Monophthongen haben wir schon hingewiesen: **fire** [ˈfaə, faː], **tower** [ˈtɑə, tɑː]. Der Diphthong [ei] tendiert dazu, im Auslaut zu [ɛi] geöffnet und dann zu [ɛː] monophthongiert zu werden: **play** [plɛi, plɛː].
Auf die mutmaßlichen Ursachen dieser Erscheinungen und auf die interessanten Zusammenhänge zwischen ihnen können wir hier nicht eingehen.

8. Transkription III

A5 AUFGABE 5

Sie haben nun die Besonderheiten des englischen Vokalsystems und seines Verhältnisses zur orthographischen Schrift kennengelernt. Aufgabe 5 soll zur weiteren Bewußtmachung und Festigung dieser Kenntnisse beitragen, indem sie Wörter mit unterschiedlichen Vokalphonemen einander gegenüberstellt, die von Deutschen beim Sprechen oft nicht deutlich auseinandergehalten werden. Die Übung eignet sich auch für englischlernende Schüler, etwa vom 4. Lernjahr an.

Sie soll in einem Dreischritt bewältigt werden:

- Erschließen des Sinnes und der Aussprache, evtl. mit Wörterbuch
- Lautes Lesen mit besonderer Berücksichtigung der Unterschiede bei den Vokalphonemen
- Umschreiben der halbfett gedruckten Wörter in die Lautschrift (in die freien Felder rechts).

1. The **cup** is underneath the **cap.**	kʌp kæp ?
2. Let's **march** to the **match.**	ma:tʃ mætʃ
3. It won't **harm** if we **hum** while we eat the **ham.**	ha:m hʌm hæm ?
4. It was impossible to **budge** the **barge.**	bʌdʒ ba:dʒ
5. The **cat cut** across in front of the **cart.**	kæt kʌt ka:t

6. I **wonder** whether he **wants** the **lock done.** ....

7. You're **nuts not** to take the chance. ....

8. If we're **lucky,** we can **lock-**up before six. ....

9. I do **not** like the **colour** of that **collar.** ....

10. I'm **sorry** but the **gun** is **gone.** ....

11. It's so **warm** I'd prefer to go for a **walk** than to **work.** ....

12. **Turks talk** a lot. ....

13. **Word** quickly went round the **ward** that the doctor was coming. ....

14. **Worms** like **warm** weather. ....

15. I **warn** you, the **world** is not as it should be. ....

16. Mum'll be raging, we've broken the **bowl** with the **ball.** ....

17. **Haul** the **whole** lot over here to the **hole.** ....

18. If **Paul** falls from that **pole,** he's finished. ....

19. I **bought** this **boat** cause I think it's **cosy.** ....

20. It's **gnawing** at me, **knowing** that he's coming too. ....

21. Don't let's have a **row,** just **row** on. ....

22. Her **bow** fell off just as she was about to **bow.** ....

23. We used to have the **sow** in this field but we're going to **sow** seeds here now. ....

9. Die englischen Konsonanten

Für denjenigen, der Englisch als Fremdsprache lernt oder lehrt, ist die kontrastive Betrachtungsweise am nützlichsten: unter den vielen Eigentümlichkeiten der engl. Konsonanten und ihres Kombinationssystems werden hauptsächlich die besprochen, welche für den Sprecher einer anderen Muttersprache fremd und schwierig sind. (Ziehen Sie bitte beim Lesen von Abschnitt 9 die Abbildung 16 immer wieder zu Rate!)

9.1 Die deutschen und englischen Konsonanten

Die Übersicht zeigt die in den phonologischen Konsonantensystemen der beiden Sprachen fungierenden Konsonantenphoneme, weist jedoch weder freie, noch gebundene Allophone aus, wenn man davon absieht, daß einige Phoneme der einen Allophone der andern Sprache sind. (Ausnahmen: [ɫ] und [ʁ]).

Die wichtigsten *Unterscheidungsmerkmale (distinctive features)* sind in der Tabelle direkt ablesbar (vgl. dazu 4.2.3):
Artikulationsart (senkrechte Spalte)
Artikulationsstelle (waagerechte Spalte): → Abbildung 6
Stimmgebung (erste Position im Kästchen: stimmlos;
zweite: stimmhaft; Ausnahmen: das gilt nicht
für [l] und [ɫ])

Man kann also auf Grund der Tabelle Kurzbeschreibungen geben, z. B. für /g/: plosiv, velar, stimmhaft. Nicht ablesbar sind die Merkmale aspiriert/nicht-aspiriert (behaucht/unbehaucht) und Fortis/Lenis (stark/schwach) (vgl. 4.2.3.4 und 4.2.3.5).

Die in der Vergleichssprache nicht vorhandenen Konsonanten sind durch Umrandung gekennzeichnet. Dieses Nicht-Vorhandensein in der jeweils anderen Sprache kann

	Bila-bial	Labio-dental	Dental	Alveo-lar	Post-alv.	Palato-alv.	Pala-tal	Velar	Uvu-lar	Glottal
Verschlußlaute *(Plosives)*	p b			t d				k g		ʔ
Reibelaute *(Fricatives)*		f v	θ ð	s z		ʃ ʒ	ç	x		h
Affrikaten *(Affricates)*						tʃ dʒ				
Nasale *(Nasals)*	m			n				ŋ		
Laterale *(Laterals)*				l ł						
Reibungsloser Dauerl. *(Frictionless Continuant)*					r					
Vibrationslaut *(Roll)*									r	
Halbvokale *(Semi-vowels)*	w						j			

Abb. 16: *Deutsche und englische Konsonanten.* [gestrichelter Rahmen] Nur deutsch. [Rahmen] Nur englisch

mit phonologischen oder phonetischen Tatbeständen zusammenhängen.

Von den beiden Konsonanten /ç/ *(ich-Laut)* und /x/ (*ach*-Laut) ist nur der zweite dem Angelsachsen fremd. Den *ich*-Laut kennt er als Allophon seines /j/-Phonems: ein stimmloses Allophon, das nach stimmlosen Konsonanten gesprochen wird: **pure** [ˈpçuə], **human** [ˈhçuːmən]. Trotzdem erscheint der Gebrauch des Lautes beiden Seiten fremdartig, weil nämlich das [ç] im Deutschen nur nachvokalisch, im Englischen nur vorvokalisch vorkommt.

Im palato-alveolaren Bereich sind für den Deutschen die engl. Konsonanten /ʒ/ und /dʒ/ neu. Er neigt dazu, dafür die stimmlosen Entsprechungen /ʃ/ und /tʃ/ zu substituieren. /ʒ/ sollte er eigentlich kennen: **Genie, Jongleur, Jalousie, Jackett, Journalist;** aber er gebraucht auch in diesen Fällen meist das stimmlose [ʃ]. Also gehört die stimmlose Fortis-Aussprache von /ʒ/ und /dʒ/ zu den häufigsten Fehlern: **pleasure** *[ˈpleʃə]; **George** *[tʃɔːtʃ. Das dt. Wort für **jungle** weist durch die **Dsch**-Schreibung auf die [dʒ]-Aussprache hin; trotzdem hört man **Dschungel** meistens als [tʃuŋl].

Am Beispiel dieses Wortes läßt sich eine weitere Schwierigkeit zeigen: das Deutsche kennt die im engl. Wort /dʒʌŋgl/ vorkommende Lautsequenz [ŋg] innerhalb eines Morphems nicht; daher wird das deutsche Wort als [tʃuŋl] ausgesprochen. Manche Deutsche gewöhnen sich nur schwer an [ŋg] in engl. Wörtern wie **jungle** und wie **English** /ˈiŋgliʃ/ und **finger** /ˈfiŋgə/ (→ Abschnitt 9.5).

Keine Funktion im dt. Lautsystem haben die engl. Phoneme /θ/ und /ð/. Es hilft wenig, daß auch deutsche Kleinkinder diese Laute in der Lallphase des Spracherlernungsprozesses geübt haben: diese Laute verschwinden später, da sie nicht gebraucht werden. (Manche Kinder halten allerdings in Form von /s/z/-Allophonen daran fest bis kurz vor dem Alter, in dem sie Englisch zu lernen beginnen). Besonders schwierig sind nicht die Laute selbst, sondern deren Realisationen in den diversen Lautkontexten, vor allem in der Umgebung der /s/- und /z/-Phoneme: im Engl. sind /θ, ð, s, z/ vier Phoneme (→ Abschnitt 5.6.2)!

Das im Deutschen nicht vorhandene /w/ ist leicht zu erlernen, macht aber Schwierigkeiten bei der Abgrenzung gegen das /v/: **very well.** Fremdsprachenlehrer wissen, daß dt. Schüler oft eher * [ˈweri ˈwel] sprechen als * [ˈveri ˈvel]. Die Tatsache, daß das Deutsche das dunkle [ɫ] und die besondere Realisation des [r] der engl. Sprache nicht kennt, hat keine phonologische Relevanz; d. h. wer dafür ein helles [l] und ein dt. [r] substituiert, wird trotzdem verstanden. Nichtsdestoweniger ist gerade diese rein phonetische Schwierigkeit für den Lernenden von größter Bedeutung, besonders im Hinblick auf das [r]. Wer im Englischen das dt. [r] spricht oder umgekehrt, verfälscht den Klang der Sprache in hohem Maße.

Daß im Deutschen im Anlaut Affrikaten vorkommen, die der Angelsachse in seinem *phonologischen System* im Anlaut nicht kennt: **x** [ks], **z** [ts] und **pf** [pf], soll hier nur am Rande erwähnt werden.

Auf feinere Aussprache-Unterschiede, wie z. B. zwischen den dt. und engl. [t, d]-Konsonanten, kommen wir bei der Besprechung der Lautgruppen und Einzellaute zurück.

9.2 **Verschlußlaute (Plosives)** /p, b, t, d, k, g/

Betrachtet man /p, t, k/ zusammen, so bleiben die Merkmale 1, 3 und 4 gleich, nur das Merkmal 2, die Artikulationsstelle, ändert sich:

Merke /p/ plosiv, bilabial, fortis, stimmlos; (vgl. Abbildung 17)
/t/ plosiv, alveolar, fortis, stimmlos;
/k/ plosiv, velar, fortis, stimmlos;

Analog bei /b, d, g/:
/b/ plosiv, bilabial, lenis, stimmhaft; (vgl. Abbildung 17)
/d/ plosiv, alveolar, lenis, stimmhaft;
/g/ plosiv, velar, lenis, stimmhaft;

9.2.1 Stimmgebung

Im allgemeinen sind die Fortis-Konsonanten stimmlos und die Lenis-Konsonanten stimmhaft. Im Englischen gibt es

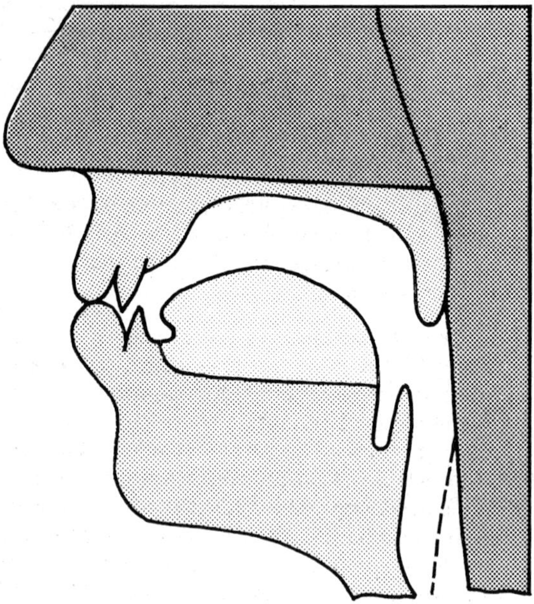

Abb. 17: /p/ wie in **pill** (fortis, stimmlos)
/b/ wie in **bill** (lenis, stimmhaft)

jedoch in bestimmten Lautkontexten Lenes, die weitgehend stimmlos sind.
Wie wir in Abschnitt 5.6.3 gesehen haben, werden im Deutschen stimmhafte Lenes im *Auslaut* zu stimmlosen Fortes: **Weg** /veːk/, **weg** /vek/. Im Englischen können /b, d, g/ im reinen Auslaut (Ende einer Sprachsequenz) zwar auch ihre Stimmhaftigkeit verlieren *(devoicing),* aber der *Lenis-Charakter bleibt erhalten* und bildet zusammen mit der gedehnten Realisation des Vokals (→ Abschnitt 7.2: Quantität der Vokalphoneme) das Hauptunterscheidungsmerkmal gegenüber den homorganen stimmlosen Fortis-Konsonanten: **vague** /veig/, **wag** /wæg/.

Merke

Damit sind wir bei einem der verbreitetsten Aussprachefehler, dem durch intensives Üben mit Reihen von der folgenden Art entgegengewirkt werden muß:
cap – cab; bit – bid; lock – log

Da Deutsche anfangs oft hartnäckig an der Auslautverhärtung festhalten, ist es sicherlich richtig, zunächst stimmhafte Lenes im Auslaut üben zu lassen. Nach der Anfangsphase muß der Lehrer aber dann das eigentliche Ziel ansteuern: im Auslaut *stimmlose Lenes mit Vokaldehnung.*
Das bedeutet: nach dem gelängten Vokal folgt ein *Lenis*-Verschlußlaut, der, weil er einerseits seine Stimmhaftigkeit fast verloren hat und andererseits nicht *fortis* ist, beinahe unhörbar wird: "When the last sound is practically inaudible it will sound correct to the English ear" (MacCarthy [4]1965 102).

Grob gesprochen, sind /b, d, g/ im *Anlaut* fast und im *Inlaut* in stimmhafter Umgebung voll stimmhaft. Stimmhafte Umgebung bedeutet: Vokal oder stimmhafte Lenis. Beispiele:

/b/ Anlaut: **ball;**	Inlaut: **husband, Bob answers**
/d/ Anlaut: **double;**	Inlaut: **under, road map**
/g/ Anlaut: **girl;**	Inlaut: **eagle, big brother**

9.2.2 **Aspiration**

/p, t, k/ sind, wie im Deutschen, vor betontem Vokal aspiriert: **pear, tear, care** und vor schwachbetonten Vokalen nicht aspiriert: **upper, utter, hockey.**

Anders als im Deutschen sind sie jedoch nicht oder nur schwach aspiriert im Wortauslaut **lip, lit, lick.** Also ist dt. **Stop** [ʃtɔp^h] engl. **stop** [stɔp]. Die Verschlußöffnung im Auslaut ist im Engl. sehr sanft und oft fast unhörbar.
Nicht aspiriert sind /p, t, k/ auch in jedem Falle nach /s/: **spare, stare, scare.**

9.2.3 **Art der Verschlußlösung**

9.2.3.1 *Unvollständige Verschlußlösung (incomplete plosion).* Konsequenter als im Deutschen unterbleibt die Explosion, wenn ein weiterer Verschlußlaut oder eine Affrikate folgt: der erste Verschluß wird gebildet, aber nicht gelöst. Das Wort „unvollständig" bezieht sich eigentlich darauf, daß von den zwei Vorgängen bei Verschlußlauten, nämlich Verschluß und Öffnung, nur der erste stattfindet. In **rubbed** (/b/ + /d/) wird also der Auslaut folgendermaßen gesprochen: Verschluß des [b], Verschluß des [d], Öffnung des [d]. Weitere Beispiele auch über Wortgrenzen hinweg: **light proof** (/t/ + /p/), **black dog** (/k/ + /d/), **red cat** (/d/ + /k/), **great joke** (/t/ + /dʒ/), **big chin** (/g/ + /tʃ/).

Wenn homorgane Verschlußlaute gleicher Stimmgebung zusammenkommen, **(top people, good dog, book-case)** tritt eine Verzögerung ein, die das einzige Merkmal des Zusammentreffens ist. **Red ear** unterscheidet sich von **red deer** durch die längere Verschlußzeit des [d] im zweiten Falle; das [t] in **that time** ist länger als das [t] in **better.** Trifft ein stimmhafter auf einen stimmlosen homorganen Konsonanten **(egg-cup),** so hört man allein am Verschluß des ersten, daß es sich um eine stimmhafte Lenis handelt.

Merke Im Deutschen werden zwei aufeinanderfolgende Verschlußlaute oft voll ausexplodiert: **Akt.** Im Englischen wird vom ersten nur der Verschluß gebildet, die Verschlußlösung unterbleibt.

9.2.3.2 *Nasale Verschlußöffnung (nasal release).* Folgt auf einen Verschlußlaut ein Nasal, so wird der Mundverschluß beibehalten und die Öffnung erfolgt dadurch, daß die Luft durch die Nase entweicht: **certain, sudden, shopman, submerge.** Dabei findet manchmal homorgane Assimilation (d. h. Angleichung der Artikulationsstelle) statt; z. B. wird bei **happen** oft nicht der dentale, sondern der mit /p/ homorgane /m/-Nasal gebildet: [ˈhæpm]. Vgl. auch **organ** [ɔːgŋ].

9.2.3.3 *Laterale Verschlußöffnung (lateral release)*
Wenn vor /l/ die homorganen Verschlußlaute /t/ oder /d/ vorkommen, so wird der alveolare Verschluß beibehalten, und die Luft entweicht, diesem /l/-Verschluß gemäß, seitlich des Zungenrandes: **little, metal, middle, atlas, giggle, at least, boot legger, bad light.**

9.2.4 **Englische Aussprache von /t/ und /d/.**

Die Artikulationstelle der Verschlußlaute variiert je nach dem Lautkontext etwas. Das engl. /t,d/ ist aber meist alveolar, während das dt. /t,d/ dental ist: **Tier** klingt nicht wie **tear, Tor** nicht wie **tore** und **dir** nicht wie **dear.** Wenn der Deutsche lernt, seine Zunge bei engl. /t,d/ zur Alveole zurückzunehmen, so verbessert sich damit seine engl. Artikulationsbasis insgesamt. – Engl. /t,d/ ist nur in der Nachbarschaft der dentalen /θ,ð/ dental: **eighth** (/t/ wird gesprochen, obwohl nicht geschrieben), **not that.**

VERSUCH:

Sprechen Sie die folgenden Wörter zuerst mit (falschem) dentalem [t,d], um zu hören, wie unenglisch das klingt; danach mit alveolarem /t,d/:
table, time, tall, dog, dull, door

9.2.5 **Schreibung**

Der Buchstabe **p** wird vor /t/ und /n/ in manchen Lautkontexten nicht gesprochen: **receipt, pneumonia;** meist auch nicht vor /s/: **psalm, psychology.** Der Buchstabe **b** ist im

Auslaut nach /m/ stumm: **bomb, limb, thumb, comb, tomb,** ebenso in einigen Wörtern vor /t/: **debt(or), subtle** /ˈsʌtl/, **doubt** /dɑut/. – Über die Aussprache der Flexionsendung **-ed** → Abschnitt 11.3. – /t/ erscheint häufig als **th,** m.a.W. **th** wird nicht immer [θ] oder [ð] gesprochen: **Thames** /temz/, **Thomas, Mathilda, Anthony, thyme** /tɑim/ (Thymian).
Beachten Sie die Schreibung des /k/-Lautes

k, ck	**kill, keep, rock**
c, cc	**call, cold, accord**
ch	**chemist, stomach**
q	**quiet** /ˈkwaiət/, **quarter**

Stummes **k** oder **c: knife, know, muscle** /ˈmʌsl/.

Das **g**-Graphem gehört zu den schwierigsten, weil es oft als → /dʒ/ realisiert wird. Hier nur zur /g/-Aussprache:

g, gg	**girl, big, bigger**
gh, gu	**ghost, guide**

Stummes **g** in **gnaw, reign, sign, resign, paradigm** /ˈpærədaim/, **foreign, night, caught, high**

Zur **ng**-Schreibung (Aussprache /ŋg/ oder /ŋ/) → /ŋ/ in Abschnitt 9.5)

9.2.6 **Der Knacklaut (glottal stop, glottal plosive).**

[ʔ] plosiv, glottal, fortis, stimmlos
Die Stimmlippen können durch Verschluß und explosionsartige Öffnung einen leisen Verschlußlaut hervorbringen (→ 4.2), der im Deutschen „Knacklaut“ genannt wird.
Sein Vorkommen nimmt im Englischen gegenwärtig zu. Im Anlaut wird er als harter Stimmeinsatz vor Vokalen zur Emphase benutzt **it's awful** [its ˈʔɔːf(u)l]. Er zeigt manchmal im Inlaut das Bemühen des Sprechers, Sprachteile nicht ineinander übergehen zu lassen, sondern sie deutlich als getrennt auszuweisen: **reaction** [riˈʔækʃn], und das Bestreben, das sogenannte *intrusive*-[r] zu vermeiden, ein Bindungs-[r], das sich oft fälschlich einschleicht, z. B. zwischen **law** und **and** in dem Ausdruck **law and order;** statt dessen hört man dann den harten Stimmeinsatz bei

and. Unwillkürlich ersetzt man so durch den **glottal stop** auch ein legitimes Bindungs-[r], etwa in **far off** [ˈfɑːˈʔɔf].

Eine ursprünglich dialektale, aber sich zur Zeit weiter verbreitende Verwendung ist der Knacklaut als Ersatz oder Hervorhebung eines stimmlosen Verschlußlautes im Inlaut oder Auslaut: **a bottle of water** [əˈbɔʔl əˈwɔːʔə]. Der Glottisschlag als Ersatz für [t] kann bedeutungsrelevant sein; vgl. **bigger** /ˈbigə/ und **bitter** [ˈbiʔə][12].

9.3 **Reibelaute (Fricatives).**

Vier Reibelaute fungieren im Englischen jeweils stimmlos und stimmhaft: /f, v/ labio-dental; /θ, ð/ dental; /s, z/ alveolar; /ʃ, ʒ/ palato-alveolar; und einer nur stimmlos: /h/ glottal.

Bei /f, θ, s, ʃ, h/ unterscheiden sich die Merkmale nur in der Artikulationsstelle:

/f/	frikativ,	labio-dental,	fortis,	stimmlos
/θ/	frikativ,	dental,	fortis,	stimmlos
/s/	frikativ,	alveolar,	fortis,	stimmlos
/ʃ/	frikativ,	palato-alveolar,	fortis,	stimmlos
/h/	frikativ,	glottal,	fortis,	stimmlos

Analog bei /v, ð, z, ʒ/:

/v/	frikativ,	labio-dental,	lenis,	stimmhaft
/ð/	frikativ,	dental,	lenis,	stimmhaft
/z/	frikativ,	alveolar,	lenis,	stimmhaft
/ʒ/	frikativ,	palato-alveolar,	lenis,	stimmhaft

Bei Reibelauten werden zwei Sprechorgane so nahe aneinander gebracht und gehalten, daß ein Reibegeräusch entsteht. Über die Bildung dieser Laute vgl. 4.2.3.1 und 4.2.3.2.

9.3.1 **Stimmgebung**

Hier gilt analog das (in Abschnitt 9.2.1) für /b, d, g/ Gesagte. Die Auslautposition ist auch hier für Deutsche besonders kritisch, da sie im Auslaut nur *stimmlose* Reibelaute kennen. Im Englischen fungieren die Reibelaute

12 Diesen Hinweis verdanke ich R. L. Snook, M. A., von der Universität Stuttgart.

/f, v, θ, ð, s, z/ mit und ohne Stimmgebung jeweils als bedeutungsunterscheidende Phoneme:

leaf-leave

mouth-mouth (Nomen und Verb)

loose-lose

Wegen der morphophonemischen Regeln, nach denen ein Flexions-**s** sehr häufig als [z] realisiert wird, steht der für Deutsche so schwierige Gegensatz von /s/ und /z/ im Auslaut mit Recht oft im Vordergrund von Ausspracheübungen (→ Abschnitte 11.1 und 11.2). Einige Minimalpaare: **place-plays, fierce-fears, ice-eyes, gross-grows, peace-peas, false-falls.** Aber auch im Anlaut **(seal–zeal, sink–zinc)** und im Inlaut **(racer–razor, fussy–fuzzy)** spielt diese Opposition eine Rolle. Das Deutsche kennt sie nicht im Anlaut und nicht im Auslaut, sondern nur im Inlaut: **Rassen–Rasen, lassen–lasen.**

9.3.2 /f, v/ **Die labio-dentalen Reibelaute** bereiten dem Deutschen keine Schwierigkeiten, da sie wie im Deutschen artikuliert werden: Oberzähne auf Unterlippe.

Schreibung:

f	**foot, defend**	**v**	**vain, never, navy**
ph	**phone, triumph**	**vv**	**navvy** /nævi/ (Erdarbeiter, Löffelbagger), **skivvy** (verächtlich für Dienstmädchen: Dienstbolzen); nur diese zwei Wörter haben **vv**-Schreibung.
gh	**enough, tough, laugh** **cough** /kɔf/		

9.3.3 /θ, ð/ **Die dentalen Reibelaute** werden dadurch gebildet, daß der Zungenrand sich in seiner ganzen Breite an die Oberzähne legt; der Kontakt ist dort an den Seiten fest und in der Mitte – durch Senkung der Zungenspitze – lose, sodaß die Luft in der Mitte mit Reibegeräusch hindurchstreichen kann. Anfängern rät man, die Zunge sichtbar (Spiegel!) zwischen die Zähne zu nehmen, weil sie nämlich mit dieser Position keine andern Laute [s, z, t, d, f, v] bilden können. Diese Zungenstellung ist nicht die der großen Mehrheit der Englischsprechenden; aber die Zunge später locker an den Rand der Oberzähne gleiten zu lassen, ist leicht.

Die eigentliche Schwierigkeit bei flüssigem Sprechen liegt darin, die beiden Phoneme im *Lautkontext* lautrein zu bilden, d. h. die Zungenposition schnell zu wechseln. Dabei bedeuten die eng benachbarten /s/- und /z/-Phoneme, (die im Englischen getrennt fungieren), die größte Klippe, z. B. bei **the sea** [ðə+s], **his thumb** [z+θ], **pass the salt** [s+ðə +s], **is this it** [z+ð], **Smith's there** [θ+s+ð] (Beispiele nach Gimson 1972: 185).

Die gängigen falschen Ersatzlaute, wie man sie immer wieder bei Deutschen feststellt, sind folgende:

- bei /θ/: [s] Vgl. **thick–sick; thumb–sum; mouth–mouse; worth–worse;**
  [t] Vgl. **thank–tank; thrill–trill; three–tree; heath–heat; both–boat; forth–fort;**
  [f] Vgl. **thresh–fresh; thirst–first; Ruth–roof.** Auch englische Kleinkinder substituieren oft zunächst [f] für /θ/

- bei /ð/: [z] Vgl. **seethe–seas; lathe–laze; clothe–close; breathe–breeze;**
  [d] Vgl. **then–den; though–dough; there–dare; worthy–wordy; writhe–ride;**
  [v] Vgl. **thine–vine; that–vat** (großes Faß).

Ferner müssen die beiden dentalen Reibelaute auch *voneinander* klar unterschieden werden, denn als Phoneme können sie in gleichem oder ähnlichem Lautkontext verschiedene Wörter bilden. Vgl. Wortpaare mit /θ/ und /ð/: **earthy–worthy; ether–breather**

/θ/ im *Anlaut* kommt bei sogenannten Bedeutungsträgern vor: **thing, thank, threat.**
/θ/ im *Inlaut* findet sich besonders bei Wörtern romanischer Herkunft: **method** /ˈmeθəd/, **author** /ˈɔːθə/. Ausnahme: **rhythm** /ˈriðm/.
/θ/ im *Auslaut* ist häufiger als /ð/: **breath** /breθ/, **path, earth, cloth, bath.**

Beachten Sie die für Deutsche schwierigen Konsonantengruppen *(consonant clusters)* mit /θ/ im Auslaut: **earthed, depth(s), month(s), warmth, twelfth, length, sixth.**

/ð/ im *Anlaut* findet sich bei sogenannten Strukturwörtern: **the, this, these, there, though, they, then.**
/ð/ im *Inlaut* kommt hauptsächlich bei Wörtern germanischer Herkunft vor: **father, mother, other, northern, either** /ˈaiðə/, manchmal auch /ˈiːðə/, (besonders amerikanisch).
/ð/ im *Auslaut* vor **e: breathe** /briːð/, **bathe** /beið/, **clothe** /kləuð/.

Beachten Sie den Wechsel von /θ/ im Singular zu /ð/ im Plural bei einigen Wörtern: **mouth** /mɑuθ/, **mouths** /mɑuðz/; ebenso **path-paths; youth-youths.** Aber: **month** /mʌnθ/, **months** /mʌnθs/; ebenso **moth–moths** (→ Abschnitt 11.1.5). Der Wechsel zwischen /θ/ und /ð/ fungiert auch bei Wortunterscheidungen, hier zusätzlich zum Vokalwechsel:

/θ/ **bath,** /bɑːθ/ (im Badezimmer)
/ð/ **bathe** /beið/ (im Freien), **bathing–suit, bather,** aber auch: **bathed in tears.**

Schreibung: beide Phoneme immer **th**

Merkwörter
/θ/ **atheist** /ˈeiθiist/, **panther, anthem, athletic, Athens** /ˈæθinz/, **Bethlehem** /ˈbeθliəm/.
/ð/ **with** /wið/, **smooth, booth, clothes** /kləuðz/(!), **southern** /ˈsʌðən/,

9.3.4 /s, z/ Bei den **alveolaren Reibelauten,** die im Englischen wie im Deutschen am vorderen Zahndamm gebildet werden, liegt die Zungenspitze nur wenig hinter der /θ, ð/-Position, erzeugt aber damit Laute, die im engl. Phonemsystem mit den dentalen Reibelauten in Opposition stehen (vgl. Abbildung 12).

/s/ und /z/ im *Anlaut:* **sit, soil, soul, cease** /siːs/; **zeal, zest.** In der dt. Hochsprache gibt es im Anlaut kein /s/, sondern nur /z/: **sieht, Sohle.** Im Engl. kann /s/ im Anlaut mit /z/ in Opposition stehen: **sip-zip.**

/s/ und /z/ im *Inlaut* können wie im Deutschen in Opposition stehen: **decease** /diˈsiːs/ **-disease** /diˈziːz/.

/s/ und /z/ im *Auslaut* können, anders als im Deutschen, auch miteinander in Opposition stehen: **pence** /pens/ **-pens** /penz/. Diesen Sachverhalt stellen SCHERER/ WOLLMANN (1972: 96) in einer kleinen kontrastiven Übersicht dar:

“ **seal-zeal**	**buses-buzzes**	**ice-eyes**
∅ **-sagen**	**reißen-reisen**	**los-** ∅”

9.3.4.1

Schreibung:

Das Graphem **c** kann /k/, /s/ oder /t/ gesprochen werden. d. h. von den Phonemen /s/ und /z/ kann es nur das erstere wiedergeben. Das Graphem **z** bedeutet stets /z/. Große Schwierigkeiten hat der Ausländer jedoch mit dem *Graphem* **s.** Die Orthographie gibt den Unterschied zwischen /s/ und /z/ nur im *Anlaut* wieder: /s/ kann als **s (seize)** oder **c (cease)** erscheinen, /z/ nur als **z: zest, zoo.** Im *Inlaut* erscheint /s/ meist als **c** oder **ss: pencil, concert; essay.** Die Nachbarschaft von stimmlosen Konsonanten weist darauf hin, daß **s** als /s/ ausgesprochen wird: **whisper.** Ansonsten signalisiert das einfache **s-**Graphem zwischen Vokalen und in der Nachbarschaft von stimmhaften Konsonanten meist /z/: **easy, bosom, prison, hesitate, thousand, husband.** Ausnahmen bilden einige „gelehrte“ Wörter mit /s/ im Inlaut: **philosophy** /fiˈlɔsəfi/, **generosity** /ˌdʒenəˈrɔsiti/ usw. Aber sogar **ss** kann im Inlaut stimmhaft sein: **possess** /pəˈzes/.

9.3.4.1.1 Wenn im *Auslaut* **c** erscheint, so kann es sich bei der Wahl zwischen /s/ und /z/, nur um /s/ handeln: **ice, niece** /ni:s/, **farce.**

Hinweis Für die Aussprache des **s**-Graphems bei Flexionsendungen: → Abschnitt 11.
Was das **s**-Graphem am Ende eines Wortes anbetrifft, so muß der Ausländer für jedes Wort gesondert die Aussprache lernen, um zwischen auslautendem /s/ und /z/ unterscheiden zu können.
Beispiele

- für /s/-Aussprache des **s: goose, mouse, famous, bus, gas, paradise** /ˈpærədais/
- für /z/-Aussprache des **s: noise, rose, those, as, was**

Das **sc**-Graphem wird – wenn nicht als /sk/ – als /s/ realisiert: **scene, science** /ˈsaiəns/.

9.3.4.1.2 Bei den Vorsilben **dis-, trans-,** und **ex-** gibt es sowohl /s/-, als auch /z/-Aussprache.

- /s/-Aussprache: **dispel, disposition, dismiss, disobedience; transcription, translation, transistor; expect, extend, excel** (alle drei mit /ks/).
- /z/-Aussprache: **disaster, disease, dissolve; transatlantic, transmission; exhibit, examine, exert** (/gz/).

Bei einigen Wörtern schwankt der Gebrauch: **dishonest, disorganize, disengage; transitive, transitory; exhale, exhilarate** meist: /igˈziləreit/ (aufheitern).

9.3.4.1.3 *Wortunterscheidung* mit /s/ und /z/ bei gleichbleibender **s**-Schreibung:

to use /ju:z/ **- the use** /ju:s/. Beachten Sie aber: **he used** /ju:zd/ **a key** (er benutzte einen Schlüssel); dagegen: **he used to** /ˈju:stə/ **smoke** (er hat früher geraucht). Bei dem Ausdruck **used to** haben wir unter dem Einfluß des folgenden /t/ immer die /s/-Aussprache. Beachten Sie weiter: **to close** /kləuz/-**close** /kləus/ (Adj.)

Merkwörter **house** /haus/-**houses** /hauziz/; **cleanse** /klenz/ (nicht mit [iː]!)
septic /ˈseptik/, **sceptic** /ˈskeptik/
Beachten Sie stummes **s** in **aisle, isle, island.**
Zur Aussprache des **s** vor /i/ und /u/ → 9.3.5

9.3.5 /ʃ.ʒ/ **Die palato-alveolaren Reibelaute werden** wie im Deutschen mit dem mittleren Zungenrand und dem Zungenblatt an der Alveole gebildet, aber mit weniger vorgestülpten Lippen als im Deutschen. Die Lippenstellung kann unter dem Einfluß des benachbarten Vokals von leicht gerundet bis gespreizt variieren, was man an sich selbst bei der Aussprache von **short–shirt–sheet** sehen kann.

/ʃ/ kommt im Anlaut, Inlaut und Auslaut vor: **shore, bishop, wash**

/ʒ/ kommt im Anlaut und Auslaut nur in einigen französischen Lehnwörtern vor **gigue** /ʒiːg/ (ein Tanz), **gigolo** /ˈʒiːgələu/ (Eintänzer); **prestige, rouge.** Im Inlaut: **measure, leisure, decision.**

Schreibung: /s/ vor /j/ wurde oft zu /ʃ/, und /z/ vor /j/ wurde zu /ʒ/ assimiliert. Daher gibt es in Wortendungen sowohl die /ʃ(ə)n/- und /ʃə/-, als auch die /ʒ(ə)n/- und /ʒə/-Aussprache. Erscheint nach **s** oder **z** ein **u**, so bewirkt die /ju/-Aussprache das Zusammentreffen und die Verschmelzung mit /j/.

- /ʃ/: **pension, tension, special, nation, anxious,** /ˈæŋkʃəs/, **pressure, fuchsia** /fjuːʃə/, **aversion, Asia(n), Persia(n), Russia(n), sure, sugar.**

- /ʒ/: **allusion, fusion, confusion, occasion, vision.**

ch-Schreibung lautet /ʃ/ in einigen aus dem Neufranzösischen entlehnten Wörtern: **machine, moustache, Charlotte** /ˈʃaːlət/, **Charlemagne** /ˈʃaːləˈmein/.

Merkwörter **issue** /ˈiʃuː, ˈisjuː, ˈiʃjuː/
nausea /ˈnɔːsjə, ˈnɔːʃjə/ (Übelkeit).
usual /ˈjuːʒuəl/

9.3.6 /h/ Dieser **glottale Reibelaut** kommt dadurch zustande, daß die Stimmlippen bei mäßiger Öffnung und bei der Schließung zur Bildung des folgenden Vokals – /h/ tritt nur vor Vokalen auf – ein Reibegeräusch erzeugen. Da die Glottis ganz am Beginn des Vokaltrakts liegt, sind alle anderen Sprechwerkzeuge frei, sich auf die Positionen der Folgelaute einzustellen. So hat das /h/ verschiedene Tönungen, die man sich mit einer Wortreihe bewußt machen kann: **heat, hat, hot, hoot.**

Schreibung:

h	**help, horse**	**wh**	**who(m), whose, whole, whooping-cough** (Keuchhusten).

h wird nicht gesprochen

- in einigen Wörtern romanischer Herkunft: **heir(ess), honest, honour, hour**
- oft vor schwach betonten Silben: **nihilism, vehicle** /ˈviːikl/, **vehement, shepherd;** bei den Ortsnamen auf **-ham: Birmingham, Durham.** Bei Akzentverschiebung durch Suffixe kann ein Wechsel zwischen Aussprache mit und ohne [h] eintreten:
  the history /ðə ˈhistəri/
  the historical drama /ðiːisˈtɔrikl drɑːmə/
  (→ Abschnitt 12.2.2 und 12.2.3).
- nach /ks/ und /gz/: **exhibition, exhaust**

9.4 **Affrikaten (Affricates)**

9.4.1 /tʃ,dʒ/ Die beiden palato-alveaolaren Affrikaten sind Kombinationen von je einem Verschluß- mit einem Reibelaut. Der Verschluß des Zungenrandes an der Alveole wird nicht voll geöffnet, sondern die Zunge rutscht ein wenig nach hinten in Richtung Palatum und erzeugt dort durch losen Kontakt ein Reibegeräusch bei durchziehendem Luftstrom.

Merke /tʃ/ affrikativ, palato-alveolar, fortis, stimmlos.
/dʒ/ affrikativ, palato-alveolar, lenis, stimmhaft.

Die Stimmgebung von /dʒ/ wechselt nach der Lautumgebung wie bei den stimmhaften Verschluß- und Reibelauten: im Anlaut ist es schwach stimmhaft, im Inlaut voll stimmhaft und im Auslaut fast oder ganz stimmlos – ohne dabei einen Fortis-Charakter anzunehmen. Bei Stimmlosigkeit des /dʒ/ im Auslaut sichert der Lenis-Charakter zusammen mit einer Dehnung des vorhergehenden Vokals die Opposition zu /tʃ/:
leech–liege; rich–ridge; lunch–lunge.

Schreibung:

für /tʃ/:	**ch**	**chip, orchard**
	tch	**butcher, watch**
für /dʒ/:	**j**	**jaw, joke**
	g	**gin, fragile**
	dg	**budget, bridge**
	gg	**suggest, exaggerate**

Darüber hinaus gibt es eine Reihe von Schreibungen, bei denen die affrikate Aussprache durch Zusammentreffen von /t, d/ mit /j/ zustandekommt: für /tʃ/: **nature, feature, question;** für /dʒ/: **soldier.**

Die Verschmelzung zwischen /t, d/ und /j/ zu /tʃ, dʒ/ ist bei weniger geläufigen Wörtern manchmal noch nicht vollzogen:

literature	/ˈlitritjuə/	oder	/ˈlitritʃə/
righteous	/ˈraitjəs/	oder	/ˈraitʃəs/
gradual	/ˈgrædjuəl/	oder	/ˈgrædʒuəl/
immediate	/iˈmiːdjət/	oder	/iˈmiːdʒət/

Sehr wichtig ist die phonemische Opposition von /ʃ/ und /dʒ/, (wie wir sie oben schon für den Auslaut erwähnt haben), auch im Anlaut und Inlaut:
chest–jest, choke–joke, chill–Jill, chew–Jew, breeches–bridges.

Merkwörter **wretched** /ˈretʃid/ (elend); **ginger** /ˈdʒindʒə/ (Ingwer; rötlich; Mumm, Schneid), **gesture** /ˈdʒestʃə/, **turgid** /ˈtəːdʒid/ (geschwollen).

Merke Beachten Sie die Vielfalt bei der Aussprache des **g**-Graphems:

g	als	/dʒ/	**giant, gymnastics, bridge**
g	als	/g/	**goose, geese, gold, dagger, guest, Gilbert**
gg	als	/dʒ/	**suggest** /səˈdʒest/, **exaggerate**
g	als	/ʒ/	in frz. Lehnwörtern **gigue, prestige, rouge, beige** /beiʒ/ oder /beidʒ/.
g	stumm		**gnaw, gnat, sign, impugn** /imˈpjuːn/
ng	als	/ŋg/	**anger, angle, finger, hunger, stronger**
ng	als	/ŋ/	**singer, youngish,** (→ Abschnitt 9.5),
ng	als	/ndʒ/	**manger** /ˈmeindʒə/ (Krippe), **angel, angelic, danger, plunge**

9.4.2 /tr, dr/ Wenn man will, kann man auch die Konsonantengruppen /tr/ und /dr/ als Affrikaten betrachten, sofern das /r/ frikativ, also mit Reibegeräusch gesprochen wird.

Merke /tr/ affrikativ, post-alveolar, fortis, stimmlos
/dr/ affrikativ, post-alveolar, lenis, stimmhaft

Sie kommen nur im Anlaut **(try, dry)** und Inlaut **(mattress, address),** nicht jedoch im Auslaut vor. Ihre Schreibung macht keinerlei Schwierigkeiten, ihre Aussprache nur im Zusammenhang mit den Schwierigkeiten der engl. /r/-Aussprache. Paare wie **jaw–draw, jeer–drear, chap–trap, chain–train** können zum Erlernen der /r/-Aussprache dienen (→ Abschnitt 9.7).

9.5 Nasale (Nasals)

/m, n, ŋ/ Bei den bisher besprochenen Konsonanten schließt das Gaumensegel (Velum) (→ Abbildung 6) die Nasenhöhle ab. Wenn nun im Mund ein Verschluß gebildet und das Velum gesenkt wird, so strömt die Luft durch die Nasenhöhle, die Luftschwingungen finden dort einen zusätzlichen Resonanzraum. Der Luftdurchzug geschieht ungehindert, es entsteht kein Reibegeräusch, und so sind die Nasale *sonor* wie die Vokale und übernehmen manchmal wie diese Silbenfunktion: **rhythm, button, bacon** /ˈbeikŋ/ statt /ˈbeikən/.

Merke	/m/	nasal,	biblabial,	stimmhaft
	/n/	nasal,	alveolar,	stimmhaft
	/ŋ/	nasal,	velar,	stimmhaft

Die Nasale sind, wenn sie nicht in stimmloser Umgebung vorkommen, stimmhaft; /m/ und /n/ sind nach /s/ fast stimmlos: **smart, snake;** aber auch nach anderen stimmlosen Konsonanten: **topmost, ripeness** /ˈraipnis/. (→ Abschnitt 9.2.3.2)
/m/ ist mit /p, b/ homorgan, /n/ mit /t, d/ und /ŋ/ mit /k, g/. Bei verstopfter Nase treten diese entsprechenden Verschlußlaute ein (vgl. GIMSON 1972: 195). Alle drei Nasale werden wie im Deutschen gebildet. – /ŋ/ tritt im Englischen nie im Anlaut auf.

Schreibung:

/m/ wird als **m** oder **mm,** /n/ als **n** oder **nn** wiedergegeben; **n** ist nach /m/ stumm, wenn keine Silbe oder eine Flexionssilbe folgt: **autumn, damn, damning** /ˈdæmiŋ/. Wenn andere Silben folgen, wird das /n/ jedoch gesprochen: **autumnal** /ɔːˈtʌmnəl/, **damnation, solemnity.**

/ŋ/wird in der Schrift als **ng, nk, nc, nx** dargestellt:
tongue, ink, uncle, anxious. Ist /ŋ/ im Auslaut, so ist nie ein /g/-Laut oder – wie manchmal bei Norddeutschen – ein /k/-Laut danach zu hören: **sing, long, young, hang.** Vgl. **sing** /siŋ/ und **sink** /siŋk/.
Stehen die Grapheme **ng** im Inlaut, so muß man wissen, wann /ŋg/ und wann nur /ŋ/ gesprochen wird.

- **ng** wird /ŋg/ gespochen: **hunger, angry, single, finger, language, England.**

- **ng** wird auch /ŋg/ gesprochen in Steigerungsformen: **longer** /ˈlɔŋgə/, **longest** /ˈlɔŋgist/, **stronger, strongest, younger, youngest.**

● **ng** wird /ŋ/ gesprochen in allen mehrsilbigen Formen, die mit anderen Endungen abgeleitet sind: **singer** /ˈsiŋə/, **singing** /ˈsiŋiŋ/, **hanger, hanging, springy, youngish** (nach Jones jedoch auch [ŋg], nach J. W. Lewis *nur* mit [ŋg]), **strongly.**

9.6 **Laterale (Laterals)**

Der [l]-Laut wird deswegen lateral genannt, weil die Zungenspitze einen Verschluß an der Alveole bildet und die Luft beiderseits zwischen Zungenrand und Backenzähnen entweicht. Das sogenannte helle [l] des Englischen entspricht dem deutschen /l/-Phonem und macht daher dem Lernenden keine Schwierigkeiten. Das Englische hat aber ein weiteres [l]-Allophon, das sogenannte dunkle [ɫ], das mit Hebung der Hinterzunge eine Art [u]-Resonanz erzeugt. Ein Zurückrollen oder Einschlagen der Vorderzunge erfolgt dabei nicht.

Helles [l] und dunkles [ɫ] stehen in komplementärer Distribution: [l] steht im Anlaut und Inlaut **(leave, blow, fly, filling);** [ɫ] steht im Silbenauslaut und vor Konsonanten **(dull, pearl, elbow, almost, wealthy, silk, help, self).** Einige amerikanische Dialekte haben in allen Lautkontexten das dunkle [ɫ].

Die Luft entweicht beim [l] und beim [ɫ] auf beiden Seiten der schmal an die Alveole gelegten Vorderzunge ohne Hindernis oder Engstelle und daher ohne Reibegeräusch. Es entsteht also ein stimmhafter reibungsloser Dauerlaut.

Merke /l/ lateral, alveolar, stimmhaft

Die Stimmhaftigkeit unterliegt jedoch einem *devoicing* nach stimmlosen Konsonanten **(clean, play, slow).** Leitet das /l/ nach stimmlosem Konsonant eine schwach betonte Silbe ein oder ist es selbst silbisch, so wird der Stimmton weniger stark reduziert **(butler, hopeless, ghastly, mantle, uncle).**

Das [l] kann mit seiner vokalischen Qualität – auch im Deutschen – silbisch sein, d. h. eine Silbe mit Vokal ersetzen. In der gemäßigten Hochlautung des Deutschen verschwindet bei [əl] im Auslaut oft das /ə/, und das [l] wird silbisch, ohne daß eine [u]-Resonanz entsteht **(Apfel, Doppel, Mittel).** Im Englischen erscheint bei den entsprechenden Wörtern das dunkle [ł] **(apple, double, middle).** Das dunkle [ł] des Englischen, obwohl in einigen Dialekten des Deutschen zu hören, macht manchen Anfängern erhebliche Schwierigkeiten.

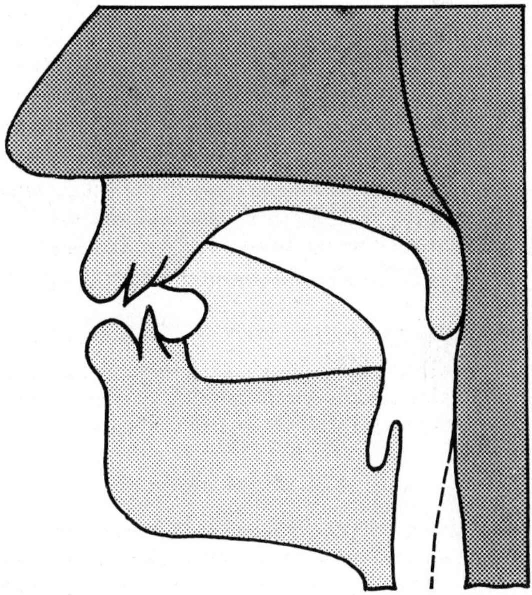

Abb. 18: Das sogenannte helle [l] wie in **leave.**

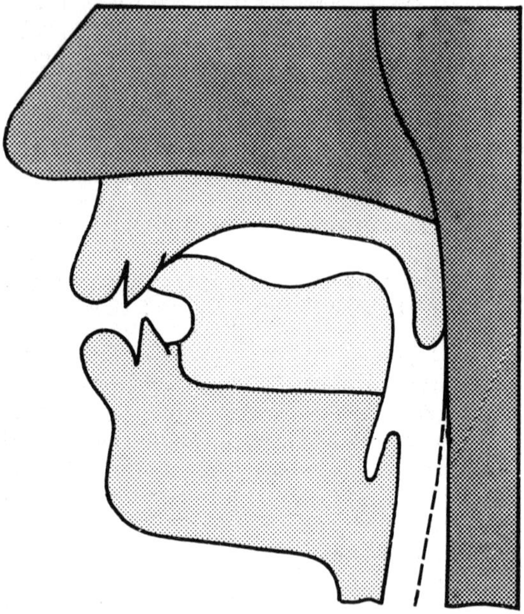

Abb. 19: Das sogenannte dunkle [ł] wie in **dull.**

Die Abbildungen 18 und 19 zeigen die unterschiedliche Zungenstellung beim hellen [l] und beim dunklen [ł]. Das seitliche (laterale) Entweichen der Luft ist bei beiden gleich (und wird auf den Zeichnungen nicht dargestellt). Will man von [l] zu [ł] übergehen, so beläßt man die Vorderzunge in ihrer Lage und hebt die Hinterzunge zu einer buckelähnlichen Wölbung. Das ist zur Bewußtmachung der Zungenstellung nützlich. Für den Anfänger, der meistens seine Zunge nicht willkürlich in eine bestimmte Lage bringen kann, bietet sich der Übergang von [o] zu [ł] als

Lernübung an. Das dunkle [ɫ] hat eine Zungenstellung, welche der eines [o] sehr ähnlich ist: von [o] zu [l] ist neben Lippen-Entrundung nur eine geringe Hebung der Zungenspitze zur Alveole nötig. Daher empfiehlt auch GIMSON (1972: 205) zum Üben einen Übergang von [bʌbo] und [ˈpiːpo] zu /ˈbʌbl/ **(bubble)** und /ˈpiːpl/ **(people).**

Schreibung: /l/ erscheint als **l** oder **ll.** Das **l**-Graphem kann stumm sein vor /f, v, m, n, b, k, d/: **calf, halve, Lincoln** /ˈlinkən/, **Holborn,** (in London) /ˈhəubən/, **walk, should.** Dagegen werden folgende Wörter mit /l/ gesprochen: **wolf, golf, film, bulb, bulk, silk, hold, bold, kiln** (Brennofen).

9.7 **Der reibungslose Dauerlaut** /r/ *(Frictionless continuant)*

Das englische /r/ wird **r, rr** oder **rh** geschrieben; seine *Schreibung* ist damit ebenso einfach wie die von /m, n/ oder /l/. Seine *Lautung* dagegen ist von den [r]-Lauten der meisten anderen vergleichbaren Sprachen sehr verschieden. Ausländer müssen beim Lesen dort, wo ein ihnen von muttersprachlichen Texten her vertrautes **r**-Graphem erscheint, einen Laut sprechen, der in ihrem phonologischen System nicht fungiert. Obwohl nur selten laut gelesen wird, darf man die Stärke der Einwirkung des (meist gar nicht gegenwärtigen) Schriftbildes nicht unterschätzen.

Die Schwierigkeiten beim Erlernen des englischen /r/-Phonems liegen auf einer anderen Ebene als bei den übrigen Lauten des Englischen. Sie wären allenfalls mit denen des dunklen [ɫ] vergleichbar. Substituiert nämlich jemand sein deutsches [r], so führt das nicht direkt zu Verständigungsstörungen. Diese in der heutigen Fremdsprachendidaktik stark hervorgehobene Tatsache sollte jedoch nicht überbewertet werden. Sie sollte keinesfalls zu einer Vernachlässigung der Schulung einer /r/-Aussprache führen, wie sie der RP-Norm entspricht.

Erstens ist es irrig anzunehmen, daß eine brauchbare kommunikative Kompetenz mit einer deutschen [r]-Aussprache möglich sei, weil damit nur ein Allophon des englischen /r/ eingebracht werde. Dieses Allophon ist für den

Hörer völlig ungewohnt und wirkt sich auch ungünstig auf die Lautumgebung aus. Der Hörer kann sich nur schwer auf den zu übermittelnden Inhalt konzentrieren.
Zweitens gibt es kaum einen anderen Aussprachefehler, der die ganze englische Lautung in größerem Maße unenglisch klingen läßt als eine falsche /r/-Aussprache. Der Tatsache, daß vielen Deutschen das englische /r/-Phonem als der am schwierigsten zu erlernende Laut gilt, muß also der Englischlehrer mit einer geschickten und intensiven Schulung Rechnung tragen.

Wir können grob fünf verschiedene Arten der /r/-Bildung unterscheiden:

1. Das rollende Zungen-[r], *(rolled lingual)* [r]);
2. Das reibungslose Zungen-[r], *(frictionless lingual* [r]);
3. Das reibende Zungen-[r], *(fricative lingual* [r]);
4. Das rollende Zäpfchen-[r], *(rolled uvular* [r]);
5. Das reibende Zäpfchen-[r], *(fricative uvular* [r]).

[r] 1 ist das slawische, und man kennt es auch im Deutschen; [r] 4 ist das meist gebrauchte deutsche, und [r] 5 ist das französische; [r] 2 ist das englische /r/, und [r] 3 ist eine Variante davon: es wird meist ohne Reibegeräusch *(frictionless)* gesprochen, kommt aber in bestimmten Lautkontexten, insbesondere nach /d/, auch mit Reibegeräusch *(fricative)* vor.

VERSUCH:

Sprechen Sie einen deutschen Satz wie **Im Prinzip raucht Robert nur Zigarren** nacheinander mit [r] 1, [r] 2 und [r] 5, um zu hören, wie sehr das den Sprachklang verfremdet. Genau wie wir, erkennt der Angelsachse den Ausländer an einer falschen [r]-Variante. – Für das Englische könnte ein Satz zum Üben des /r/ etwa lauten: **As a rule, Robert rarely runs errands.**

Merke /r/ friktionslos, post-alveolar, stimmhaft. Der Zungenrand liegt (nicht eingeschlagen) hinter der Alveole, berührt diese aber nicht. Daher entsteht meist kein Reibegeräusch und das verleiht dem /r/ seine vokalische Qualität, obwohl es nicht silbisch sein kann. Nach /d/ wird ein [r]-Allophon mit Reibegeräusch gesprochen.

Hebt man das Zungenblatt bis zur leichten post-alveolaren Berührung, so erzeugt man mit Reibegeräusch den [ʒ]-Laut. Die Erkenntnis dieser engen Nachbarschaft erschließt eine Lernmethode: man kann [ʒ] sprechen und dann durch Zurückziehen der Zungenspitze den Übergang zu /r/ üben, am besten mit Vorschaltung des stimmhaften alveolaren Verschlußlautes /d/: also von *[dʒai] zu /drai/ **(dry).** Die Zähne sind leicht geöffnet: notfalls Daumen dazwischen.

/r/ ist stimmhaft, unterliegt aber nach stimmlosen Konsonanten einem starken *devoicing:* **fry, proud, trust, crazy, shrug, scrape, spring, string, apron.**

/r/ erscheint im *Anlaut* **(read, rude)** und im *Inlaut* **(arrow, sorry).** Es fällt auf, daß bei Wörtern, bei denen Auslassung (Elision) schwach betonter Silben häufig ist, meistens der [r]-Laut beteiligt ist: **Salisbury** /ˈsɔːlzbri/, **comparable** /ˈkɔmprəbl/, **camera** /ˈkæmrə/, **natural** /ˈnætʃrəl/, **library** /laibri/. Diese fünf Beispiele gehen von „korrekt" über „zulässig" bis „abzuraten".
Im *Auslaut* ist /r/ im britischen Englisch stumm **(far, beer, teacher, horse, shirt),** nicht jedoch im amerikanischen Englisch. Im britischen Englisch wird das Auslaut-[r] nur gesprochen, wenn das nächste Wort mit einem Vokal beginnt, – und auch dies nur bei häufig gebrauchten Sprachsequenzen. Einige Beispiele: **far away, poor old man, once for all, here at last, there are two.**
Wenn sich dieses Bindungs-[r] an Stellen einschleicht, wo es nicht hingehört, spricht man von einem *intrusive* [r]. Beispiele nach Gimson (1972: 209) **Russia and China** [ˈrʌʃərənˈtʃainə], **drama and music, the idea of, law and order.** Wegen dieser "undesirable speech habit" (210) vermeiden sprachbewußte Sprecher das *linking* [r] auch in Fällen, wo es berechtigt wäre, und ersetzen es durch eine vokalische Gleitbindung oder durch einen *glottal stop* (→ Abschnitt 9.2.6). Da das Auslaut-[r] im britischen Englisch im allgemeinen nicht hörbar wird, werden die

dabei entstehenden Vokalisierungen nicht hier, sondern in den Abschnitten 7.2.11 und 7.3.1 besprochen.

Merkwörter **centre** /ˈsentə/, **centred** /ˈsentəd/. (Amerikanische Schreibung: **center, centered**); **acre** /ˈeikə/; **acreage** (Flächeninhalt, nach **acres** gemessen) wird analog zur Aussprache von **acre** und unabhängig vom Schriftbild gesprochen: /ˈeikəridʒ/.

9.8 Halbvokale (Semi-vowels)

/j/ und /w/ werden Halbvokale genannt, weil sie, obwohl als Konsonanten fungierend, stets in enger vokalischer Gleitbindung mit einem anderen Vokal stehen, der größere Quantität hat als sie selbst. Daß sie im phonologischen System konsonantische Merkmale haben, ist auch daran zu erkennen, daß die beiden Artikel vor anlautendem /j/ oder /w/ **the** /ðə/ und **a** /ə/ gesprochen werden – und nicht /ði/ und /ən/: **the uniform, a youngster; the waist, a wolf.**

Bei /j/ geht die Gleitbewegung zum Folgevokal von einer /iː/-Position aus, bei /w/ von einer /uː/-Position. Das bedeutet im einen Fall gespreizte oder neutrale, im anderen gerundete Lippen. /j/ fungiert (mit anderen Allophonen) auch im Deutschen, /w/ kommt dagegen in der deutschen Hochsprache nicht vor. /w/ ist für Deutsche leicht zu erlernen, aber bei flüssigem Sprechen fällt die klare Trennung der beiden engl. Phoneme /w/ und /v/ schwer. Gimson (1972: 216) macht auf folgende Minimalpaare aufmerksam: **wail–veil, west–vest, wine–vine, worse–verse.**
Zum Üben kann man (erneut) **very well** empfehlen.

Merke /j/ halbvokalisch, palatal, stimmhaft
/w/ halbvokalisch, bilabial, stimmhaft

Beide Halbvokale verlieren nach stimmlosen Konsonanten den Stimmton teilweise oder völlig. Ganz stimmlos wird /j/ in betonter Silbe nach /p, t, k, h/. Für den dann entstehenden Laut hat man vom deutschen *ich*-Laut her ein gesondertes Lautschrift-Zeichen: [ç]; **pew** /pçuː/, **tune, cue, huge.** Bei /w/ ist das *devoicing* nach /t/ und /k/ in betonter Silbe sehr deutlich: **twin, quit;** weniger stark ist es bei /j/ und /w/ nach /sk/, nach schwach betontem /p, t, k/ und nach stimmlosen Reibelauten wie /f, s, θ/: **skew, pursue, fury, sweat, thwart** /θwɔːt/ (durchkreuzen), **skip yours, take one.** Die stimmlosen Allophone von [j] und [w] haben ein Reibegeräusch. Wie man an den Beispielen sieht, tritt /j/ nach stimmlosen Konsonanten nur vor /uː/ und /uə/ auf, in schwach betonten Silben auch vor /ə/: **ridiculous** /riˈdikjuləs/ oder /riˈdikjələs/.

Schreibung des /j/:

y	**yes, year**	**(u)eu**	**queue, Europe**
i	**view**	**eau**	**beauty**
u	**pure, fury**	**ui**	**suit**
ew	**few, dew**		

Das **u**-*Graphem* wird normalerweise /juː/ gesprochen, nach manchen Konsonanten aber auch nur /uː/.

Die /uː/-Aussprache ohne /j/ gilt:
nach /r/: **rude, rule**
nach /ʃ/: **chute**
nach /tʃ/: **chew**
nach /dʒ/: **July, juice**
nach Konsonant plus /l/: **blue, clue, flew.**
Schwankender Gebrauch mit /juː/ *oder* /uː/:
nach /s, z/: **pursue, resume, exuberant, suit**
nach /θ/: **enthusiasm**
nach /l/ in Silben mit Haupt- oder Nebenakzent: **illusion, lute.** Der Name **Lucy** wird /ˈluːsi/ gesprochen.

Schreibung des /w/

w	**will, weather**
wh	**why, what, whether**
u	**persuade** /pəˈsweid/, **language** /ˈlæŋgwidʒ/, **quiet;**

Besonderheit: **one** /wʌn/.

Stummes **w**
im Anlaut vor /r/: **wrath** /rɔ(ː)θ, **wretch,** in den Wörtern

two, answer, sword /sɔːd/, im Inlaut bei folgenden Ortsnamen: **Warwick** /ˈwɔrik/, **Greenwich** /ˈgrinidʒ/, **Norwich** /ˈnɔridʒ/, **Harwich** /ˈhæridʒ/ (alle drei mit /dʒ/ im Auslaut!).

10. Veränderungen in zusammenhängender Rede

In zusammenhängender Rede macht sich ein Ökonomie-Streben des Sprechers bemerkbar, das mit zunehmender Sprechgeschwindigkeit immer stärker wird: die Wege zwischen den Artikulationsstellen können so weit verkürzt werden, wie es die Verständigung zuläßt (vgl. z. B. die Einebnung der Triphthonge → Abschnitt 7.4). Wir haben in Abschnitt 5.1 schon gesehen, daß es die von der Linguistik durch Abstraktionsprozesse gewonnenen Segmente im realisierten Redestrom ohnehin nicht gibt, sondern daß bei der Bildung jedes Lautes der nächste schon vorgeformt ist. Segmente lassen sich experimentell nicht nachweisen. Je mehr mit wachsendem Sprechtempo die Lautbildungen ineinander übergehen, desto mehr gleichen sich die Artikulationsstellen einander an; wir nennen das *Assimilation.*

Was weiter auf die Segmente in der zusammenhängenden Rede einwirkt, sind vor allem Satzakzent, Rhythmus und Intonation. Die vielen *Schwachformen* (Schwachtonformen), mit denen im modernen Fremdsprachenunterricht schon der Anfänger vertraut gemacht wird, resultieren aus *Elision, Kontraktion* und *Reduktion.*

Wir wollen hier zunächst die Begriffe klären.

1. Unter *Assimilation* versteht man Angleichung von Lauten an andere Laute in deren Umgebung, z. B. **ten people** /ˈtem ˈpi:pl/. In diesem Fall hat sich die dentale Artikulationsstelle des /n/ von **ten** unter dem Einfluß des folgenden bilabialen /p/ zu bilabialem /m/ verschoben; dabei wurde eine Phonemgrenze überschritten.
2. *Elision* und *Kontraktion* treten meist zusammen auf: **cannot** > **can't; I have** > **I've** /aiv/; **it is** > **it's.** Hier werden Segmente ausgelassen (Elision) und mit anderen zusammengezogen (Kontraktion). Je nach dem Sprech-

tempo, mit dem ein Sprecher in einer bestimmten Situation gerade spricht, gibt es manchmal eine Stufenleiter von Schwachformen: **you are** /juə > jɔə > jɔ > jə/.

3. Unter *Reduktion* versteht man die Abschwächung von Lauten in schwach betonten Silben. In dem Beispiel von der Kontraktion der beiden Wörter **you are** zeigte sich schon ein Reduktion von /ɑː/ zu /ə/. Viele Beispiele finden sich besonders bei Präpositionen und Personalpronomen: **for them** /fɔː ðem/ > /fɔ ðəm/ > /fə ðm/. Aber auch andere Strukturwörter sind betroffen, z. B. **that was** /ðət wəz/; **that** wird allerdings nur abgeschwächt, wenn es Relativpronomen ist.
   An dem Beispiel **for** kann man sehen, daß es zwei Arten von Reduktion gibt: eine, welche die Quantität des silbentragenden Vokals betrifft (/fɔː > fɔ/) und eine, welche seine Qualität, d. h. hier: seine Schallfülle, betrifft (/fɔ > fə/).

Die Assimilation ist weit weniger von Satzakzent, Rhythmus und Intonation abhängig als die unter (2) und (3) besprochenen Erscheinungen. Deshalb kommen wir auf diese beiden Erscheinungen in → Abschnitt 12.2 (Satzakzent) nochmals zurück. Auf die Assimilation wollen wir dagegen jetzt näher eingehen.

10.1 Assimilationserscheinungen

Wir haben schon in Abschnitt 5.1 betont, daß die phonologische Betrachtungsweise, so erhellend sie für das Verständnis des Lautsystems ist, eine Abstraktion bedeutet, die sich von der Realität entfernt. Im wirklichen Sprachvollzug gehen die Lautsegmente fließend ineinander über. Und was dem Ausländer so große Schwierigkeiten macht, ist die Tatsache, daß sie in Richtung auf den folgenden Laut (progressiv) und im umgekehrten Sinne (regressiv) aufeinander einwirken können und dadurch mehr oder weniger starken Veränderungen unterworfen sind.

Einige dieser Erscheinungen lassen, richtig angewendet, die Aussprache eines Ausländers erst wahrhaft englisch klingen, andere werden von sorgfältigen Sprechern als nachlässig oder vulgär abgelehnt. Wir wollen hier ein paar weit verbreitete Assimilationen zusammenfassend betrachten, die hauptsächlich zu der ersten Kategorie gezählt werden können – obwohl die Grenzen zur zweiten fließend sind. Viele haben wir schon im Zusammenhang mit einzelnen Lauten erwähnt, aber meist innerhalb der Wortgrenzen bleibend. Hier soll nun das Hauptaugenmerk auf die wortübergreifenden Assimilationen gerichtet werden. Bei wenig verbreiteten Assimilationserscheinungen wird der Ausländer oft unsicher sein. In solchen Fällen vermeidet er natürlich die Assimilation.

10.1.1 Anpassung der Stimmgebung

Eine Reihe von solchen Veränderungen von stimmhaft zu stimmlos und umgekehrt haben wir schon erwähnt. So werden z. B. [l] und [r] nach stimmlosen Konsonanten in betonter Silbe stimmlos **clown, plough, employ; trickle, prickle, entreat.** Das /z/ von **news** wird zu [s] in **newspaper.** Umgekehrt wird das /s/ von **dis-** vor Vokalen oft (nicht immer!) zu /z/: **disaster.**

Solche Veränderungen sind allerdings heute schon abgeschlossen und daher nur für einen historischen (diachronischen) Ansatz wichtig. Interessanter für den Lernenden ist die synchronische Betrachtung, welche die Aufmerksamkeit auf Veränderungen lenkt, die auf den gegenwärtigen Sprachstand wirken. Vor allem sind die wortübergreifenden Fälle zu beachten. So haben wir z. B. schon erwähnt, daß das /z/ zu [s] wird in **used to** /juːstə/. Die in der engl. Umgangssprache so überaus zahlreichen Auslassungen *(Elisionen)* und Zuammenziehungen *(Kontraktionen)* führen zu einer Fülle solcher Erscheinungen. So verliert das Auslaut-/z/ etwa bei **is** und **has** den Stimmton, wenn das vorhergehende Wort mit einer stimmlosen Fortis endet: **Kate's there, Kate's been there.** Das **'s** vertritt einmal **is,** einmal **has;** aber in beiden Fällen ist die Aussprache hier [keits] (→ Abschnitt 11).

Das *devoicing* von /v/ zu [f] in Sequenzen wie **have to** [ˈhæftə] und **of course** [əfˈkɔs] ist umstritten. Man kann es jedenfalls auch bei *RP*-Sprechern hören. – Deutsche neigen dazu, – in unwillkürlicher Übertragung von Neutralisationserscheinungen in ihrer Sprache auf das Englische – Stimmton-Angleichungen in unenglischer Weise vorzunehmen. So verliert z. B. das /d/ in **red paint** trotz folgendem /p/ nicht seinen Lenis-Charakter: * [retˈpeint]. Eher findet eine Verschiebung bis zu einem andern Phonem statt: [repˈpeint]; → 10.1.2.

10.1.2 Verschiebung der Artikulationsstelle

Daß das [k] bei **key** weiter vorne artikuliert wird als bei **cool,** merkt der durchschnittliche Sprachbenutzer nicht. Aber auch wenn ein Sprecher **that key** als [ðækˈkiː] realisiert, fällt dem Hörer das Fehlen des [t]-Lautes kaum auf; denn er weiß, daß das Wort, das er dort erwartet, /ðæt/ heißt. Bei **bad piece** ist [bæbˈpiːs] möglich, nicht jedoch, was man von Deutschen oft hört: *[bætpiːs]; d. h. eine Verschiebung auf ein anderes Phonem kommt vor; aber wenn sie nicht eintritt, bleibt die Lenis-Qualität des auslautenden /d/ erhalten.
Auch die nasalen Artikulationsstellen sind nicht starr. Beim Zusammentreffen von [m + f] z. B. wird das [m] oft nicht bilabial, sondern in Angleichung an das [f] labio-dental gebildet, und zwar sowohl im Wortinnern **(comfort),** als auch über Wortgrenzen hinweg **(come first).** Ein häufig auftretender Fall ist die Angleichung von Vorsilben wie **con-** und **in-** an anschließende velare Verschlußlaute: **congress** /ˈkɔŋgrəs/, **conclude** /kənˈkluːd/ oder /kəŋˈkluːd/, **income** /ˈinkʌm/ oder /ˈiŋkʌm/; entsprechend: **ingredient, inclusive.** Bei der Vorsilbe **un- (uncountable, uncomfortable, unguided)** gilt jedoch die [ŋ]-Aussprache manchmal noch als „unkorrekt" und außerhalb der *RP*. –
Der dentale Nasal /n/ wird zum bilabialen /m/ in Angleichung an einen bilabialen Konsonanten: **one ball** [ˈwʌmˈbɔːl].
Solche Assimilationen kommen auch in anderen Sprachen vor. Im Bayrischen kann das /v/ von **wir** bilabial und nasal ([miə]) gebildet werden, und dann stellt sich bei **gehen wir** eine Verschiebung des vorhergehenden /n/ (dental) zu /m/ (bilabial) ein: [ˈgeːmə].

10.1.3 Verschmelzung von /s/ und /z/ mit /j/.

Im Wortinnern handelt es sich hier um eine heute zum festen Sprachbestand, d. h. zu den morphonologischen Regularitäten gehörige Erscheinung, wie wir sie in Abschnitt 9.3.5 besprochen haben: **tension,** /ˈtenʃən/, **illusion** /iˈluːʒən/, **censure** /ˈsenʃə/, **feature** /ˈfiːtʃə/, **actual** /ˈæktʃuəl/ oder /ˈæktjuəl/. Aber auch diese Assimilation geht häufig über Wortgrenzen hinweg: **this year** [ðiʃˈjiə]; **as you like it** [æʒuˈlaikit]; **as yet** [əˈʒet].

/s/ und /z/ gleichen sich aber auch an schon vorhandenes /ʃ/ an: **has she** /ˈhæʒ ʃi/ oder [ˈhæʃ ʃ i]; **his share** [hiʃˈʃɛə]. Ausländer assimilieren oft in Fällen, wo es dem Sprachgebrauch zuwiderläuft, z. B. zwischen /z/ und /θ/: **his theory** wird nicht zu *[hiθˈθiəri].

A6 AUFGABE 6

1. Beschreiben Sie die gegebenen Phoneme mit je drei Merkmalen

		Artikulationsart	Artikulationsstelle	Stimmgebung
a)	/p/			
b)	/ð/			
c)	/ŋ/			
d)	/f/			
e)	/dʒ/			

2. Geben Sie Homophone (gleichlautende Wörter) zu den folgenden Wörtern:

a) court
b) throne
c) reign
d) new
e) no
f) weigh
g) threw
h) right
i) nor
k) wood
l) knight
m) nun

3. Gibt es bei folgenden Sprachsequenzen Assimilationserscheinungen? Wenn ja, bitte Darstellung in Lautschrift. Andernfalls „nein“ vermerken.

a) Is it yours?
b) Did you go?
c) His thirst.
d) Have you taught yet?
e) His yell
f) He’s thinking

11. Flexionsendungen mit Aussprache-schwierigkeiten

Die Aussprache einiger Flexionsendungen bereitet dem Lernenden deshalb Schwierigkeiten, weil er unabhängig vom Schriftbild verschiedene Lautungen realisieren muß. So erscheint in der Schrift z. B. immer ein *(e)s*-Graphem als Zeichen für den sogenannten regelmäßigen Plural der Nomina und immer ein *(e)d*-Graphem als Zeichen für das sogenannte regelmäßige *Past Tense* der Verben.

Wenn der Englischlehrer den Schülern im Sinne der sogenannten traditionellen Grammatik etwa sagt, der Plural werde im Englischen durch eine **s**-Endung gebildet, so muß er sich darüber im klaren sein, daß das einseitig vom Schriftbild her gesehen ist und daß er der Erlernung der unterschiedlichen Aussprache bei gleichem Schriftbild besondere Aufmerksamkeit schenken muß. Das Problem der didaktischen Umsetzung seines Wissens ist nicht Gegenstand dieser Erörterung; doch geben die Merkregeln am Schluß der Abschnitte 11.2 und 11.3 und die anschließenden Übungen Hinweise dazu.

Die Regularitäten der Distribution bei den genannten Flexionsendungen gehören zu den wenigen Lerninhalten im phonetisch-phonologischen Bereich, die der durchschnittliche Lernende nur durch Bewußtmachung erlernen kann. Die Hoffnung, daß jemand sie rein imitativ internalisiert, erfüllt sich meistens nicht. Das bedeutet nicht, daß man nach der Einsicht vermittelnden (kognitiven) Erklärungsphase auf eine Übungsphase verzichten könnte, die das theoretische Wissen in habituelles Sprachverhalten überführt[13].

[13] Die Kenntnis der Aussprache der Flexionsendungen ist auch deshalb so wichtig, weil sie in den gängigen Nachschlagewerken nicht angegeben ist. Zwar verzeichnet Daniel Jones sie im EPD (z. B. für **play** als Substantiv und Verb **play, -s, -ing, -ed, -er/s** /plei, -z, -iŋ, -d, -ə/z/, aber der durchschnittliche Lernende wird dieses Speziallexikon nur selten zur Hand haben.

Flexionsendungen (z. B. /iz/ oder /id/) sind *gebundene grammatische Morpheme.* Wie es auf der lautlichen Ebene der Sprache Phone und Phoneme gibt, so gibt es auf der syntaktischen Ebene *Morphe* und *Morpheme.* Die Morphe sind die durch Segmentierung ermittelten kleinsten bedeutungstragenden (nicht nur, wie Phoneme, bedeutungsunterscheidenden) Einheiten der gesprochenen Sprache *(parole).* Semantisch äquivalente Morphe werden dann zu Morphemen des Sprachsystems *(langue)* klassifiziert. *Grammatische Morpheme* heißen die Flexionsendungen, weil sie eine Bedeutung haben (z. B. *Plural* oder *Past Tense*), die neben dem Bezug zur außersprachlichen Wirklichkeit auch dem strukturellen Zusammenhang im Satz dient. (Gegensatz: *lexikalische Morpheme,* die sich nur auf die außersprachliche Realität beziehen, wie etwa *Briefpapier:* 2 Morpheme bei 3 Silben). *Gebunden* heißt, daß sie nur in der Bindung an andere (lexikalische) Morpheme vorkommen. Diese Unterscheidung berücksichtigt nicht alle weniger häufig vorkommenden Erscheinungen, hat sich jedoch im linguistischen Sprachgebrauch als praktisch erwiesen.

11.1 Das Pluralmorphem

Man kann für den Plural des englischen Nomens von einem abstrakten Morphem /S/ ausgehen. Die verschiedenen Realisationen sind dann Allomorphe dieses Morphems. Einige davon sind morphologisch bedingt (determiniert), z. B. das /en/ von **oxen** und das Null-Morphem /∅/ von **sheep.**

Die anderen drei viel häufiger vorkommenden Allomorphe des Plural-Morphems, nämlich /s/, /z/ und /iz/ gelten meist als phonologisch, also durch den Lautkontext, bedingt. Jedoch lassen sich die dabei aufgestellten Regeln nicht durchweg durch das phonologische System des Englischen begründen.

Phonologisch bedingt sind z. B. das /s/ von **docks** und das /z/ von **dogs.** Die Verteilungsgesetze des phonologischen Systems des Englischen lassen Konsonantengruppen wie */kz/ und */gs/ nicht zu. Nach stimmlosen Fortis-Konsonanten wird das Plural-Morphem /S/ also als /s/, nach stimmhaften Lenis-Konsonanten als /z/ realisiert.

Diese Distribution der Plural-Allomorphe /s/ und /z/ gilt für die Verschlußlaute /p, b, t, d, k, g/ und für die Reibelaute /f, v, θ, ð/. Für die letzteren sind aber einige Besonderheiten zu vermerken, auf die wir weiter unten zu sprechen kommen (→ Abschnitt 11.1.3 und 11.1.5).

11.1.1 **Allomorphe nach** /m, n, ŋ, l/

Im Bereich des flektierten Wortes gilt diese Verteilung auch für die Nasale /m, n, ŋ/ und die Laterale /l/: **rooms** /ruːmz/, **runes** /ruːnz/, **wrongs** /rɔŋz/, **rules** /ruːlz/. Außerhalb dieses Bereiches sind jedoch im phonologischen System des Englischen auch Konsonantengruppen wie /ns/ und /ls/ möglich. Vgl. dazu die folgenden Minimalpaare:

1		2	
hence	/hens/	**hens**	/henz/
since	/sins/	**sins**	/sinz/
else	/els/	**ells**	/elz/
false	/fɔːls/	**falls**	/fɔːlz/

Die Gruppe /ms/ erscheint in Namen wie **Samson** /ˈsæmsn/ oder **Gimson** /ˈgimsn/. Es lassen sich also nicht alle Allomorphe des Plural-Morphems als phonologisch determiniert betrachten. Die Tatsache, daß bei den Wörtern der Spalte 2 zwischen den beiden Einheiten der Konsonantengruppe eine Morphemgrenze liegt (z. B. /hen-z/), läßt sich nicht als Argument heranziehen, da diese Grenze nicht einer potentiellen Pause entspricht. (Vgl. dazu Martinet 1973: 96).

11.1.2 **Allomorph** /z/ **nach Vokalen**

Ebenso läßt sich die Regel, daß das Plural-Morphem nach Vokalen ein /z/-Allomorph hat, nicht aus dem phonologischen System ableiten; denn auch /s/ kommt außerhalb des Bereiches des flektierten Wortes nach Vokalen vor. Vgl. **place-plays; cease-seas; niece-knees.**

11.1.3 **Allomorphe nach** /f, v/

Für das Morphem /S/ nach den labio-dentalen Reibelauten (Frikativen) /f/ und /v/ gilt also die gleiche Allomorph-Distribution wie bei den Verschlußlauten: nach /f/ wird /s/, nach /v/ wird /z/ gesprochen: **chiefs** /fs/, **eaves** /vz/. Eine Reihe von auf /f/ auslautenden Wörtern hat aber einen /vz/-Plural, der sich auch durch einen Wechsel im Schriftbild zeigt, z. B. **leaf** /f/, **leaves** /vz/. Es gibt auch Doppelformen; so hat **wharf** in Schriftbild und Aussprache zwei Pluralformen: **wharfs** /fs/ und **wharves** /vz/. (Vgl. dazu die Wortlisten in Quirk 1972: 177).

11.1.4 **Allomorph** /iz/ **nach** /s, z, ʃ, ʒ, tʃ, dʒ/

Einige Reibelaute des Englischen kann man als Zischlaute (Sibilanten) zusammenfassen: die alveolaren /s, z/ und die palato-alveolaren /ʃ, ʒ/. Nach ihnen hat das Plural-Morphem das Allomorph /iz/: **horses** /siz/, **noises** /ziz/, **bushes** /ʃiz/, **mirages** /ʒiz/. In diese Gruppe gehören folgerichtig auch die auf einen Sibilanten endenden Affrikaten /tʃ/ und /dʒ/: **watches** /tʃiz/, **carriages** /dʒiz/.

11.1.5 **Allomorphe nach** /θ, ð/

Wer die englische Sprache nicht kennt, könnte meinen, auch nach den dentalen Reibelauten /θ/ und /ð/ müßte das /iz/-Allomorph realisiert werden, also etwa ***monthes** /θiz/. Daß dies nicht so ist, führt man darauf zurück, daß die Sibilanten /s, z, ʃ, ʒ/ (ähnlich wie /f/) durch den Aufprall des Luftstromes gegen die obere Zahnreihe ein stärkeres Geräusch als /θ, ð/ verursachen. In der *Feature-Phonology* bezeichnet man diese Laute mit dem distinktiven Merkmal *strident* (schrill, scharf) und unterscheidet sie damit von den dentalen Reibelauten, die als *nonstrident* gelten (vgl. dazu Schane 1973: 18 und 28). Der Engländer hat jedenfalls im Plural der auf **th** endenden Nomina die Konsonantengruppen /θs/ und /ðz/.

Die beiden Gruppen verhalten sich ähnlich wie die Gruppen /fs/ und /vz/. Einige auf /θ/ auslautende Wörter behalten im Plural das /θ/ bei und nehmen das Allomorph /s/ hinzu: **months, earths, deaths:** alle /θs/. Andere haben im Plural statt /θ/ den entsprechenden Lenis-Konsonanten /ð/ und nehmen das Allomorph /z/ hinzu: **baths, mouths, youths:** alle /ðz/. (/bɑːðz/ ist Plural des Nomens **bath;** /bɑːθs/ wäre 3. Person Sing. Präs. des Verbs **bath**.) Darüber hinaus gibt es auch hier einige Wörter mit Doppelformen. (Vgl. dazu die Wortlisten in Quirk 1972: 176).

11.2 Das Graphem s als Flexionsendung

Das Graphem **s** erscheint als Flexionsendung in dreifacher morphologischer Funktion:

a) Als Zeichen für den Plural der Nomina (z. B. **essays**),
b) als Zeichen für die 3. Person Singular der Verben **(reads),**
c) Als Zeichen für den *possessive case* **(boy's).**

Wir könnten aus den eben gewählten Beispielen einen Satz bilden: **He reads the boy's essays.** Alle Flexionsendungen stehen hier nach stimmhaften Lauten (Vokalen oder Lenis-Konsonanten) und werden daher als /z/ gesprochen. In dem Satz: **He types the poet's books** würden sie alle als /s/ realisiert. Bei den drei Blumennamen **tulips, asters, roses** tritt neben /s/ und /z/ noch die Endung /iz/ auf. Die gleichen drei Allomorphe wie bei der Kategorie (a) zeigen sich bei (b) und (c): **writes, reads, watches; poet's, doctor's, judge's.** Die Verteilungsregeln sind für (a), (b) und (c) gleich. Die Beispiele lassen sich in ein Schema ordnen:

	/s/	/z/	/iz/
a)	**tulips**	**asters**	**roses**
b)	**writes**	**reads**	**watches**
c)	**poet's**	**doctor's**	**judge's**

Das Graphem **s** entspricht also drei abstrakten /S/-Morphemen mit je verschiedenen Bedeutungen: Plural, 3. Person Singular, *possessive case*. Für alle drei Flexionsmorpheme gilt die gleiche Verteilung der Allomorphe /s/, /z/ und /iz/. Die Regeln dafür kann man, unter Berücksichtigung dessen, was wir oben erarbeitet haben, folgendermaßen zusammenfassen:

1. /s/ nach allen stimmlosen Fortis-Konsonanten außer /s, ʃ, tʃ/.
   /s/ wird also als Flexionsendung nach /p, t, k, f, θ/ gesprochen. (Wie wir gesehen haben, treten bei /f/ und /θ/ allerdings Sonderformen auf, z. B. **wife** /f/, **wives** /vz/ und **bath** /θ/, **baths** /ðz/). Beispiele:

   /p/ **cups**
   /t/ **sets**
   /k/ **asks**
   /f/ **laughs**
   /θ/ **fifths**

2. /z/ nach allen Vokalen **(plays, riders)** und nach allen stimmhaften Lenis-Konsonanten außer /z, ʒ, dʒ/.
   Diese Konsonanten sind: /b, d, g, v, ð, m, n, ŋ, l/.
   Beispiele:

/b/	**robes**	/m/	**roams**
/d/	**roads**	/n/	**roans**
/g/	**rogues**	/ŋ/	**wrongs**
/v/	**roves**	/l/	**rolls**
/ð/	**clothes**		

3. /iz/ nach den Zischlauten /s, z, ʃ, ʒ, tʃ, dʒ/, (nicht jedoch nach /θ/ und /ð/). Beispiele:
   /s/ **dances**
   /z/ **noises**
   /ʃ/ **washes**
   /ʒ/ **mirages**
   /tʃ/ **catches**
   /dʒ/ **lodges**

Daß in der Kategorie 3 die Endung /iz/ lautet und nicht /is/, ergibt sich aus den Gesetzmäßigkeiten der Kategorie 2, wonach im Bereich des flektierten Wortes nach Vokalen /z/ gesprochen wird. Will man also viele Besonderheiten außer acht lassen, so kann man für Anfänger die Verteilung stark vereinfachend mit einer Faustregel darstellen:

Merke /s/ nach /p, t, k, f, θ/. Sonst /z/.

Damit ist klar, worauf bei Deutschen, die Englisch lernen, das Hauptaugenmerk gerichtet werden muß: in der großen Mehrheit aller Fälle ist ein geschriebenes oder gedrucktes Flexions-**s** als /z/ zu realisieren. Dieses /z/ ist zwar nur schwach stimmhaft, aber lenis, und es kommt im Deutschen in der Auslautposition nicht vor.

11.3 Das Graphem (e)d als Flexionsendung

Was die regelmäßigen Flexionsendungen für das *Past Tense* und das *Past Participle* anbelangt, so kann man von zwei abstrakten /D/-Morphemen ausgehen, welche in beiden Fällen die drei Allomorphe /t/, /d/ und /id/ haben. Ähnlich wie bei den /S/-Morphemen entspricht auch hier den drei Allomorphen nur ein gleiches Schriftzeichen: das **(e)d**-Graphem. Der Lernende, der ja häufig mit geschriebenem Englisch konfrontiert wird, muß sich nun auch hier wieder klar werden, welches der drei Allomorphe er mündlich zu realisieren hat. Die Regeln sind aber einfacher.

1. /t/ nach allen stimmlosen Fortis-Konsonanten außer /t/, also nach /p, k, f, θ, s, ʃ, tʃ/. Beispiele:

/p/	**stopped**	/s/	**raced**
/k/	**kicked**	/ʃ/	**rushed**
/f/	**laughed**	/tʃ/	**reached**
/θ/	**earthed**		

2. /d/ nach allen Vokalen **(showed, entered)** und nach allen stimmhaften Lenis-Konsonanten außer /d/. Beispiele:

/b/	**rubbed**	/dʒ/	**judged**
/g/	**shrugged**	/m/	**ashamed**

/v/	**shaved**	/n/	**warned**
/z/	**raised**	/ŋ/	**belonged**
/ʒ/	**rouged**	/l/	**rolled**

3. /id/ nach /t/ und /d/: **wanted, decided.**
   Es gibt allerdings einige Patizipialformen, die /id/ nach anderen Konsonanten als /t/ oder /d/ haben, z. B. **learned** /ˈləːnid/ und **wretched** /ˈretʃid/. Diese werden aber stets nur adjektivisch gebraucht, z. B. in dem Satz **He is a learned man living in wretched poverty.**

Auch für diese Allomorphe kann eine *rough-and-ready rule* aufstellen:

Merke /t/ nach /p, k, f, s, θ, ʃ, tʃ/. Sonst /d/.

A7/8 AUFGABEN 7 UND 8

Die Aufgaben wollen Ihnen helfen, sich die Anwendung dieser Regeln bewußt zu machen und sie sich gleichzeitig übend einzuprägen. Verteilen Sie alle in den beiden Texten vorkommenden Wörter, die eine der besprochenen Flexionsendungen haben, nach der Aussprache dieser Endungen in die Kästchen 1 bis 12 (für A7 Seite 160/161, für A8 Seite 164/165).

AUFGABE 7a

MANCHESTER CITY'S DEBT TO EWING
By Eric Todd

It has been said, and with some justification, that there are no characters left in Association football. Personalities, yes, but that is not quite the same thing. Manchester City supporters, however, never will deny the presence of a character so long as "Big Dave" Ewing casts his massive shadow across the fields.

Ewing, of course, is not everybody's idea of a football, let alone a centre half. He has been described variously as clumsy, top-heavy, ungainly, careless, lumbering, elephantine, rough, and even ridiculous. He possibly is the only man who can clear the ball while lying flat on his back, who can head it prodigious distances while in the act of falling – this is his party piece – and who can, at will so it seems, make individual demands on every member of his body when an interception is necessary. He also has been known to use his feet for the purpose for which they were intended.

When his side is under pressure, Ewing is a sight not to be forgotten. The ball comes across, Trautmann and his backs are alerted, and ready to repel boarders. But before their preparations are brought to application Ewing charges in shouting quite unintelligible instructions terrifying all around him. The next thing that happens is a clearance of overwhelming ferocity, or else the ball is nestling snugly in the City net. Not even his own team is safe when Ewing elects to man the ramparts. He rallies to the cause with the passionate fervour of his ancestors at Bannockburn – surely there must have been more than one Ewing present on that occasion? – and because he belongs to the land of the claymore (schottisches Breitschwert; der Verf.), mercy has no part in his footballing make up.

Ewing has been at Moss Side some 12 years. He was discovered by accident as it were – City went shopping in the wilds of Perthshire and came back with Ewing – and spent a long time in the A team and Central League side before earning promotion in a match against Manchester United at Old Trafford. Since then he has been a regular attender until even affection passed its limits, and Ewing lost his place. But City had to bring him back last season, and he did as much as any man to keep the club in the First Division. This season he is still there full of his old tricks and some new ones including a shrewd, premeditated pass to a colleague. He can also dismiss danger with a perfunctory air and from a vertical position. He is growing old with an unexpected grace.

If he is a character, he has character too, and he has given City not one moment's trouble or anxiety since he joined them. He is worthy of mention in the same breath as R. Clarke, whom one always regarded as a model

AUFGABE 7

Voiced Consonants + /z/	Vowels or Diphthongs + /z/
Nouns (plural or possessive case)	
1	2
Verbs (3rd person present)	
5	6

Voiced Consonants + /d/	Vowels or Diphthongs + /d/
Verbs (Past Tense or Past Participle)	
9	10

Sibilants or Affricates + /iz/	Voiceless Consonants + /s/
3	4
7	8

Plosives (/t/ or /d/) + /id/	Voiceless Consonants + /t/
11	12

clubman. Time was when Ewing was described as dirty in his play, but he has no malice, no vindictiveness in him. He makes full use of the physique bestowed upon him by Nature in one of her more expansive moods, and cannot really be blamed if he comes off best. He is tough and almost immune to injury. Only once has one seen him make any concession to pain. At Derby some years ago he received severe concussion and was led protesting from the field. He came back and finished the game although in the coach going home he admitted to feeling "just a wee bit off colour ye know."

One recalls the time, too, when he was considered seriously as a candidate for the Scottish international eleven, but that was as far as it went. The selectors felt possibly that the occasion would be too much for him, and that while his unorthodox tactics might get by in a League game, they perhaps would be rather out of place say at Hampdon Park. And so he remains what he has been all his footballing days, a good clubman. The City crowd loves him; further afield he is regarded almost as a light relief albeit "not a bad footballer". Sometimes he qualifies for even higher praise and he is as much a part of the Moss Side picture as is the turf on which he rants, raves, falls, and does his utmost to confound all City's enemies if not by deed, then by word of mouth. One supposes he will never change, and in any case few people – except the purists – would want him to.

When he is not required by City, Ewing is by way of being a shopkeeper. Not sweets and tobacco, confectionery, or grocery. They are not in character. No, it had to be ironmongery and hardware, or nothing at all. His merchandise is as useful, indispensable, aye, and as durable as the man himself.

(From THE GUARDIAN.)
From F. Simoneit, *An English and American Reader*, Schöningh, Paderborn 1967, S. 94 f.

AUFGABE 8 a

ELECTRONIC VIDEO RECORDING

In 1968 we first heard about a revolutionary new system for showing films or television recordings on television sets, at a fraction of the cost of using normal film prints and projectors. It is called EVR – Electronic Video Recording – and obviously could revolutionize the use of film in education, and even provide a new means for entertainment in the home.

The equipment is simplicity itself to use. There is a box, like a tape-recorder, plugged into the aerial socket of a standard television set. You just put a tele-cartridge, as it is called, into the machine. This is about 1 cm thick, with a diameter of 18 cm. Push the start button, and an immaculate picture comes onto the screen. The sound is also of excellent quality. You can run the recording forward quickly to the point you want, wind back, hold a still picture. And that small cartridge will play for an hour.

Electronic Video Recording was invented in the USA by Dr. Peter Goldmark of the Columbia Broadcasting System (CBS). It works by drawing the pictures, so to speak, on special photographic film with a beam of electrons instead of with light. The pictures can come from any source – an existing film or live or tape-recorded television programmes. The image is minute – less than half the size of the image produced by 8 mm amateur film cameras. But the quality is far, far better. Once the master films have been produced, they can be printed in vast numbers at high speed by more normal photographic techniques.

Commenting on the special photographic film employed, Dr. Goldmark said: “This special film has been developed by Ilford in England. They had an extremely high resolution uniform emulsion available, which was a good place to start. There are two films involved, one for the master on which we write with the electron beam, and then the high resolution print film, and Ilford seemed

AUFGABE 8

Voiced Consonants + /z/	Vowels or Diphthongs + /z/
Nouns (plural or possessive case)	
1	2
Verbs (3rd person present)	
5	6

Voiced Consonants + /d/	Vowels or Diphthongs + /d/
Verbs (Past Tense or Past Participle)	
9	10

Sibilitants or Affricates + /iz/	Voiceless Consonants + /s/
3	4
7	8
Plosives (/t/ or /d/) + /id/	Voiceless Consonants + /t/
11	12

very capable and eager to develop both." CBS has now formed an international company, together with Britain's Imperial Chemical Industries (ICI) and the London branch of Swiss CIBA, who jointly own Ilford.

In the replay machine, the minute pictures on a copy are scanned by a spot of light, and turned into a television signal. For colour, a track carrying colour information in electronic code can also be replayed from the film. Incidentally, the EVR film moves smoothly, like tape in a tape-recorder, so the wear and tear of ordinary films is eliminated, and hundreds of playings should be possible. This means the cost of each showing will be much less than of film. Replay machines are expected to cost less than £ 200.

A film organization has already announced that their vast film library, both of educational and entertainment films, will be available for EVR. In education, the EVR system will cut the present high costs of using film. For home entertainment, people will be able to hire cartridges cheaply to replay on their television sets.

From *BBC, London Calling – European Edition,* No 862, March 1969
From Pasch/Kistler (Hg.), *Modern Technology,* Klett, Stuttgart 1972, S. 32.

12. Akzent

Die sogenannten suprasementalen (oder prosodischen) und die segmentalen Elemente fungieren beim Sprechen miteinander und wirken ineinander. Will man die suprasegmentalen Elemente erklären oder auch nur praktische Hinweise für ihr Auftreten geben, so muß man – wie so oft – trennen, was eigentlich untrennbar zusammenwirkt.

Zu den suprasegmentalen Elementen zählt man die Druckstärke und Schallintensität *(stress)*[14], die Grenzsignale (Junkturen, *junctures;* vgl. **I scream** und **Ice cream**), Tonhöhe *(pitch)* und Tonführung *(intonation)*. Die Verteilung der Akzente in zusammenhängender Rede (Wortgruppen- oder Satzakzent) ist gewissen rhythmischen Gesetzen unterworfen, und so ist der für eine bestimmte Sprache typische Rhythmus *(rhythm)* ein weiteres wichtiges Element.

Solche Elemente treten zusammen mit jeder Folge von gesprochenen Segmenten auf, ohne daß man sie einzelnen Segmenten zuordnen könnte, und sie werden daher mit dem bildhaft zu verstehenden Ausdruck „suprasegmental" bezeichnet. Sie stehen in Wechselwirkung mit der Qualität, Quantität und Abfolge der Segmente. Die suprasegmentalen Elemente werden Segmentfolgen zugeordnet.
In vielen Sprachen, auch in den germanischen, kam im Laufe der Sprachentwicklung zu der mehr musikalisch durch Tonhöhenunterschiede bestimmten Hervorhebung eine mehr dynamische Hervorhebung durch Druckstärkenunterschiede hinzu. Es war lange umstritten, welcher der beteiligten Faktoren den größten Anteil hat.

Neueren Forschungen zufolge steht die Tonhöhe im Vordergrund. Die Art und Weise, wie sich die Tonhöhe im Verlauf eines Morphems geringfügig oder stark oder gar nicht verändert, bestimmt die Folge der Hervorhebungen.

14 Das Wort **stress** wird auch im Sinne von Akzent gebraucht; Druckstärke ist jedoch nur *eine* Komponente des Begriffes Akzent.

Nach Pilch ist die Rede von den Akzenten nur eine vereinfachende und brauchbare Verschlüsselung dieser Tatsache (1974: 113). Er untercheidet (am Beispiel **bombensicher**) schwebenden *(level stress)* und fallenden Akzent:

bombensicher ≠ **bombensicher**

(„ganz sicher") schwebend — („vor Bomben sicher") fallend

In beiden Wörtern hat nach Pilch das zweite Element **-sicher** einen relativ tiefen Ton, der (außer am Ende der Äußerung) nur wenig abfällt. Zu den Tonhöhenunterschieden sagt Pilch: „Häufig wird dieser Unterschied in der Weise verschlüsselt, daß der schwebende Akzent als lineare Aufeinanderfolge zweier Hauptakzente . . ., der fallende Akzent als Folge eines Hauptakzents und eines Nebenakzents . . . erscheint. . . . Auf dem zweiten Element **-sicher** ist kein Unterschied hörbar. Trotzdem schreiben wir diesem Element in der Verschlüsselung einmal einen Hauptakzent, das andere Mal einen Nebenakzent zu. Man hat diese ‚Akzente' vielfach mißverstanden, indem man sie als unmittelbar hörbare (nicht nur als verschlüsselte) phonematische Elemente ansah und nach den diesen Akzenten zugeordneten Schallmerkmalen suchte. Diese Suche ist (wie zu erwarten) vergeblich geblieben. Viele Lehrbücher ordnen dem Akzent die akustische Intensität als Schallmerkmal zu, aber diese Zuordnung ist falsch" (113).

Für deskriptive und didaktische Zwecke erweisen sich jedoch der Akzentbegriff und seine Notationskonventionen bislang als unentbehrlich. Die Akzentsilbe bezeichnen wir auch als (stark) betont.

Die Beherrschung der suprasegmentalen Elemente ist im Kommunikationsprozeß ebenso wichtig wie die der Phoneme. Fehler führen dabei noch leichter zu Verständigungsschwierigkeiten als bei den Segmenten. Allein die Verschiebung eines Nebenakzents wirkt auf den *native speaker* stark verfremdend (→ auch Abschnitt 12.1.4).

12.1 Wortakzent

Die strukturalistische Linguistik nennt die kleinsten bedeutungstragenden Segmente von Redesequenzen Allomorphe (vgl. die Begriffe Phon, Phonem, Allophon mit den analogen Begriffen Morph, Morphem, Allomorph). Der Sprecher kann aber Sequenzen intuitiv in (schwer definierbare) Sprechsilben zerlegen, die selten mit den Allomorphen identisch sind.

Die englische Orthographie trennt Wörter am Zeilenende eher morphologisch als nach Sprechsilben, z. B. **disturb-ance** oder **desir-able** und nicht **distur-bance** oder **desi-rable.** (Leider läßt sich das kaum in eine Regel fassen, weil Abtrennungen häufig auch nach Sprechsilben vorgenommen werden. Die Lautfolgen und die Art der Präfixe und Suffixe dürften dabei eine Rolle spielen. Eine gute Hilfe bietet das OALD: es verzeichnet alle Wörter mit den möglichen Abtrennungen. Nach Sprechsilben trennt man z. B. **distinc-tive,** also nicht **distinct-ive;** ebenso **perpetrate,** dagegen morphologisch **seper-ate;** vgl. auch **habit-ual** und **habitu-ate**).

Jedenfalls spielen für die Frage der Betonung die Sprechsilben eine Rolle und nicht die Allomorphe. Die „zugeteilte“ Tonhöhe und Druckstärke beim Sprechen bezieht sich auf Sprechsilben.
Wie sehr falsche Wortakzent-Setzung die sprachliche Kommunikation beeinträchtigen kann, läßt sich durch einige Beispiele unmittelbar einsichtig machen:

impotence /ˈimpətəns/;	**importance** /imˈpɔːtəns/
eunuch /ˈjuːnək/;	**unique** /ju(ː)ˈniːk/
apple /ˈæpl/;	**appal** /əˈpɔːl/

Die germanischen Sprachen, zu denen auch das Englische zählt, betonen die heimischen Wörter auf der ersten Silbe **(ˈgeben).** Bei hinzutretenden Vorsilben *(Präfigierung)* liegt die Betonung auf dem Präfix, wenn dieses als selbständiges Morphem empfunden wird **(ˈaufgeben).** Im Deutschen sind heute noch die trennbaren Vorsilben **(gibtˈauf)** für den Ausländer an der Betonung erkennbar gegenüber den schwachbetonten nicht-trennbaren **(erˈgeben, verˈgeben, beˈgeben, Erˈgebnis, Verˈgebung, Beˈgebenheit).**

Diese Akzentverhältnisse, die bis zum Mittelalter in der Regel auch für das Englische galten, wurden jedoch höchst unübersichtlich durch das Eindringen fremder Betonungssysteme. Seit der normannischen Eroberung im Jahre 1066 wurde viel romanisches Wortgut aufgenommen – auch durch zahlreiche spätere Entlehnungen aus dem Lateinischen und Griechischen in der Renaissance. Dieses Wortgut wurde zum größten Teil in das englische Betonungssystem integriert, zum Teil aber auch nicht. So sind z. B. die voll anglisierten Wörter **ˈconcert** und **ˈmiserable** anfangsbetont (im Gegensatz zum Deutschen!), andere wie **poˈlice** und **maˈchine** aber (noch?) endbetont. Man kann den Anglisierungsvorgang an einem Wort wie **garage** nachzeichnen, das 1902[15] aus dem *Französischen* entlehnt wurde: gəˈrɑːʒ > (gəˈrɑːdʒ >) ˈgærɑːʒ > ˈgærɑːdʒ > ˈgæridʒ.

Noch schwieriger als durch Präfigierung gestalteten sich die Akzentverhältnisse durch das Hinzutreten von Nachsilben *(Suffigierung):* **ˈart, ˌartiˈficial, ˌartificiˈality.** Für mehr oder weniger umfassende Versuche, die Akzentverhältnisse im heutigen Englisch systematisch oder überschaubar darzustellen, meist mit einer Fülle von Beispielen, verweisen wir auf Kingdon 1958 b; D. Jones, *Outline,* 1964; Gimson 1972; Quirk/Greenbaum/Leech/Svartvik 1973; W. Friederich 1967; W. St. Allen 1954 (hauptsächlich Übungen); Arnold/Hansen 1968; E. Germer 1970; Barry/Gutknecht

[15] M. S. Serjeantson, *A History of Foreign Words in English,* London 1935 (Fourth impression 1968): 168. Hier wird nur die Jahresangabe ‚1902' übernommen.

1972 (Übungen). Wir übernehmen im folgenden teilweise Beispiele aus diesen Darstellungen.

Ebenso wie bei Wortgruppen und Sätzen kann man auch bei mehrsilbigen Wörtern eine feine Gradunterscheidung von Akzentuierungen vornehmen. E. Germer (1970: 41) zeigt an einem Beispiel sechs Stärkegrade in einem Wort, wobei 1 den Hauptton bezeichnet:

3 2 6 1 5 4
i n v i s i b i l i t y

Aber erstens sind solche feinen Unterscheidungen schwer zu machen, und zweitens gibt es noch die situationsbedingte emphatische Betonung, die das Normalgefüge verändern kann. Es empfiehlt sich also, diese letztere auszuklammern und im übrigen nur 1 und 2 zu unterscheiden: Haupt- und Nebenakzent: **in,visi'bility.** Manche mehrsilbigen Wörter haben jedoch keinen deutlichen Nebenakzent: **'illustrated.** Die Tatsache, daß das Akzent-Regelsystem sehr komplex ist, darf nicht darüber hinwegtäuschen, daß von wenigen Ausnahmen abgesehen, jedes Wort seine unverrückbar festgelegte Betonung hat. Jedes Wort muß also mit seinem Betonungsablauf gelernt werden. Trotzdem lassen sich einige verallgemeinernde Regeln aufzeigen, die beim Lernen hilfreich sein können.

12.1.1 Stammbetonung

Germanische und vor langer Zeit übernommene *romanische* Wörter sind stammbetont und ändern diese Betonung auch bei Präfigierung und Suffigierung nicht: **'honour, 'honourable, 'honourableness, dis'honourable, dis'honourableness.** Insbesondere gilt diese Regel der Stammbetonung für zwei- und dreisilbige Wörter: **'happy, 'happiness, 'market, 'marketing, 'soldier, 'soldierly, 'murder, 'murderer.** Stammbetonung nach Vorsilben: **ap'pendix, con'tribute, de'cline, dis'cussion, en'counter, im'mediate.**

12.1.2 Vier- und mehrsilbige Wörter

Bei vier- und mehrsilbigen Wörtern liegt der Ton meistens auf der *drittletzten* Silbe: **par'ticular, e'quivalent, le'giti-**

mate, ˈenterprise, aˈbility, inˈtelligent, speeˈdometer. Diese für große Zahlen mehrsilbiger Wörter geltende Regel führt dazu, daß gerade solche Wörter, die der Deutsche von seiner Muttersprache her kennt und im englischen Schriftbild auf Anhieb erkennt, oft eine für Deutsche gänzlich ungewohnte Betonung haben. Dabei liegt der Hauptton manchmal auf einer Silbe, die etymologisch-morphologisch gesehen als „unwichtig" und „sekundär" erscheint:

aˈpostrophe	**geˈometry**
ˌarisˈtocracy	**inˈterpreter**
aˈrithmetic	**moˈnotonous**
biˈography	**psyˈchiatrist** /saiˈkaiətrist/
deˈmocracy	**sigˈnificant**

Hier hat der Lernende ein weites Übungsfeld von großer Wichtigkeit. Man stelle sich nur vor, daß ein Ausländer im Deutschen etwa ***Deˈmokratie** oder ***Psyˈchiater** sagen würde.

12.1.3 **Suffigierung** ändert dieses Schema in vielfältiger Weise. Es gibt eine Gruppe von Suffixen, die immer den Akzent selbst tragen:

-ain	**apperˈtain** (gehören zu, zustehen; vgl. frz. **appartenir)**	**-esque**	**burˈlesque**
-ee	**emploˈyee**	**-ique**	**techˈnique**
-eer	**engiˈneer**	**-oon**	**tyˈphoon**
-esce(nt)	**acquiˈesce(nt)**		

Eine große Zahl von Suffixen bewirkt, daß der Akzent auf der vorletzten Silbe, also auf der letzten Stammsilbe liegt, d. h. auf der dem Suffix vorausgehenden: **diˈminish, ˈpurity, imˈplicit, haˈbitual, iˈnitiate.** Aber hier sind dem nicht linguistisch vorgebildeten Lernenden Grenzen gesetzt. Bei **ˈsolitude** und **miˈracular** müßte er z. B. wissen, daß die Suffixe **-itude** und **-ular** heißen, um zu erkennen, daß diese noch zu der Gruppe zählen, die den Akzent auf der vorletzten Silbe fixieren.

Darüber hinaus gibt es viele Suffixe, die sich anders verhalten: **ˈfictional, inˈhabitant, ˈpoisonous, obˈligatory, ˈdecorative, ˈintimacy, ˈfederalism, ˈdifficulty.** Unter den hier dargestellten Suffixen sind einige, die die Betonung je nach Lautkontext unterschiedlich beeinflussen.

Die Verschiebung der Betonung bedeutet fast immer auch eine *Veränderung von Qualität und Quantität* der Allophone. Beim Übergang von **advertise** zu **advertisement** bleibt keine Silbe des Verbs gleich.

ˈæd	və	taiz	
əd	ˈvəː	tis	mənt

12.1.4 Nebenakzent *(Secondary stress)*

Wenn man bedenkt, daß der normale Sprachrhythmus in einer weitgehend gleichmäßigen Abwechslung von stark und schwach betonten Silben besteht, ist es klar, daß bei vielen längeren Wörtern außer der Haupttonsilbe eine von mehreren aufeinanderfolgenden Silben durch einen Nebenton hervorgehoben wird, damit der Rhythmus nicht gestört ist. Liegt der Hauptton auf der dritten Silbe, so hat die erste meistens den Nebenakzent: **ˌconfirˈmation.**

Liegt der Hauptton auf der vierten oder fünften Silbe, so handelt es sich um durch Suffigierung hervorgerufene Tonverschiebung. In diesem Fall liegt der Nebenton meist auf der Silbe, die vorher den Hauptton hatte.

inˈferior	–	**inˌferiˈority**
ˈmodify	–	**ˌmodifiˈcation**
ˈatheist	–	**ˌatheˈistic**
iˈdealist	–	**iˌdeaˈlistic**
deˈpopulate	–	**deˌpopuˈlation**

Bei noch größerer Länge des Wortes treten nach dem gleichen Prinzip zwei Nebenakzente auf:

ˈart – ˌartiˈficial – ˌartiˌficiˈality

(Für **artificiality** setzt allerdings D. Jones im EPD bei **–fi–** keinen Nebenakzent; dies im Gegensatz zu anderen Nachschlagewerken.)

Durch Emphase kann leicht einer davon zu einem zweiten Hauptakzent werden. Das übergeordnete Prinzip ist jedoch immer die Abwechslung zwischen betont und schwach betont. Das und die Wirkung des Nebentons auf die Vokalqualität läßt sich an zwei verschiedenen Wörtern gleichen Stammes und an deren Ableitungen zeigen: (a) **ˈinvalid (krank, dienstunfähig);** (b) **inˈvalid (ungültig, nichtig).**

(a)		(b)	
invalid	/ˈinvəli(ː)d/	**invalid**	/inˈvælid/
invalidity	/ˌinvəˈliditi/	**invalidation**	/inˌvæliˈdeiʃ(ə)n/

Die Bedeutung der richtigen Setzung des Nebentons wird klar, wenn man bedenkt, daß die Nebentonsilbe nicht wie die schwach betonten Silben zu [ə] abgeschwächt wird, d. h. für den lernenden Ausländer: die Entscheidung, ob und wo Nebenton, ist mit einer Entscheidung über die Qualität der Allophone verbunden. Die jeweilige zweite Silbe unserer Beispielwörter, die im Schriftbild als **-va-** erscheint, wird /və/ gesprochen, wenn sie schwach betont ist, /væ/ gesprochen, wenn sie den Hauptakzent hat, aber auch /væ/ gesprochen, wenn sie, wie in **invalidation,** den Nebenakzent trägt.

Sehr stark sind die Qualitätsveränderungen in einem auch von Chomsky/Halle (1968: 219) herangezogenen Beispiel: **analogue** mit Suffixen. Auch hier zeigt sich, daß bei dem Wort **analogical** die erste Silbe nicht abgeschwächt (reduziert) werden kann, weil sie einen Nebenton trägt.

analogue	ˈæ	nə	lɔg	
analogous	ə	ˈnæ	lə	gəs
analogy	ə	ˈnæ	lə	dʒi
analogic(al)	ˌæ	nə	ˈlɔ	dʒik(əl)

12.1.5 Wortklassen-Unterscheidung durch Akzent

Es gehört zu dem Betonungssystem der germanischen Sprachen, daß häufig bei Nomina und Adjektiven das Präfix den Ton hat, beim Verb dagegen der Stamm: **the ˈimport – to imˈport.** Im Englischen unterwarfen sich auch romanische Wörter diesem Prinzip, so daß es heute bei über

150 Wörtern gilt (→ Aufgabe 9). Hier ein paar Beispiele, die weniger bekannt sind:

the ˈaccent	–	**to acˈcent**
the ˈforecast	–	**to foreˈcast**
the ˈrebel	–	**to reˈbel**
the ˈcontrast	–	**to conˈtrast**
the ˈproduce	–	**to proˈduce**
the ˈsurvey	–	**to surˈvey**
ˈfrequent (adj)	–	**to freˈquent**
ˈperfect (adj)	–	**to perˈfect**

Jedoch ist auch dies keineswegs eine immer gültige Regel. Gleichbleibende Betonung haben wir z. B. bei folgenden Wörtern: **ˈcomment, ˈcontact, ˈprocess, ˈpurchase, reˈport.** Die Entwicklungstendenz scheint in Richtung auf gleichbleibende Betonung zu gehen.

12.1.6 Schwebende Betonung, sogenannte Doppelbetonung

(Double stress)

Daß eine Tongruppe zwei *scheinbar* gleichstarke Akzente hat, ist auch im Deutschen nicht selten: vgl. **ˈblutˈarm** mit **ˈblutarm.** Im Englischen ist jedoch diese Erscheinung des *double stress (level stress, even stress)* um so vieles häufiger, daß wir sie geradezu als ein Charakteristikum der englischen Akzentverhältnisse empfinden. Es gibt einige Fälle, wo die sogenannte Doppelbetonung gegenüber der einseitigen Betonung bedeutungsunterscheidend ist, z. B. **ˈblack ˈboard – ˈblackboard; ˈheavy ˈweight – ˈheavyweight; ˈwild ˈcat – ˈwildcat; ˈnew ˈcastle – ˈNewcastle.**

Wir greifen einige Fälle heraus, wo *double stress* auftritt:

a) *Zahlwörter* von 13–99 außer den Zehnerzahlen (20, 30 40 usw.) **ˈthirˈteen, ˈseventy-ˈnine;** auch: **ˈthree ˈhundred, ˈsix ˈthousand**

b) Einige zusammengesetzte Wörter: **ˈafterˈnoon, ˈmean-ˈwhile; ˈelseˈwhere; ˈdownˈstairs**

c) *Titel und Ortsnamen:* **ˈLord ˈMayor, ˈWhiteˈhall, ˈBuckingham ˈPalace, ˈVictoria ˈStation, ˈLondon ˈRoad** (immer bei **Road;** nicht dagegen bei **Street: ˈLondon Street**) (vgl. E. Germer 1970: 44).

d) *Bei verneinenden Vorsilben:* **ˈdisinˈherit, ˈunˈhappy** (oder **unˈhappy;** aber nicht analog zum Deutschen: ***ˈunhappy!**), **ˈover-ˈcareful (over** im Sinne von „übermäßig, allzu sehr"), **ˈnon-ˈstop, ˈantiˈclerical,**

e) *Verb und Adverb:* **ˈgo ˈon, ˈget aˈlong, ˈlook ˈout, ˈput ˈoff, ˈtake ˈin.**

f) *Wortverbindungen:* **ˈnice ˈboy, ˈgood ˈluck; ˈcorned ˈbeef, ˈmain ˈentrance, ˈapple-ˈpie, ˈback ˈdoor, ˈhand-ˈmade, ˈabsent-ˈminded, ˈwell ˈdone; ˈboy ˈscout, ˈmilk ˈshake, ˈtown ˈhall, ˈtrade ˈunion, ˈlight-ˈbrown, ˈweather-ˈbeaten.**

12.1.7 Das Dreiakzentgesetz

Das sogenannte Dreiakzentgesetz heißt nicht so, weil es drei aufeinanderfolgende Akzente betrifft, sondern im Gegenteil, weil es das verhindert. Ein Wort oder eine Wortgruppe mit *double stress* verliert den Ton auf einer Silbe, wenn sie mit einer betonten Silbe zusammentrifft;

a) betonte Silbe folgt: ⊥⊥ + ⊥ wird zu ⊥ – ⊥
b) betonte Silbe geht voraus: ⊥ + ⊥⊥ wird zu ⊥ – ⊥

Das Endergebnis ist im Schema gleich, aber die *double-stress-Gruppe* ist dann einmal anfangs- (a), einmal endbetont (b):

ˈgood-ˈlooking
- a) **She's a ˈgood-looking ˈgirl**[16]
- b) **She's ˈquite good-ˈlooking**

ˈoutˈside
- a) **ˈOutside the ˈdoor**
- b) **Let's ˈgo outˈside**

ˈafterˈnoon
- a) **He's having ˈafternoon ˈtea**
- b) **He comes home ˈevery afterˈnoon**

Vgl. auch: **There are ˈfourˈteen of them here. I ˈbought fourˈteen of them. There are ˈfourteen ˈbooks here. – We went to ˈKent ˈRoad. It was in ˈNew Kent ˈRoad. I met him in a ˈKent Road ˈrestaurant.**[17]

Kingdon formuliert die Regel über das Verhalten von doppelbetonten Wörtern im Satzverband folgendermaßen: "When a lexically double-stressed word is closely connected, either semantically or grammatically, with another stressed word, that one of its stresses that is nearest to the other word tends to be weakened or to disappear" (Kingdon 1958a: 165).
Dieses vom Rhythmusprinzip her leicht einzusehende Gesetz gibt die Antwort auf die wichtige Frage, wie es kommt, daß Wörter wie **upstairs, afternoon, inside** in zusammenhängender Rede eine wechselnde Betonung haben. Und das gleiche gilt für Wortgruppen.

A9/10 AUFGABEN 9 UND 10

Beide Aufgaben bieten Wörter gleichen Stammes (2 Ausnahmen in Aufgabe 9, s. u.) in umgangssprachlichen

[16] Beispiele nach W. Friederich 1967: 61 f.

[17] Beispiele nach E. Germer 1970: 45.

Sätzen. In Aufgabe 9 ist hauptsächlich aus dem Satzzusammenhang, in Aufgabe 10 aus dem Wort selbst zu erkennen, wie die Betonung der Wörter sein muß. Lesen Sie die Sätze laut und setzen Sie die kursiv gedruckten Wörter mit Angabe des Wortakzents, in Aufgabe 10 gegebenenfalls auch des Nebentons, in Lautschrift in die freien Felder. Denken Sie bitte daran, daß bei Akzentverschiebungen sich auch Qualität und Quantität der Segmente verändern können. Schlagen Sie die genaue Aussprache der Wörter im Lexikon nach. Bitte vergessen Sie nicht das laute Lesen.

● Aufgabe 9: Hier handelt es sich – außer in Satz 10 – um Wortklassenunterscheidung durch Akzent (→ Abschnitt 12.1.5). Die Beispiele in den Sätzen 10 und 13 stellen etymologische, d. h. wortgeschichtliche Sonderfälle dar. Jeweils zwei Wörter ganz verschiedenen Ursprungs sind in ihrer graphischen Gestalt fast **(desert; dessert)** oder ganz **(entrance)** zusammengefallen.
Satz 10: **desert** (Wüste); **dessert** (Nachtisch). Beides Substantive, also keine Wortklassenunterscheidung.
Satz 13: **entrance** (Eingang); **to entrance** (bezaubern, hinreißen). Wir haben hier eine Wortklassenunterscheidung durch „Akzentverschiebung" in einem besonderen Fall, bei dem die beiden Wörter unterschiedliche Stämme haben: **entrance** leitet sich letztlich von dem lat. Etymon **intrare** (eindringen, betreten) ab; **to entrance** hängt mit frz. **trance** (Verzückung, hypnotischer Schlaf) und dem gleich geschriebenen englischen Wort **trance** /trɑːns/ zusammen und geht auf das lat. Etymon **transire** (hinübergehen) zurück.

● Aufgabe 10 enthält Wörter, bei denen eine Akzentverschiebung durch Suffigierung eingetreten ist (→ Abschnitt 12.1.3).

AKZENT I, AUFGABE 9

Schreiben Sie die fettgedruckten Wörter aus den folgenden Sätzen in phonetischer Transkription und setzen Sie die Akzente ein.

1. Your **progress** in English is slow but remember you are **progressing.** ....

2. We've **increased** the numbers and we expect an **increase** in output. ....

3. These **records** sound better when they're **recorded.** ....

4. I **object** to your last remark, in fact, I dislike being the **object** of your discussion. ....

5. I think the **advertisement** is good, but I don't think that particular perfume is worth **advertising.** ....

6. There seem to be quite a few **absent** today. I do hope they have good reason for **absenting** themselves. ....

7. He's continually trying to **perfect** his accent and it's quite **perfect** as it is. ....

8. The police **suspect** him but I'm not sure they're right in holding him as a **suspect.** ....

9. He's such an **insulting** type, that really, he's an **insult** to the college. ....

10. My Goodness, it's so hot here, it's just like being in the **desert!** I think we'd best have ice-cream for **dessert.** ....

11. In taking English as a main **subject,** you **subject** yourself to a lot of work. ....

12. On a day with **frequent** showers, I **frequent** such places. ....

13. The theatre **entrance** is difficult to find, but worth looking for because it's a performance that will **entrance** you. ....

14. A very polite gentleman would say: "Will you **permit** me to say that to fish here you need a **permit".** ....

15. The **transport** of this furniture is going to be expensive, but what can we do? We can't **transport** it ourselves. ....

16. Now that all our colleagues are **present,** we would like to **present** you, Mr Doyle, with this gift. ....

17. Your **accent** is perfect, it's just sometimes you **accent** the wrong syllable. ....

18. They **conducted** him to jail. Up to this his **conduct** had been perfect. ....

AKZENT II, AUFGABE 10

Schreiben Sie die fettgedruckten Wörter aus den folgenden Sätzen in phonetischer Transkription und setzen Sie die Akzente ein (Haupt- und Nebenton).

1. **A politician** must learn to be **political.** ....

2. How long has he been in **politics?** ....

3. Shriver: "I'm not a member of an organized political party – I am a **Democrat**". ....

4. "In a **democracy,** at least theoretically, the people rule themselves". ....

5. The **Democratic** Vice Presidential candidate is emerging as the cutting edge of the McGovern campaign. ....

6. He's quite a **personality,** that chap that writes the **personal** column. ....

7. When you attribute personal nature to something abstract, you then **personify** it. ....

8. The **photographer** did take a very good **photograph.** But then, you know, she's very **photogenic.** ....

9. He's not only **intelligent,** he's also **intellectual.** ....

10. We should try to develop our **intellects.** ....

11. He hasn't a **particle** of sense. ....

12. I told you for no **particular** reason. ....

13. It is a **particularity** of that party. ....

14. I'm quite **familiar** with the problems of that **family.** ....

15. **Familiarity** can help, if you want to learn the language. ....

16. The **competition** is about to begin. Will the **competitors** please come forward. ....

17. He's very **competent,** I'm glad to recommend him. ....

18. **Hypocrites** are **hypocritical** and practice **hypocrisy** all the time. ....

19. The **mechanism** of this machine is quite simple. ....

20. He's a **mechanical** engineer. ....

12.2 Satzakzent

Bei der Besprechung der Wortgruppen mit *double stress* und des Dreiakzentgesetzes haben wir die Grenzen des Einzelwortes schon überschritten. Für die Verteilung der Akzente und auch für die Intonation in zusammenhängender Rede erweist es sich als praktisch, eine (linguistisch nicht scharf definierbare) Einheit anzunehmen: den Satz. Es gibt zwar den Ein-Wort-Satz; aber hier sollen die Betonungsverhältnisse in Äußerungen dargestellt werden, die aus mehreren Wörtern bestehen.
Durch die Akzentverteilung im Satz können Betonungen von Einzelwörtern verändert werden. Sie wird von vier Hauptfaktoren bestimmt: Rhythmische Variation, Abschwächung von Strukturwörtern, relative Wichtigkeit von Sprachteilen und emphatische Hervorhebungen.

12.2.1 Rhythmische Variation

Wie stark die Kräfte des rhythmischen Ablaufs sind, haben wir schon beim Dreiakzentgesetz gesehen. Sie führen dazu, daß in zusammenhängender Rede durch Abschwächung von Silben und Wörtern mit geringerer Bedeutung ein Wechsel von betonten und schwachbetonten Silben entsteht. Das Akzentgefüge in einem Satz entspricht oft dem in einem mehrsilbigen Wort:

dis-	ˌor-	ga-	ni-	ˈsa-	tion
I	ˌthink	he	must	ˈtake	it

Die Hervorhebungsstellen in einem neutral gesprochenen, d. h. hier: nicht durch besondere situations- oder emotionsbedingte Akzente aus dem üblichen Rahmen fallenden Satz liegen am *Satzanfang und Satzende.*

12.2.2 Schwachformen: Abschwächung von Strukturwörtern

Unter dem Einfluß der rhythmischen Variation unterliegen diejenigen Wörter, die eine strukturelle, d. h. den Zusammenhang der Satzstruktur betreffende, aber keine oder nur wenig lexikalische Bedeutung haben, am ehesten der Abschwächung: die sogenannten Strukturwörter. Zu ihnen gehören Artikel, Hilfsverben, Konjunktionen, Präpositionen, Satzadverbien und Personal-, Possessiv- und Relativpronomen. Nicht abgeschwächt werden dagegen gewöhnlich die Begriffswörter (Bedeutungsträger): Substantive, Vollverben, Adjektive, viele Adverbien und meist auch die Demonstrativ- und Interrogativpronomen. Wie das funktioniert, erhellt aus den folgenden drei Sätzen, in denen das Wort **have** einmal Vollverb mit voller Betonung, einmal Hilfsverb in schwach betonter Position und einmal Hilfsverb in Nebenton-Position ist.

(a) **They ˈhave a ˈcar**

(b) ˌThey have ˈdone it (hier wird das /h/ von **have** meist nicht gsprochen; → Abschnitt 12.2.3)

(c) ˌ**Have they ˈdone it?**

So ist in diesen drei Sätzen der Rhythmus immer: *Hauptton* (oder *Nebenton*) – *Schwachton* – *Hauptton*. Die Abschwächung der Strukturwörter im Satz ist die Ursache für die vielen Schwachtonformen, die im Englischen keineswegs als nachlässig oder gar vulgär, sondern als zur RP gehörig einzustufen sind. Diese *weak forms* müssen daher im Fremdsprachenkurs frühzeitig mitgelernt werden und dürfen nicht dem späteren Übergang zu einer mehr familiären Rede vorbehalten bleiben. Unser Satz (b) **They have done it** wird, selbst wenn er so geschrieben ist, von *native speakers* sogar bei lautem Lesen fast immer **They ˈve done it** gesprochen. Ein paar wenige Beispiele für häufig auftretende *weak forms:*

Präpositionen	**from**	[frəm ˈlʌndən]
Personalpronomen	**them**	[ˈteik (ð)(ə)m]
Possessivpronomen	**his**	[ˈðæts iz ˈgɑːdn]
Hilfsverben	**had** oder **would**	[ʃiːd ˈkʌm]

In dem folgenden *Limerick* bedeuten die Abkürzungen **Mr. kr. sr. "Mister; kissed her; sister"** und reimen sich aufeinander; also wird **kissed her** [ˈkistə] ausgesprochen:

She was peeved and called him "Mr."
Not because he came and kr.,
But because, just before,
When she looked in at the door,
This same Mr. kr. sr.!

Anders als in der deutschen Hochsprache gehören im Englischen abgeschwächte Formen, insbesondere auch die Qualität betreffende Reduktionen, zur *RP*. Das ist auf den typischen englischen Satzrhythmus zurückzuführen (→ Abschnitt 12.3), bei dem Schwachtonsilben stark zusammengedrängt und zeitlich gerafft gesprochen werden.

Lernende neigen dazu, alle Wörter des Englischen in zusammenhängender Rede möglichst „korrekt" zu sprechen und in diesem Bestreben Schwachformen zu vermeiden.

Es kann gar nicht genug betont werden, daß unter einer solchen Einstellung eine gute englische Aussprache nicht zustandekommen kann. Sehr viele Schwachformen sind nicht optional, sondern obligatorisch, und es können bei Verwendung der vollen Formen Verständigungsschwierigkeiten auftreten.

In dem Satz **They had worked there for years** wird **had** zu [əd] und **for** zu [fə] abgeschwächt. Wird volles /hæd/ gesprochen, so könnte der Gesprächspartner annehmen, zu jenem Zeitpunkt hätten sie dort nicht mehr gearbeitet. Wird volles /fɔː/ gesprochen, so könnte der Gesprächspartner **four** verstehen: **They had worked there four years.** Umgekehrt darf die Präposition **off** nicht abgeschwächt werden, weil sie sich sonst dem Lautbild von **of** annähern würde, das im Satzinnern immer zu [əv] abgeschwächt wird. Vgl. die beiden Sätze:

He took the apples off the large tree /ɔf/
He took the apples of the large tree [əv]

Es ist ganz klar, daß ein Strukturwort, wenn es an betonter Stelle im Satz steht – sei es nun mit Haupt- oder Nebenakzent – nicht abgeschwächt wird, z. B. **for** in dem Satz **Are you for or against the proposal?** Mehr Fehler kommen vor, wenn eine solche Präposition zwar schwach betont ist, aber am Satzende steht: **What did you do that for?** Das Wort **for** trägt hier *keinen Satzakzent,* darf aber trotzdem in dieser finalen Position nicht weiter als zu [fɔ] reduziert werden. Präpositionen und Hilfsverben werden am Satzende nicht reduziert:

Is that what you are thinking of? /ɔv/
What is she laughing at? /æt/
I'll do what I can. /kæn/

Aufschlußreiche Listen mit den häufigsten Schwachformen der *RP* geben Gimson (1972: 264 f) und Keutsch (1974: 97 f). Gimson unterscheidet die Formen in betonter und in schwach betonter Stellung. Keutsch gibt neben der Normalform die jeweilige Form für initiale und finale Stellung im Satz, für Positionen vor und nach Vokalen an und dazu die Form, die bei schnellem Sprechen realisiert wird.

12.2.3 **Ausfall des /h/**

In Abschnitt 9.3.5 haben wir gezeigt, daß /h/ vor schwach betonten Silben oft stumm wird: **vehicle** /viːikl/. Diese Aussprache ist allgemeiner Sprachgebrauch. Wenn nun ein Wort wie **have** manchmal betont und als Vollverb auftritt und ein anderes Mal schwach betont und als Hilfsverb, so kann es mit und ohne [h] vorkommen: in **they have to come** ist das /h/ deutlich zu hören. In dem folgenden Beispiel (von GIMSON 1972: 192) verliert jedoch das **have** sein [h]: **I could have hit her.** Von den beiden weiteren [h] steht eines vor einer betonten Silbe **(hit),** das andere vor einer schwach betonten **(her);** also lautet der Satz: [ai kəd əv ˈhit ə]. Der Ausfall des [h] an der richtigen Stelle muß von Ausländern gelernt werden: in schwach betonten Silben fällt es besonders bei Strukturwörtern oft aus, in stark betonten bleibt es erhalten. Dabei kommt es bei einer längeren Äußerung (Tongruppe) nicht auf den Wortakzent, sondern auf den Satzakzent an (→ Abschnitt 12.2, bes. 12.2.2). Solche Strukturwörter mit anlautendem /h/ sind: **have, has, had, he, him, his, her.**

12.2.4 **Relative Wichtigkeit von Sprachteilen**

Die relative Wichtigkeit von Sprachteilen geht über die Grenzen eines Satzes hinaus und ist eigentlich eine textlinguistische Frage.

VERSUCH:
Setzen Sie in der folgenden aus zwei Sätzen bestehenden Geschichte die Satzakzente nach dem Sprachgefühl, auf das Sie sich in der Muttersprache unbedenklich verlassen können:

Der gefangene Hase bat den Fuchs um Hilfe.
Der Fuchs vergaß den Hasen und ging zu dessen Frau.

Wahrscheinlich betonen Sie im ersten Satz **ˈHase, ˈFuchs, ˈHilfe.** Im zweiten haben die Wörter **Hase** und **Fuchs** kaum mehr einen Hauptton, sondern: **verˈgaß, ˈging, ˈFrau.**

Das schon Bekannte wird also abgeschwächt und das Neue hervorgehoben. Bedeutsame Unterschiede zwischen Deutsch und Englisch gibt es dabei nicht.

12.2.5 Emphatische Hervorhebungen

Die durch Zusammenwirken von rhythmisch bedingter Abschwächung von Strukturwörtern mit Hervorhebung von relativ wichtigen Sprachteilen entstehenden Satzakzent-Verhältnisse können unter dem Einfluß besonderer Situationen und Emotionen verändert werden.
Die Lage der stärksten Tonstellen am Anfang und am Schluß des Satzes bewirken z. B., daß normalerweise in dem Satz

ˈPeter ˈalways ˈphoned his ˈfriend beˌfore ˈChristmas

Peter always und **Christmas** am meisten hervorgehoben sind.
Mit besonderer Emphase können nun einzelne Wörter, auch Strukturwörter, akzentuiert und andere, auch Begriffswörter, abgeschwächt werden. In unserem Beispielsatz kann jedes der sieben Wörter einen emphatischen Akzent tragen, und jedes Mal kann ein Sachverhalt betont und damit ein anderer ausgeschlossen werden

Peter	–	**not John**
always	–	**not only sometimes**
phoned	–	**he didn't write**
his	–	**not John's friend**
friend	–	**not his father**
before	–	**not after**
Christmas	–	**not Easter**

12.2.6 Thema und Rhema

Die beiden in 12.2.4 und 12.2.5 genannten Hervorhebungsarten im Satz hängen natürlich eng miteinander zusammen. In beiden Fällen wird das schon Bekannte abgeschwächt und das Neue hervorgehoben. Wenn in unserem Beispielsatz
Peter always phoned his friend before Christmas

die Wörter **Peter** und **phoned** stark akzentuiert werden, so bedeutet das, daß die anderen Teile des Satzes schon vorerwähnt sind. Es muß vorher etwa davon die Rede gewesen sein, daß eine andere Person dem Freund vor Weihnachten immer **schrieb.**

Die von der Prager Schule begonnene Gliederung des Satzes nach seinen weniger oder stärker informationshaltigen Teilen im Zusammenhang einer mehr als einen Satz umgreifenden Äußerung wird in der neueren Linguistik als *topic-comment structure* oder als *Thema-Rhema-Struktur* bezeichnet. Das, worüber schon gesprochen wurde, wird als *Thema* ohne besondere Akzentuierung weitergeführt; *Rhema* ist dann die Bezeichnung für alles Neue, für den eigentlichen Informationsträger im Satz, der dementsprechend stark betont wird. In unserem Beispiel würden **always, his friend** und **before Christmas** zum Thema gehören; **Peter phoned** wäre dagegen die neue Information, die wir als Rhema bezeichnen. (Vgl. dazu auch Welte 1974, Band II, 644 f: „Thema vs. Rhema".)

12.3 Satzrhythmus

Unter Satzrhythmus versteht man nicht nur die rhythmische Variation, wie wir sie in 12.2.1 besprochen haben, sondern auch die einer Rhythmusgruppe, d. h. einer Haupttonsilbe mit den dazugehörigen Schwachtonsilben, zugeteilte Zeit. Und damit sind wir bei einem Phänomen, das für Deutsche, die Englisch lernen, von großer Bedeutung ist; denn dieser Satzrhythmus verläuft im Englischen anders. Das Englische teilt einer Rhythmusgruppe, die neben der Haupttonsilbe ein oder zwei Schwachtonsilben hat, etwa ebenso viel Zeit (Quantität) zu wie einer, die drei oder mehr Schwachtonsilben hat.
Das bedeutet im Gegensatz zum Deutschen, daß die schwach betonten Silben mit zunehmender Zahl schneller gesprochen und damit so zusammengedrängt werden, daß Haupttonsilben in annähernd gleichem Zeitabstand aufeinanderfolgen. Damit haben Deutsche oft große Schwierigkeiten, und ohne Bewußtmachung des mehr der musi-

kalischen Taktfolge entsprechenden Zeitablaufes der englischen Sprache besteht die Gefahr, daß der Deutsche seinen ganz anderen Sprachrhythmus auf das Englische überträgt, ohne es zu merken.

In dem Satz
ˈTell the man to /ˈbring it/ ˈdown sind die Zahlen der schwach betonten Silben, sofern man die Silbe **man** ohne Nebenton spricht, 3–1–0. Also sind die Silben **the man to** so viel schneller und **bring it** und **down** mit so viel Verweildauer zu sprechen, daß die Zeitabstände zwischen **Tell – bring – down** etwa gleich bleiben.

W. S. ALLEN (1965: 3) bringt vier Sätze, von denen die ersten zwei viele Haupttonsilben und die anderen zwei bei größerer Wörterzahl wenige Haupttonsilben haben.

(a) **ˈBert's ˈfriend ˈJohn has ˈjust ˈsold ˈtwo ˈvery ˈfine ˈold ˈpaintings.** So gesprochen, *10 Haupttonsilben* bei 11 Wörtern mit 13 Silben.

(b) **The ˈDaniel ˈJones ProˈnouncIng ˈDictionary ˈlists ˈmost ˈversions of ˈmodern ˈEnglish pronunciˈation.** So gesprochen, *10 Haupttonsilben* bei 12 Wörtern mit 24 bis 25 Silben.

(c) **ˈWhat would you have ˈdone if he had ˈtalked to you in the ˈstreet?** *4 Haupttonsilben* bei 14 Wörtern mit 14 Silben.

(d) **It would have been ˈbetter not to have ˈpaid for it beˈfore you had reˈceived it.** So gesprochen, *4 Haupttonsilben* bei 16 Wörtern mit 19 Silben.

VERSUCHE:
Versuchen Sie, beim Sprechen der vier Sätze die in Satz (c) und (d) sich häufenden schwach betonten Silben so zusammenzudrängen, daß der Zeitabstand zwischen den betonten Silben etwa gleich bleibt. Denken Sie an die zeitsparende Abschwächung der Strukturwörter.

Messen Sie nach einigem Üben die jeweils benötigte Zeit mit der Stoppuhr. Mit dem richtigen englischen Rhythmus

gesprochen, brauchen die Sätze (c) und (d) jeweils nur etwa halb so viel Zeit wie die Sätze (a) und (b).
Nehmen Sie zu erneutem Sprechen der vier Sätze ein Metronom zur Hilfe, das Ihnen den Zeitabstand zwischen den Haupttonsilben in vorher von Ihnen selbst eingestellten Einheiten gleichbleibend angibt. Oder klopfen Sie den Takt vor Beginn des Sprechens gleichmäßig mit dem Stift auf den Tisch. Jedes Klicken des Metronoms bzw. jedes Klopfgeräusch muß mit einer Haupttonsilbe zusammenfallen.[18]

12.4 Zusammenhänge zwischen Akzent, Tonhöhe und Intonation.

Schon zu Beginn von Abschnitt 12 haben wir Wert auf die Feststellung gelegt, daß wir solche unter dem Begriff Akzent subsumierte Erscheinungen wie Druckstärke, Tonhöhe, Dauer (Quantität) und Qualitätsveränderungen einerseits und die Tonhöhenbewegung (Intonation) andererseits nur zum leichteren Verständnis getrennt beschreiben. In der Realität des Sprachvollzugs wirken die zum Akzent gehörenden Erscheinungen unter sich und auch diese mit der Intonation untrennbar zusammen. Eigentlich braucht man Kenntnisse über den Akzent, um die Intonation zu verstehen, und Kenntnisse über die Intonation, um den Akzent zu verstehen. Im hier folgenden Abschnitt soll versucht werden, das Dilemma dadurch teilweise zu überwinden, daß die Zusammenhänge zwischen den angeführten Erscheinungen so weit erhellt werden, wie es ohne tieferen Einblick in die Intonation möglich ist. Für Zweifelsfälle verweisen wir auf Abschnitt 14.

12.4.1 Wortakzent – Tonhöhe – Intonation

Im Einklang mit der gängigen Praxis der meisten Publikationen sind wir bisher von einem Akzentsystem ausgegangen, das nur drei Stufen unterscheidet: Hauptakzent (Hauptton); Nebenakzent (Nebenton); Akzentlosigkeit

[18] O'CONNOR empfiehlt zum Üben das gleichmäßige Zählen, etwa bis 20, wobei die mehrsilbigen Zahlwörter entsprechend zusammengedrängt gesprochen werden müssen (vgl. J. D. O'CONNOR ²1963: 9 f).

(Schwachton). Dieses System hat den Vorteil, daß der Lernende es in den meisten Nachschlagewerken, z. B. in den Aussprache-Wörterbüchern von D. JONES und J. W. LEWIS, wiederfindet.

Dazu sagt jedoch ANDRÉ MARTINET: „Tatsächlich aber reicht die Unterscheidung zwischen einem Haupt- und einem Nebenakzent nicht für eine erschöpfende Beschreibung des Akzentsystems der betreffenden Sprachen aus, denn es gibt theoretisch in einem zusammengesetzten Wort ebensoviele distinkte Akzentuierungsgrade wie nacheinander angefügte Elemente: **Wachsfigur** hat einen Hauptakzent auf **Wachs-** und einen Nebenakzent auf **-gur,** aber die Anfügung eines dritten Elements in **Wachsfigurenkabinett** bringt einen Akzent auf **-nett** hinzu, der zwischen dem Hauptakzent von **Wachs-** und dem weniger deutlichen von **-gu-** liegt" (A. MARTINET 1963: 83). Wir haben auf die Möglichkeit solcher feineren Unterscheidungen schon in Abschnitt 12.1 hingewiesen.

Im Englischen ist besonders die Unterscheidung zwischen schwach betonten Silben, in denen die Vokalqualität erhalten bleibt, einerseits und schwach betonten Silben, in denen der Vokal (zu /ə/) abgeschwächt wird, andererseits möglich und nützlich. Die beiden Wörter **shortened** und **shorthand** haben nach dem gängigen System die gleiche Akzentverteilung, nämlich: Hauptton auf der ersten und Schwachton auf der zweiten Silbe. Es kann aber nicht übersehen werden, daß die Silbe **-tened** eine schwächere Akzentuierung hat als die Silbe **-hand.** Nur durch die stärkere Akzentuierung von **-hand** ist es auch gewährleistet, daß das /h/ nicht untergeht (→ Abschnitt 10.4).

R. KINGDON würde daher der Silbe **-hand** einen *partial stress* zusprechen und sie mit einem *low level tone mark* (.) bezeichnen: **ˈshort.hand** (aber: **ˈshortened**).[19] Diese Mar-

[19] KINGDON begründet das besonders als Hilfe für den Ausländer, der Englisch lernen will: "While it may be argued that it is not essential to mark partial stress, it must be admitted that it is extremely advisable to do so in texts intended for the foreign student of English, as they provide him with a much-needed indication of where *not* to use a weak vowel" (KINGDON 1958b: 6).

kierung (ˌ), die im gängigen Akzentuierungssystem für den Nebenakzent gebraucht wird, fügt sich sinnvoll in das besondere System ein, wie Kingdon es in seinen beiden Büchern *The Groundwork of English Intonation* (1958a) und *The Groundwork of English Stress* (1958b) darlegt.

Sein Hauptanliegen ist es, schon bei der Akzentsetzung den engen Zusammenhang zwischen Akzent, Tonhöhe und Intonation wenigstens ansatzweise sichtbar zu machen. In jeder Äußerung, ob Wort oder Satz, gibt es eine hauptsächlich akzentuierte Silbe, die eine Tonhöhenbewegung hat. Sie ist der wesentlichste Bedeutungsträger in einem Satz und befindet sich meist am Ende einer solchen Sinngruppe. Oft handelt es sich um die letzte betonte Silbe einer Sinngruppe. Wie wir in Abschnitt 12.2 über den Satzakzent gesehen haben, kann sich diese Hauptakzent-Silbe *(primary stress syllable)* aber je nach der relativen Wichtigkeit von Aussage-Teilen oder durch eine emphatische Hervorhebung verschieben. Diese Hauptakzent-Silbe nennen wir bei der Darstellung der Intonation den *Nucleus* (→ Abschnitt 14.4). Sie trägt, nach Kingdon, den *kinetic tone.*

Jedes Wort hat, wenn man es isoliert betrachtet, eine bestimmte Aussprache (lexikalische Aussprache) und ein bestimmtes Akzentschema (lexikalischer Akzent); beide können sich in einer längeren Äußerung ändern. Im lexikalischen Akzentschema hat der die Tonhöhenbewegung tragende Hauptakzent *(kinetic tone)* stets eine fallende Richtung. Daher bezeichnet Kingdon ihn mit einer von links nach rechts fallenden Markierung (ˋ). Davor liegende Akzente, die im gängigen System am unteren Zeilenrand markiert werden, tragen bei Kingdon einen senkrechten Strich am oberen Zeilenrand: **uˈtiliˋtarian.**

In der Kette von Sprechsilben stoßen Silben mit Haupt- und Nebenakzent fast nie aneinander; zwischen ihnen liegen immer eine oder mehrere schwach betonte Silben: **uˈtiliˋtarian, ˈinterdeˈnomiˋnational.** Schwach betonte Silben dagegen, deren Vokal nicht zu /ə/ abgeschwächt ist und denen Kingdon daher einen *partial stress* zuspricht, können wie alle anderen schwach betonten Silben direkt vor oder nach einem *kinetic tone* erscheinen: **ˌviˋbration** *(pre-kinetic);* **ˋreˌcord** *(post-kinetic).*

Ein Vergleich der Notationssysteme von D. Jones und R. Kingdon kann die Unterschiede in der Akzentsetzung im Bereich der von Kingdon sogenannten lexikalischen Aussprache von Wörtern (Wortakzent) verdeutlichen:

	D. Jones	R. Kingdon
1	**ˌphotoˈgraphic**	**ˈphotoˋgraphic**
2	**inˌtensifiˈcation**	**inˈtensifiˋcation**
3	**ˌindiˌviduˈality**	**ˈindiˈviduˋality**
4	**barˈbarian**	**ˌbarˋbarian**
5	**ˈforeword**	**ˋforeˌword**
6	**ˈforward**	**ˋforward**

Um die beiden Systeme klar gegeneinander abzusetzen, zeigen wir auch Beispiele, die sich nicht bei Kingdon finden, die wir aber nach Kingdons System akzentuieren. Nach Kingdons Notation zeigen die Beispiele 1 und 2 je einen *static tone* (siehe unten) und einen *kinetic tone;* Beispiel 3 hat zwei *static tones* und einen *kinetic tone;* Beispiel 4 hat einen *pre-kinetic low level tone* (mit *partial stress)* und einen *kinetic tone;* Beispiel 5 hat einen *kinetic tone* und einen *post-kinetic low level tone* (mit *partial stress);* Beispiel 6 hat nur einen *kinetic tone* und eine Schwachtonsilbe. Die Beispiele 5 und 6 zeigen auch, daß der Akzent nicht immer nur Kontrastfunktion hat: bei **foreword** und **forward** (und bei **shorthand** und **shortened**) hilft der Akzent, die Opposition deutlich hervortreten zu lassen. (Bei den in Abschnitt 12.1.5 besprochenen Fällen (Wortklassen-Unterscheidung durch Akzent) ist es die Akzent*stelle,* welche die Opposition markiert.)

12.4.2 Satzakzent – Tonhöhe – Intonation

Beim Übergang von isolierten Wörtern zu längeren Äußerungen unterscheidet Kingdon *stress-groups* (betonte Silbe mit den dazugehörigen schwach betonten), *sense-groups* und *tone-groups.* Wir übernehmen einen Teil eines Beispieltextes, um das zu zeigen (KINGDON 1958a: 161 ff). Dabei ändern sich die Akzentarten gemäß der zunehmenden Berücksichtigung des Redeflusses:

- **The ˈstressed / ˈsyllables / do ˈnot / ˈall / ˈoccupy / the ˈsame / ˈrelative / poˈsition / in theˈgroup:** *9 stress-groups*
- **The ˈstressed ˌsyllables / do ˈnot ˈall ˌoccupy / the ˈsame ˈrelative poˈsition in the ˈgroup:** *3 sense-groups.*
- **The ˈstressed ˈsyllables do ˈnot ˈall ˌoccupy the ˈsame ˈrelative poˈsition in the ˋgroup** : *1 tone-group.*

In einer zusammenhängenden Äußerung bilden alle vor dem *Nucleus* liegenden Akzente eine gleichmäßig und wellenförmig von oben nach unten abfallende Tonhöhenbewegung, wie wir das weiter unten (→ Abschnitt 14.7) bei der Behandlung der Intonation an einem Beispiel sehen können: **ˈWhy ˌcan't you ˈturn the ˈraˌdio ˋdown a ˌbit?** Erst auf der letzten hauptbetonten Silbe **(down)** erscheint hier der *Nucleus* mit der Tonhöhenbewegung. Die davorliegenden Akzente nennt Kingdon *static tones,* da sie zwar eine größere Druckstärke haben als die dazwischenliegenden schwach betonten Silben, ihre Tonhöhe aber dort statisch festliegt, wo sie im natürlichen Verlauf dieses Teiles des Satzes (den wir *Head* nennen) zu liegen kommt.

KINGDON sagt über diese *static tones:* "It may therefore be said that from the stress point of view they are prominences, but that from the intonational point of view they make no contribution to the meaning or feeling of the utterance" (KINGDON 1958b: 2). Obwohl unser Beispiel nicht einem der beiden Bücher Kingdons entnommen ist, kann man annehmen, daß er den Silben **ˌcan't, -ˌdio** (von **radio**) und **ˌbit** je einen *low level tone* mit *partial stress* geben würde. Es mag aber auch sein, daß er die Silbe **-dio** im Satzverband als vollständig abgeschwächt einstufen und ohne *stress mark* notieren würde.

Kingdons Akzentbeschreibung ist dem Gegenstand relativ adäquat und explanativ wertvoll. Sie läßt die unlösbaren

Zusammenhänge zwischen Akzent im engeren Sinne (Druckstärke), Tonhöhe und Intonation (Tonhöhenbewegung) deutlich werden. Gleichzeitig zeigt sie, daß es auch bei den schwachtonigen Silben zwei unterscheidbare Stufen gibt. Allerdings macht auch KINGDON eine Einschränkung, die man beachten muß, um nicht irregeführt zu werden: er benutzt für den *kinetic tone* durchweg das Zeichen [ˋ] auch wenn er in längeren vollständigen Äußerungen *(complete utterances)* über die lexikalische Aussprache hinausgeht. (Er betont, daß auch ein Wort eine *complete utterance* sein kann und daß daher die lexikalische Aussprache wichtig ist.)
Der *Nucleus* kann aber nicht nur fallend, sondern auch steigend sein. Genauer gesagt: wir unterscheiden (in Abschnitt 14.6 ff) sechs verschiedene Tonbewegungen *(tunes)* auf dem *Nucleus*. Kingdon: "In order not to confuse the reader with differences in intonation while he is concentrating upon stress, only one kinetic tone mark will be used in the present work ..." (Kingdon 1958b: 3).
Der Vorteil, im Rahmen des Satzakzents den Nucleus zu markieren und damit die enge Korrelation zwischen Akzent und Intonation herauszustellen, zeigt sich immerhin auch, wenn sich im satzübergreifenden Zusammenhang die Nucleus-Stelle dadurch verschiebt, daß bei gleichbleibendem *Thema* ein neues *Rhema* auftritt (→ Abschnitt 12.2.5): es handelt sich dabei um eine Verlagerung des Nucleus auf den neuen Informationsträger.

12.4.3 Die neue Akzent-Notation von J. W. Lewis

Die von J. W. LEWIS neu ins OALD aufgenommenen Vokalzeichen in der Lautschrift haben wir in Abschnitt 3.2 eingehend besprochen. Was seine veränderte Akzent-Notation anbelangt, so beruft er sich ausdrücklich auf KINGDON, und daher soll an dieser Stelle nach der Beschreibung von KINGDONS System darauf eingegangen werden. LEWIS' neue *stress notation* hat einen *tonetic stress* in der *angled* Form (**begin** [bɪˋgɪn]) und einen hochgesetzten *level tone* als *secondary stress* vor dem *tonetic* (**artificial** [ˈɑtɪˋfɪʃl]). Er erklärt dazu: "The marks for these two stress types were adopted from the set of 'tonetic' stress marks developed by Mr. Roger Kingdon. They have the advantage of visually distinguishing the more important tonic stress sign from the sign for subordinate stresses. Its being angled, and thus occupying slightly more space horizontally, usefully helps to emphasise its great importance. Professor Gimson informs me that he wishes to adopt a simpler notation for stress when the EPD is next re-set" (LEWIS 1972: XVIII).

Wahrscheinlich hat LEWIS auch an KINGDONS oben zitierte Feststellung gedacht, daß die Markierung des *partial stress* dem Ausländer einen dringend gebrauchten Hinweis auf schwach betonte Silben gebe, wo im Gegensatz zur großen Mehrzahl der Fälle keine Abschwächung des Vokals stattfindet. Er selbst gebraucht für Lexikonzwecke KINGDONS Zeichen für den *partial stress* [ˌ] nicht. Man könnte aber vermuten, daß er für genauere Notationen den Platz am unteren Zeilenrand freihalten wollte. Der von Kingdon angesprochene Aussprachefehler ist bei Ausländern tatsächlich häufig anzutreffen. Jeder Englischlehrer kann das Vorhandensein dieser Fehlerquelle bestätigen; z. B. werden seine Schüler bzw. Studenten beim Übergang von *to record* [riˋkɔːd] zu **the record** [ˋreˌkɔːd] fast immer auf die falsche bzw. seltene (teil-amerikanische) Aussprache *[ˋrekəd] verfallen.

Trotzdem gilt der Wert der dreifachen Akzent-Notation mit Einschluß des *Partial Static Stress* in erster Linie für ein Buch wie das von KINGDON wo die Notationen – von wenigen Ausnahmen abgesehen – in die orthographische Schrift eingetragen sind. Im Falle von Lautschrift kann der aufmerksame Lernende natürlich sehen, ob ein Vokal reduziert ist oder nicht.

Das dürfte wohl auch der Grund sein, warum man in den meisten Wörterbüchern von einer solchen Notation mit drei Akzent-Zeichen abgesehen hat. Auch LEWIS bekennt sich ausdrücklich zu möglichst weitgehender Vereinfachung bei den gesamten Lautschriftzeichen. Sowohl JONES-GIMSON, als auch LEWIS verwenden nur zwei Zeichen.

Beim Vergleich zweier Beispiele zeigt sich, daß die Neuerung bei Lewis nur im Hochsetzen der beiden Markierungen und im Schrägsetzen der Hauptton-Markierung besteht. Die mit einem *partial stress* verbundene Nicht-Abschwächung eines Vokals unmittelbar vor der Haupttonsilbe wird nur bei Kingdon angezeigt: *Low Level Tone* bei **orthography.**

	Kingdon	Jones-Gimson	Lewis
orthographic	⟨ˑɔːθəˈgræfik⟩	⟨ˌɔːθəuˈgræfik⟩	⟨ˑɔθə`græfɪk⟩
orthography	⟨ˌɔː`θɔgrəfi⟩	⟨ɔːˈθɔgrəfi⟩	⟨ɔ`θogrəfɪ⟩

Der Vorteil der Lewisschen Markierung besteht also eigentlich nur darin, daß an die tonetische Qualität der Haupttonsilbe und an den Zusammenhang mit der Intonation bei einer längeren Äußerung erinnert wird: die Haupttonsilbe entspricht dem Nucleus in einem Satz. Der Wert des schräggestellten Zeichens wird aber dadurch herabgemindert, daß damit nur eine von mehreren Tonbewegungen symbolisiert wird, die in zusammenhängender Rede vorkommen können. Im allgemeinen unterscheiden wir vier bis sechs davon, und dieses Zeichen stünde für einen fallenden Ton. Auch Kingdon war sich dieser Vereinfachung, die umstritten sein könnte, bewußt.

Das zeigt seine oben (in Abschnitt 12.4.2) zitierte Erklärung daß er nur eine der möglichen Tonhöhenmarkierungen gebrauche, um den Leser, der sich zunächst auf *stress* und noch nicht auf *intonation* konzentrieren soll, nicht zu verwirren.

Der schräg gestellte Strich ist also hauptsächlich sinnvoll in Kingdons System, um die senkrechten Striche oben und unten für andere Informationswerte freizuhalten. Mit der Tonbewegung, die so angezeigt ohnehin nur eine von mehreren darstellt, haben die Lernenden kaum Schwierigkeiten. Im Gegenteil: wenn man große

Genauigkeit anstrebt, kann dieser schräge Strich eher irreführend sein. Es lohnt sich also kaum, den gravierenden Nachteil in Kauf zu nehmen: das Zeichen für den Hauptton, das für einen hohen Prozentsatz von Wörtern als einziges Akzentzeichen in Frage kommt, kann man dann nicht wie bisher als Apostroph mit der Schreibmaschine einsetzen. Dem Einwand, daß der Strich für den *secondary stress* am unteren Zeilenrand weniger gut lesbar sei, kann man nicht zustimmen. Er setzt sich deutlich vom *main stress* ab.

Im übrigen kommt man mit dem schrägen Strich bei in Lautschrift wiedergegebener *zusammenhängender Rede* in Schwierigkeiten. Entweder man ersetzt ihn dann wieder durch einen neutralen senkrechten Strich, oder man macht nähere Angaben zur Satz-Intonation, z. B. für sechs verschiedene *Tones* oder *Tunes,* wie sie auch das IPA vorsieht:
ˊ*(high rising);* ˏ*(low rising);* ˋ*(high falling);* ˎ*(low falling);* ^ *(rise-fall);* ˇ *(fall-rise)*. (Vgl. dazu GIMSON ²1972: 305. Diese Zeichen werden auch in O'CONNOR/ARNOLD ²1963 gebraucht).

Bei der für das Lexikon angemessenen einfachen Markierung mit zwei Akzentzeichen empfiehlt es sich daher, auf den Hinweis auf die Tonbewegung zu verzichten und es bei der bisherigen Notation nach dem EPD zu belassen.

A11 AUFGABE 11

Akzent und Rhythmus

Die Aufgabe 11 stellt eine Zusammenstellung aus Übungen dar, wie Sie sie in großer Zahl bei W. ST. ALLEN (1965) finden. Wir haben drei verschiedene Satzakzent-Muster in einer Aufgabe vereinigt. Die kleinen Kästchen der Muster stellen schwach betonte, die großen stark betonte Silben dar. Es ist Ihre Aufgabe, die Sätze laut zu lesen, die stark betonten Silben durch hochgestellte Akzentstriche vor der Silbe festzulegen und hinter dem Satz die Zahl des entsprechenden *stress pattern* zu vermerken. Bitte denken Sie beim lauten Lesen an die gleichmäßigen Zeitabstände zwischen den stark betonten Silben und an die dadurch bedingte Zusammendrängung der schwach betonten.

Which of the following Key Patterns apply to the following sentences?*

* "n't" counts as a syllable

(1) ▫ □ ▫ ▫ □ ▫ ▫ □ ▫ ▫

(2) ▫ □ ▫ □ ▫ □ ▫ □

(3) ▫ □ ▫ ▫ □ ▫ ▫ □ ▫ ▫ □

1. He says that he wants us to take it away.
2. I like to sit down with a good cigarette.
3. I wonder if David has heard of it?
4. I always like a cup of tea.
5. He played us a tune on the gramophone.
6. I wanted to finish my library book.
7. I know you didn't mean to hurt.
8. I can't forget the things he said.
9. It won't be the first time I've gone without lunch.
10. He did his best to save the child.
11. That's nothing to do with the argument.
12. I ought to have sent her a Christmas card.
13. A woman has fallen and broken her leg.
14. A glass of beer is what I need.
15. You ought to know the way by now.
16. Now what have I done with my handkerchief?
17. They said they had to leave at once.
18. I shouldn't have thought he could get here in time.
19. Whenever you can you must visit us.
20. I told him not to go away.
21. He left the room without a word.
22. A friend of mine's married a girl from abroad.

23. She promised to carry it carefully.
24. I see he's forgotten to leave his address.
25. I never say no to a hot cup of tea.
26. Apply for a post as a lecturer.
27. We ought to be grateful we haven't to pay.
28. He has to go to work at eight.
29. Remember to get me another one.
30. You know that we ought to discuss it today.

Adapted from W. St. Allen, *Living English Speech,* London 1965, 1. Aufl. 1954.

13. Transkription IV

J. D. O'CONNOR teilt in der Einleitung zu seinem Übungsbuch *New Phonetic Readings* (1948: 5 f.) die vielen Aussprachearten, die beim Sprechen verschiedener Sprecher in unterschiedlichen Situationen möglich sind, in vier hauptsächliche Stiltypen *(styles of pronunciation)* ein und gibt zur Erläuterung den Beispielsatz **He cannot come until six o'clock** in den vier Aussprachevarianten:

Declamatory	hiː	ˈkænɔt	ˈkʌm	ʌntil	ˈsiks	əuˈklɔk.
Formal Colloquial	hiː	ˈkænət	ˈkʌm	əntil	ˈsiks	ɔˈklɔk.
Colloquial	iː	ˈkɑːnt	ˈkʌm	til	ˈsiks	əˈklɔk.
Familiar	iː	ˈkɑŋ	ˈkʌm	tl	ˈsiks	əˈklɔk.

Daß z. B. das Vollverb und das Zahlwort unabgeschwächt erhalten bleiben, entspricht dem, was wir in Abschnitt 12.2.2 darüber gesagt haben. Die Strukturwörter werden in dem Maße abgeschwächt, wie die Sprechweise schneller und beim Gespräch im vertrauten Kreis weniger sorgfältig wird. Dabei ergeben sich Elisionen (z. B. [kɑːnt], [tl]) und Assimilationen (z. B. [ˈkɑːŋ ˈkʌm]). Wie wichtig diese Abschwächungen sind, geht aus der Tatsache hervor, daß im normalen Sprechstil fast immer **can't** und nur selten **cannot** gebraucht wird.

A12 AUFGABE 12

Die Übergänge zwischen den hier genannten vier Typen sind natürlich fließend. Der *Declamatory Style* dient hier nur zu Demonstrationszwecken. Der Übergang von *Formal Colloquial* über *Colloquial* zu *Familiar* soll dagegen in Aufgabe 12 geübt werden. Umschreiben Sie also den kurzen Text zuerst im *Formal Colloquial* und dann nochmals im *Familiar Style.*

M: I must be going home now.
G: Don't leave me alone. – I feel depressed.
M: You were screaming for peace just now. – I'll be here first thing in the morning.
G: I wish you were comimg with me. – I shall be utterly lost with some dreary temporary African.
M: Is Liz coming to the station?
G: No.
M: Why don't you go round and see her?
G: You know perfectly well. She's still in a rage. I haven't seen her for a week.

M: I must be going home now.
G: Don't leave me alone. – I feel depressed.
M: You were screaming for peace just now. I'll be here first thing in the morning.
G: I wish you were coming with me. – I shall be utterly lost with some dreary temporary African.
M: Is Liz coming to the station?
G: No.
M: Why don't you go round and see her?
G: You know perfectly well. She's still in a rage. I haven't seen her for a week.

From *Present Laughter* by NOEL COWARD. Adapted from J. D. O'CONNOR, *New Phonetic Readings*, Bern 1948, p. 51.

FORMAL COLLOQUIAL

FAMILIAR

14. Intonation

Am schwersten greifbar und beschreibbar von allen Elementen, die als Bestandteil einer Sprache eine Rolle spielen, ist die Intonation, und die Geschichte ihrer Erforschung ist deswegen relativ jung. Dabei kann sie die objektiv feststellbare Bedeutung einer Mitteilung erheblich modifizieren.

D. Jones' bekannte Darstellung von fünf verschiedenen Intonationskurven des Wortes **yes** mit fünf verschiedenen Bedeutungsnuancen ist dafür aufschlußreich. Er sagt dazu: "Intonations in language have meanings which are superposed on the dictionary meanings of the words uttered. They may convey subtle shades of meaning which could only be expressed by words in a cumbrous manner, if at all" (1956: 277).

14.1 Die Leistung der Intonation im Kommunikationsprozeß

Wenn man sich die ungeheure Vielfalt und Spannweite seelischer Regungen und innerer Einstellungen zum Gesprächspartner und zu dessen Mitteilungen vorstellt und sich klarmacht, daß sehr vieles davon auf dem Wege über die Intonation laufend in die Kommunikation mit einfließt, so ist die Frage verständlich, ob und wie man denn überhaupt Intonation allgemein und unterschiedliche Intonationsarten verschiedener Sprachen einigermaßen systematisch beschreiben und darstellen könne.

Demgegenüber muß man sich zweierlei vor Augen halten. Erstens sind alle diese aus der inneren Haltung des Sprechers resultierenden Schattierungen nur Zugaben zu den *"dictionary meanings"*, die, von seltenen Extremfällen abgesehen, unverändert gültig bleiben. So bedeutet **yes** stets eine – und sei es auch noch so zögernde oder eingeschränkte – Bejahung oder Zustimmung. Die Intonation verkehrt es nicht in **no.** Zweitens kann ja die zu übermittelnde und die *speaker's attitude* ausdrückende Zusatzbedeutung im Kommunikationsprozeß vom Gesprächspartner nur dann richtig „aufgefaßt" werden, wenn dieser die gleichen gängigen Intonationsmuster *(intonation patterns)* und alle möglichen Abwandlungen mit den damit verknüpften Bedeutungsschattierungen kennt und kompetent beherrscht, d. h. diese *patterns* müssen Bestandteil des in der Kompetenz der Mitglieder der Sprachgemeinschaft verankerten gemeinsamen Codes sein.

Daraus erhellt schlagartig, welche Bedeutung der Beherrschung dieser Intonationsmuster mit ihren modifizierenden Nuancierungen zukommt: der Muttersprachensprecher hat sie „im Griff", der Ausländer muß sie lernen! O'Connor/Arnold sagen im Einleitungskapitel zu ihrem wichtigen Buch, daß z. B. die einfache Aussage **Thank you** von einem Ausländer unbeabsichtigt in einer Weise intoniert werden könnte, die für den Gesprächspartner überraschend und fast schockierend wirken würde. Und die Autoren sprechen dazu eine deutliche Warnung aus: "This is very important – English speakers are able to make a good deal of allowance for imperfect sound-making, but being for the most part unaware of the far-reaching effects of intonation in their own language, they are much less able to make the same allowance for mistakenly used tunes" (1961: 2).

14.2 Intonation mit Akzent und Rhythmus

Wir haben schon zu Beginn von Abschnitt 12 betont, wie eng Intonation mit Akzent und Rhythmus verknüpft ist und wie eine dieser Erscheinungen immer nur rein theoretisch ohne die anderen betrachtet werden kann. Jede Akzentuierung im Ablauf der rhythmischen Variation besteht außer aus relativer Druckstärke aus einem Tonhöhenunterschied gegenüber den umgebenden Elementen. Und die Intonation ist die Aneinanderreihung solcher Tonhöhenunterschiede. Die kleinsten unterscheidbaren Einheiten dabei sind die Sprechsilben, nicht etwa die Laute.
Dabei nutzt der Sprecher seinen Stimmumfang von rund zwei Oktaven in ruhiger, neutraler Rede nur zum Teil, in erregter, emphatischer Rede jedoch manchmal voll aus.

Er kann dabei größere Tonhöhen und -tiefen als mit seiner Singstimme erreichen.

14.3 Literaturhinweise

Wir müssen hier auf die Darstellung der Geschichte der Erforschung der englischen Intonation und auf die Wiedergabe der verschiedenen Notationssysteme verzichten, die alle ihre Vor- und Nachteile haben. Wichtige Namen auf dem Wege der Entwicklung, die gegen Ende des 19. Jahrhunderts begann, sind HENRY SWEET, DANIEL JONES, KLINGHARDT, HAROLD E. PALMER. Aus den Vorarbeiten dieser Autoren erwuchsen die heute gebräuchlichen Lehrbücher von ARMSTRONG/WARD ²1949 (1. Aufl. 1926) (zwei Mitarbeiterinnen von D. JONES), MARIA SCHUBIGER 1958, ROGER KINGDON 1958, O'CONNOR/ARNOLD 1961, W. STANNARD ALLEN ²1965 (1. Aufl. 1954) und für das amerikanische Englisch KENNETH L. PIKE 1945. Kürzere Darstellungen finden sich bei GIMSON 1972, ARNOLD/HANSEN 1968, E. GERMER 1970, SCHERER/WOLLMANN 1972.

14.4 Notationssystem

Wir benutzen hier das Notationssystem, das u.a. O'CONNOR/ARNOLD gebrauchen. Es ist praktisch und hat sich weitgehend durchgesetzt: zwei waagerechte Linien, die den Stimmumfang symbolisieren, dicke Punkte für betonte, dünne für schwach betonte Silben, Bögen aufwärts oder abwärts für Gleitbewegungen innerhalb einer Silbe. Der Nachteil dieser tonetischen Transkription ist, daß sie die Silben als isolierte Einheiten erscheinen läßt. Verbindet man aber diese durch wellenförmige Linien, so erschwert das den Druck und verhindert die wichtige Herausstellung der Gleitbewegung im Nucleus, d. h. auf der letzten betonten Silbe der Tongruppe. Bei den kurzen Sätzen, die hier vorwiegend besprochen werden, fällt die Sinneinheit *(sense-group)* mit der Tongruppe *(tone-group)* zusammen. Zusammenfassend unterscheiden wir sechs Tongruppen und nennen sie *tunes*. (O'CONNOR/ARNOLD differenzieren zwischen dem gesamten Tonverlauf einer *sense-group,* den sie *tune* nennen und der Tonbewegung auf dem Nucleus, die sie *nuclear tone* nennen). Um die *tone-group* zu gliedern, unterscheiden wir 4 Teile:

- Die schwachbetonten Silben vor der ersten betonten nennen wir *Pre-head.*
- Den mittleren Teil vor der ersten betonten Silbe bis zur Silbe unmittelbar vor der letzten betonten, nennen wir *Head.*
- Die letzte betonte Silbe ist der *Nucleus.*
- Alle danach kommenden Silben werden *Tail* genannt.

Eine auch nur annähernd umfassende Behandlung der englischen Intonation ist in unserem Rahmen unmöglich. Deshalb soll, bevor die englische Intonation vereinfachend in drei Lernschritten dargestellt wird, auf die Hauptunterschiede zwischen der deutschen und der englischen Intonation hingewiesen werden. Der Lernende weiß dann von vornherein, worauf er sein besonderes Augenmerk und seine Übungsenergie richten muß.

14.5 Deutsche und englische Intonation

14.5.1 Gemeinsamkeiten

Die englische Stimmführung innerhalb einer *tone-group* ist in ihrer Gesamttendenz fallend, und das hat sie mit der deutschen gemeinsam. Die hauptsächliche Aussagekraft liegt auf der Tonbewegung am Schluß. Auch das ist im Englischen und Deutschen gleich. Der strenge und sachliche Charakter einer Aufforderung mit fallendem Schluß kann oft in beiden Sprachen durch einen steigenden Schluß in einen höflichen und verbindlichen Eindruck verwandelt werden; das läßt sich nachprüfen, indem man einen Satz zuerst mit fallendem und dann mit steigendem Schluß spricht: **Komm mal hierher. – Come over here**[20]. Diese

[20] Auch bei QUIRK et al. findet sich ein Hinweis darauf: “The absence of dogmatic finality in the rise enables us to make an imperative gentle and persuasive” (QUIRK, GREENBAUM, LEECH, SVARTVIK 1973: 1045).

grundsätzliche Ähnlichkeit der Intonation im Englischen und im Deutschen bedeutet eine Lern-Erschwernis; denn es wird dadurch umso schwieriger sich in Einzelheiten von der gewohnten Stimmführung zu lösen und die wesentlichen Besonderheiten der fremden Intonation zu übernehmen. Vielen Deutschen fällt es leichter, die ganz andere, nämlich in ihrer Gesamttendenz steigende Intonation des Französischen zu lernen.

14.5.2 Hauptunterschiede

Vergleichen wir einen englischen und einen deutschen Satz mit annähernd gleicher rhythmischer Variation von stark und schwach betonten Silben.

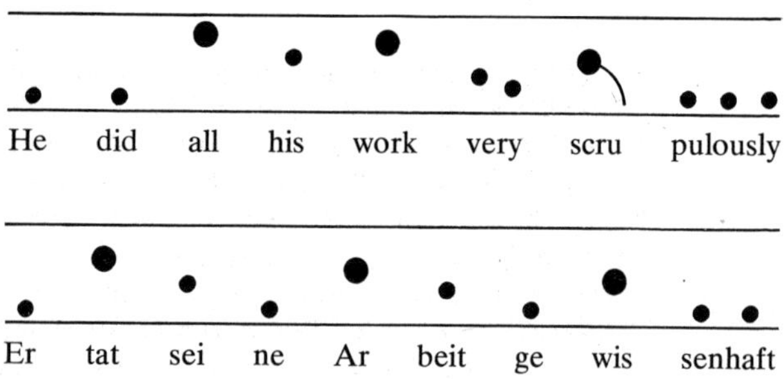

Die erste betonte Silbe liegt im Englischen höher als im Deutschen. Der Deutsche läßt die schwach betonten Silben zwischen den stark betonten abfallen und hebt so die betonten durch größere Tonhöhenunterschiede stärker heraus. Im Englischen sind die schwach betonten Silben sehr häufig zu [ə] oder [i] abgeschwächt. Das könnte uns zu der Annahme verleiten, im Englischen sei der Unterschied in Tonhöhe und Druckstärke zwischen stark und schwach betonten Silben größer als im Deutschen. Das Gegenteil ist der Fall. Im Englischen, wo, anders als im Deutschen, der Unterschied qualitativ, also durch Veränderung der Lautung, signalisiert wird, ist ein erheblicher Unterschied in Tonhöhe und Druckstärke nicht erforderlich. Die Tonkurve innerhalb des *Head* verläuft dementsprechend flacher als im Deutschen.

Unser englischer Beispielsatz zeigt, daß sich die schwach betonten im Rahmen der Tonhöhenspanne der sie umgebenden stark betonten Silben halten. Verbindet man die Punkte der ganzen Tongruppe, so ergibt sich eine sanfte Wellenlinie. In dem deutschen Satz fallen die schwach betonten Silben jedes Mal ab, so daß die Verbindungslinie in Zacken verläuft. Man spricht deshalb von der deutschen „Sägeblatt"-Intonation. Sie klingt im englischen Ohr abgehackt, weil es an die sanfte Wellenlinie gewöhnt ist. Trotzdem ist die gesamte Tonspanne von der ersten betonten Silbe bis zum Schluß im Englischen deshalb größer, weil, wie gesagt, die erste Haupttonsilbe höher einsetzt als im Deutschen.

Der sprunghaften Tonbewegung über die ganze *tone-group* hinweg im Deutschen entspricht es, daß die Stimme am Schluß nach der letzten Haupttonsilbe abrupt abfällt oder bei steigendem Schluß nach oben springt. Hier im *Nucleus* hat das Englische eine gleitende Tonbewegung. Dieses *gliding* an der für die Übermittlung der *speaker's attitude* wichtigsten Stelle ist das am meisten charakteristische Merkmal der englischen Intonation. Für Deutsche erscheint es fremdartig und schwierig. Gelingt dem Lernenden die gleitende Stimmführung im *Nucleus,* so fängt sein Englisch an, englisch zu klingen.

Merke Englische Stimmführung setzt mit der ersten Tonsilbe hoch ein und führt flach wellenförmig abwärts. Kein sprunghaftes Fallenlassen der schwach betonten Silben. Charakteristische Gleitbewegung auf der letzten Starktonsilbe.

14.6 Die Tunes in Wörtern

Den folgenden Ausführungen liegt im wesentlichen die Darstellung von O'CONNOR/ARNOLD (1961) zugrunde. Jedoch wird deren System hier stark vereinfacht und teilweise mit eigenen Beispielen für unsere Zwecke didaktisch aufbereitet.

Liest man in der einschlägigen Fachliteratur von fallender und steigender Intonation, so ist damit immer nur die Tonbewegung auf der letzten Rhythmusgruppe, auf *Nucleus* und *Tail* gemeint. Man geht davon aus, daß der fallende Tonverlauf im Bereich des *Head* mehr oder weniger gleichbleibend und bekannt ist.
Die zwei gegensätzlichen Tonbewegungen auf *Nucleus* plus *Tail* können, wenn man eine zu starke und damit lernerschwerende Auffächerung vermeiden will, zu sechs *Tunes* ausdifferenziert werden.
Wenn der Satz nur aus einem Wort besteht, so ist die betonte Silbe dieses Wortes der *Nucleus*. Um die sechs *Tunes* in ihrer Auswirkung auf Wörter mit einer, zwei und drei Silben zu zeigen, wählen O'CONNOR/ARNOLD (1961: 13) die Zahlen **Two, Twenty** und **Seventy.** Wir übernehmen das, geben aber jedes Mal eine Vorfrage und einen kurzen Nachsatz dazu, damit schon hier auf die mit dem jeweiligen *Tune* verbundene innere Einstellung des Sprechers zu seiner Aussage hingewiesen wird, und zwar in diesen Beispielen bei ganz gleichbleibender lexikalischer Bedeutung der Wort-Aussagen.

The Tunes in Words

1.	How many do you want?	
Low Fall	ˎTwo ˎTwenty ˎSeventy 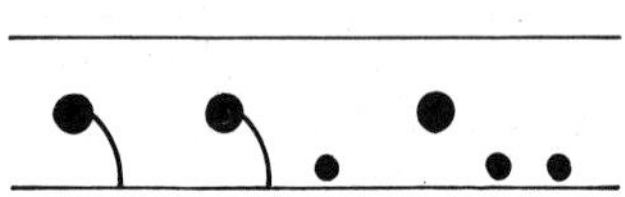	(will do)
2.	How many do you want?	
High Fall	ˋTwo ˋTwenty ˋSeventy 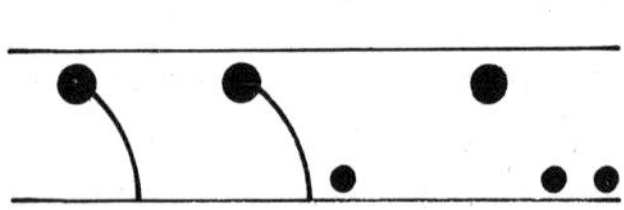	(you ought to know that by now)

3.	How many do you think I ought to take?	
Fall-Rise	ˇTwo ˇTwenty ˇSeventy 	(perhaps)
4.	How many do you want to take with you?	
Low Rise	ˏTwo ˏTwenty ˏSeventy 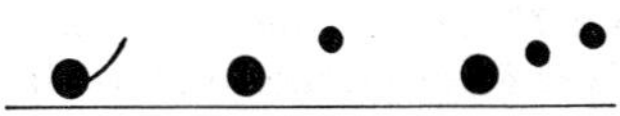	(if you have them ready)
5.	Have you got the required amount?	
High Rise	ˊTwo ˊTwenty ˊSeventy 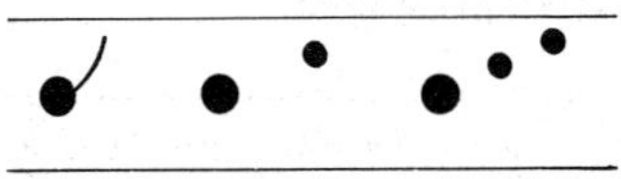	(But of course I have)
6.	Did you hear how many failed the exam?	
Rise-Fall	^Two ^Twenty ^Seventy 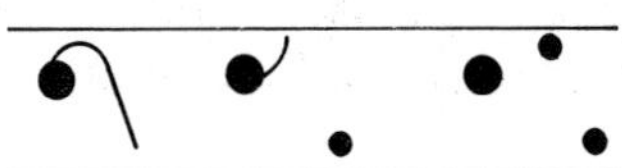	(and I'm not surprised)

● Beim *Low Fall* setzt die Stimme etwa auf der Mitte des beim ruhigen Sprechen benutzten Stimmumfanges ein und gleitet zum Tiefpunkt. Danach folgende schwach betonte Silben bleiben, selbst wenn sie einen Nebenton tragen, auf dieser tiefen Linie oder fallen noch weiter ab. Bei mehr als einer Nachsilbe verschwindet das *gliding* meist. Die Aussage mit *Low Fall* klingt endgültig, neutral und ruhig.

● Beim *High Fall* geschieht die Gleitbewegung von ganz oben nach ganz unten. Die Nachsilben halten den erreichten Tiefton. Die Aussage vermittelt mehr Anteilnahme oder Engagement des Sprechers.

● Der *Fall-Rise* ist eine für das Englische besonders charakteristische Tonbewegung, wie wir sie im Deutschen kaum kennen. Die Stimme fällt von ziemlich hoch bis ziemlich tief und steigt dann bis zu einer mittleren Tonhöhe an. Dieser Stimmverlauf kann sich gleitend auf zwei oder springend auf mehrere Silben verteilen. Es ist, als ob der Sprecher zu einer neutral-abgeschlossenen Aussage ansetzte, sie dann aber zu einem den Kommentar des Hörers ermöglichenden oder ihn warnenden Schwebeton umböge[22].

● Beim *Low Rise* hebt sich die Stimme vom Tiefton bis zu einer mittleren Höhe. Das geschieht bei einsilbigen Wörtern in einer gleitenden, bei mehrsilbigen eher in einer von Silbe zu Silbe springenden Tonbewegung. Diese verleiht jeder Aussage einen fragenden und damit meist freundlich entgegenkommenden Charakter.

● Beim *High Rise* setzt die Stimme statt unten in mittlerer Höhe an und geht gleitend oder springend bis zur höchsten Tonhöhe hinauf. (Wir übergehen die weitere Möglichkeit eines *Rise,* wo die Stimme unten ansetzt und bis zum oberen Rand des Sprechstimmen-Umfangs ansteigt. Vgl. dazu M. Schubiger 1958: 11; Anmerkung 1). Eine mit dem *High Rise* gegebene Antwort hat einen rück-

[22] Im Zusammenhang mit Kontrastsätzen wie **Are you ˏhappy? – No, I'm ˎunhappy** – die lexikalische Betonung wäre **unˈhappy** oder **ˈunˈhappy** – machen Quirk et al. auf den *Fall-plus-Rise* mit zwei Nuklei aufmerksam: "... it allows the speaker to express a double contrast. In the example contrasting **happy** and **unhappy (She seemed ˎunhappy to ˏme),** the two nuclei enable us to say (a) that she is **un**happy as opposed to happy, and (b) that this is **my** view as opposed to yours" (Quirk, Greenbaum, Leech, Svartvik 1973: 1046).

fragenden Ton der zweierlei bedeuten kann: „Meinen Sie das so?“ oder „Ist das nicht längst klar?“

● Die steigend-fallende Tonbewegung des *Rise-Fall* kann fast den ganzen Stimmumfang umfassen – eine für Deutsche ungewohnte Melodie. Sie kann sich auf mehrere Silben verteilen. Der Sprecher gibt sich beeindruckt, aber auch selbstsicher oder gar selbstgefällig und sarkastisch. Der Ton klingt unbeteiligt und wenig freundlich.

14.7 Die Tunes in Sätzen

Die nächstgrößere Einheit nach dem Ein-Wort-Satz wäre ein Satz, der mit mehreren schwach betonten Silben beginnt, dessen erste betonte aber auch schon die letzte betonte Silbe ist.

14.7.1 **Der Pre-head,** bestehend aus den Auftaktsilben, wird in diesem Falle unmittelbar vom *Nucleus* gefolgt. Unter den Silben im *Pre-head* kann eine durch Druckstärke, aber nicht durch Tonhöhe hervorgehobene Silbe sein. Beispiel mit *High Fall* nach Kingdon (1958a: 12):

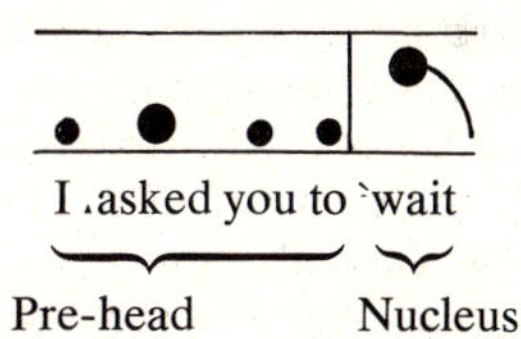

Dieser so gesprochene *Low Pre-head* kommt am häufigsten vor. Die Auftaktsilben können dabei auch leicht ansteigen. Sie können aber auch am oberen Rand liegen: dann haben wir einen *High Pre-head.* Unser Beispielsatz ließe sich mit *High Pre-head* und *Low Rise* sprechen:

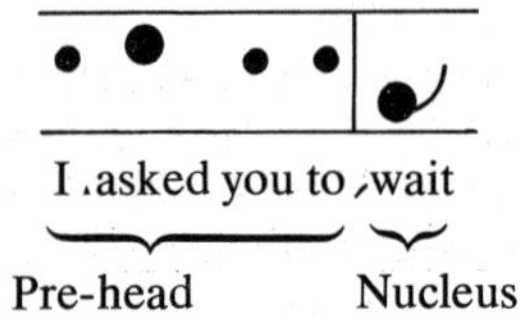

14.7.2 **Der Head**

Bei längeren Sätzen bilden alle Silben zwischen *Pre-head* und *Nucleus* den *Head*. (KINGDON unterteilt diese „Strecke“ in *Head* und *Body*). Geben wir in unserem Beispielsatz dem Wort **asked** nicht nur eine Hervorhebung (Druckstärke), sondern einen Akzent (Druckstärke plus Tonhöhenunterschied), so bildet es als erste akzentuierte Silbe den *Head* **“asked you to”** des Satzes:

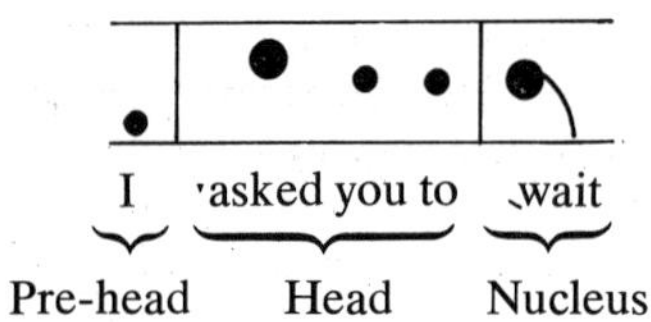

Die Silben des *Head* können am unteren Rand des normalen Stimmumfangs oder von dort aufsteigend liegen *(Low Head)*. Meist liegt die erste Haupttonsilbe ganz hoch, und die andern fallen schrittweise ab *(Stepping Head)*. Es gibt im Bereich des *Head* auch eine Tonbewegung, bei der zwar die stark betonten Silben eine schrittweise Tonsenkung zeigen, bei der jedoch die dazwischenliegenden schwach betonten Silben jedes Mal ein Stück weit abfallen

(Sliding Head). Das geschieht ähnlich wie in der deutschen Stimmführung, nur nicht sprunghaft, sondern mit wellenartigen Übergängen.
Die weitaus häufigste Kombination mit allen sechs *Tunes* im *Nucleus* ist die Folge *Low Pre-head/Stepping Head.*
Bitte sprechen Sie nun laut die Sätze aus dem Schema **The Tunes in Sentences** (Seite 216/217) nach den angegebenen Intonationsmustern.

14.7.3 Der Broken Tune

Es leuchtet ohne weiteres ein, daß bei längeren Sätzen der *Head* bald einen Umfang erreicht, der ein durchgehendes *stepping down* bis zum *Nucleus* unmöglich macht. In diesem Fall wird die schrittweise Abwärtsbewegung innerhalb des *Head* ein Mal oder mehrere Male wiederholt, d. h. die Stimme setzt bei einer Haupttonsilbe erneut am oberen Rand des Stimmumfanges ein und beginnt damit eine neue Abwärtsbewegung. *(Broken Tune* oder *Tune broken upwards)*. Bei einer gewissen mittleren Länge des *Head* ist sowohl ein eintöniger wirkendes gleichmäßiges Abwärtsschreiten, als auch ein lebendiger wirkender *Broken Tune* möglich. Folgt ein *Low Fall* oder ein *High Rise,* wo der *Head* auf mittlerer Tonhöhe enden muß, ist das für die Abwärtsbewegung zur Verfügung stehende Intervall ohnehin relativ gering. An einem nach W. S. Allen (1965: 45) adaptierten Beispiel läßt sich zeigen, wie ein Satz ohne und mit *Broken Tune* aussieht:

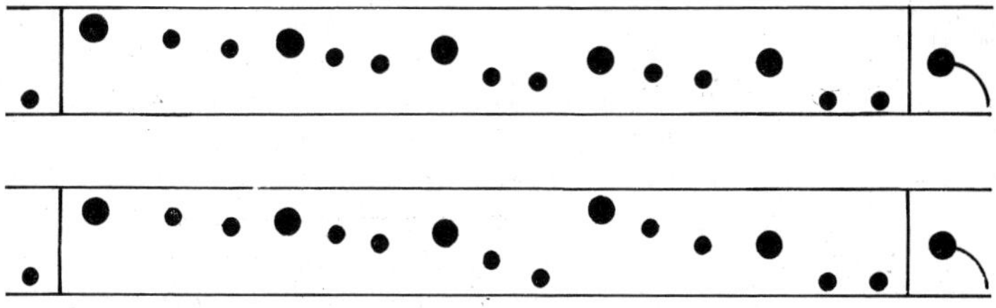

We ˈmanaged to ˈcarry the ˈboxes as ˈfar as the ˈend of the ˎstreet

The Tunes in Sentences

	Pre-head	Head	Nucleus	Tail
Low Fall		Who was he	tal-	-king to?
	He was just	talking to a man from the	dai-	-ry
High Fall		Why can't you turn the radio	down	(a bit)
	Be-	-cause I don't	want	to.
Fall-Rise	I	hope I don't have to	pay.	
	I'm		sorry,	[but you'll have to]

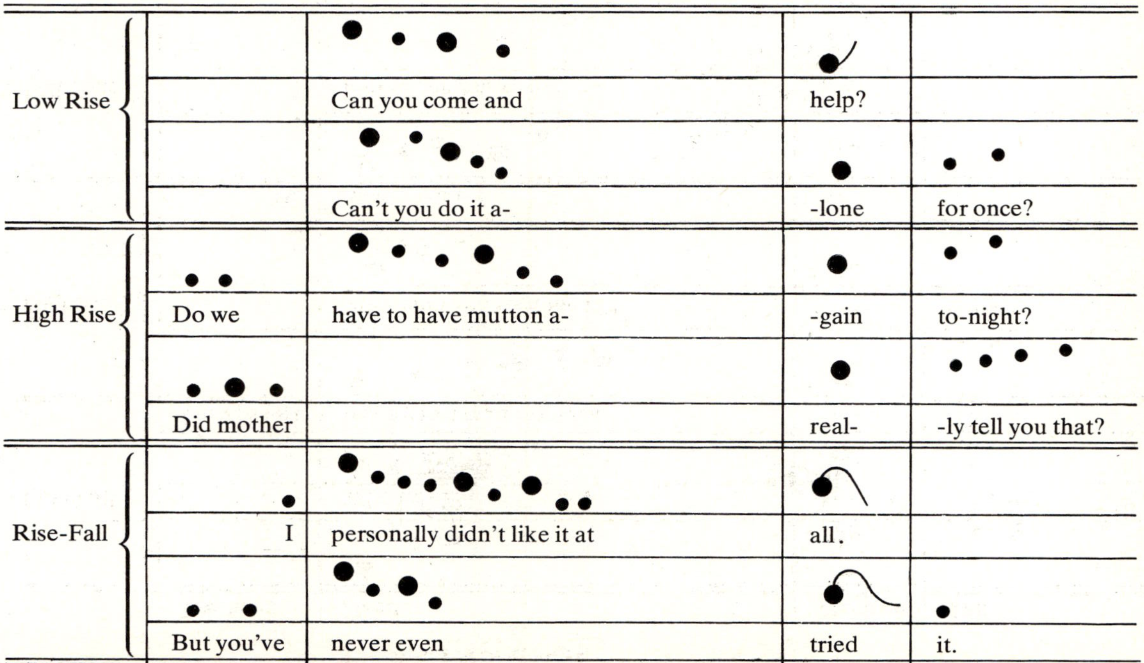
Low Rise
Can you come and
help?
Can't you do it a-
-lone
for once?
High Rise
Do we
have to have mutton a-
-gain
to-night?
Did mother
real-
-ly tell you that?
Rise-Fall
I
personally didn't like it at
all.
But you've
never even
tried
it.

Im zweiten Fall hat der Sprecher mit dem *Broken Tune* die Möglichkeit, eine ihm wichtige Haupttonsilbe – in unserem Beispiel: **far** – durch Tonhöhenverschiebung nach oben zusätzlich zu akzentuieren.

14.8 Die Tunes in Situationen

Der interessanteste Punkt in einer Tongruppe ist der *Nucleus,* die Silbe am Schluß, die den Hauptakzent trägt. Dort in erster Linie spielen sich die Tonbewegungen ab, die die innere Einstellung des Sprechers signalisieren. Die Stimmführung im Bereich von *Pre-head* und *Head* hat einen auf den Nucleus hinführenden Charakter. Die Trennungslinie zwischen *Nucleus* und *Tail* bleibt vage. Wir rechnen Silben, die noch zur unmittelbaren Tonbewegung auf dem *Nucleus* gehören, zum *Nucleus;* dies ist vor allem bei den *Tunes* der Fall, deren Tonbewegung man als *wave intonation* bezeichnen kann: *Fall-Rise* und *Rise-Fall.* Weitere danach folgende Silben werden zum *Tail* gezählt. Sie können manchmal eine Art Nachsatz darstellen.

Will man sich auf die *speaker's attitude* konzentrieren und zu diesem Zweck eine größere Zahl von Beispielsätzen heranziehen, so braucht man ein vereinfachtes Notationssystem, das sich in den orthographisch dargebotenen Satz einfügen läßt. Wir vernachlässigen zu diesem Zweck *Pre-head* und *Head* und gehen davon aus, daß wir in allen Fällen einen *Low Pre-head* und einen *Stepping Head* haben.

Die Tonsilben des *Head* erscheinen dann mit dem bekannten Akzentzeichen **(ˈtrain).** Dort, wo dieses Zeichen im Satz zum ersten Mal auftritt, beginnt der *Head;* die Silben davor gehören zum *Pre-head.* Im *Nucleus* brauchen wir für jeden der sechs Tunes ein besonderes Zeichen:

Low Fall:	**ˎtrain**	*Low Rise:*	**ˏtrain**
High Fall:	**ˋtrain**	*High Rise:*	**ˊtrain**
Fall-Rise:	**ˇtrain**	*Rise-Fall:*	**ˆtrain**

Die Silben des Tail bleiben entweder in einer tiefen Stimmlage oder sie setzen die Tonbewegung des *Nucleus,* z. B. nach oben, fort. Sind Tonsilben darunter, so erhalten sie wieder das übliche Betonungszeichen **(ˈtrain).** Manchmal benutzen wir die freibleibende Rubrik *Tail* auch für einen verdeutlichenden Nachsatz, der in seiner Intonation einen eigenen *Nucleus* haben kann.

Im normalen Kommunikationsprozeß stehen Sätze nie isoliert da, sondern sie sind immer in einen situativen Zusammenhang eingebettet, der mit der inneren Einstellung des Sprechers zu seiner Aussage in Wechselwirkung steht. Sobald wir also die *speaker's attitude* intensiv einbeziehen, haben wir den Satz in eine, wenngleich hier nur vage umrissene, äußere oder innere Situation gestellt.

Die Vielfalt der möglichen Nuancen kommt dadurch zustande, daß jeder *Tune* mit jedem grammatischen Satztypus eine besondere Schattierung signalisieren kann. Die hauptsächlichen Satztypen sind Aussagesätze, Fragesätze, Befehlssätze, Ausrufe. Jeder Typ kann positiv oder negativ auftreten: **I asked you to wait. – I didn't ask you to wait.** Mit einem Aussagesatz kann man eine Frage beantworten, eine Feststellung treffen, jemand auf etwas aufmerksam machen, eine andere Aussage kommentieren usw. Ohne näher zu differenzieren, fassen wir solche Sätze zu *Statements* zusammen. Fragen werden danach unterschieden, ob sie ein Fragewort haben oder nicht. Mit O'CONNOR/ARNOLD (1961) nennen wir die Fragen mit Fragewort *Special Questions* und die ohne Fragewort *General Questions*. Aufforderungen werden mit *Command* bezeichnet, und auf *Interjections* müssen wir aus Platzgründen verzichten. Mit den Angaben zur *speaker's attitude* folgen wir weitgehend O'CONNOR/ARNOLD (1961: 32–71).

Unser Schema **The Tunes in Situations** (Seite 220/221 und 222/223) mit in englischer Sprache gehaltenen Angaben zur *speaker's attitude* bringt zu jedem grammatischen Satztypus innerhalb eines der sechs *Tunes* zwei Beispielsätze. Soweit möglich, erscheinen in den verschiedenen Rubriken oft Sätze gleichen oder fast gleichen Wortlautes, damit deutlich wird, wie die Intonation bei gleichbleibender semantischer Bedeutung eine wechselnde zusätzliche Information über die (situationsbedingte) innere Haltung des Sprechers übermitteln kann. Bitte sprechen Sie die 48 Sätze laut. Als weitere Verständnishilfe werden dann im folgenden die möglichen Zusatzbedeutungen nochmals in deutscher Sprache näher ausgeführt.

The Tunes in Situations

	Speaker's attitude	Sentence structure	Pre-head (except if in brackets)
Low Fall	final; neutral; detached	Special Question	
		General Question	
		Statement	You It's not the one she
		Command	
High Fall	inquisitive	Special Question	
	reminding	General Question	
	very concerned; warning	Statement	It must You'll
	concerned; urging warning	Command	
Fall-Rise	surprised; puzzled; unbelieving	Special Question	(What are you playing?)
	not understanding the question pleasantly requesting	General Question	(Do you like plays?) Surely you can
	incomplete statement; mildly suggesting mildly warning	Statement	You can You are going to
	(pleasantly) suggesting or urging	Command	

Head	Nucleus	Tail (except if in brackets)
ˈHow are you so	ˎsure?	
ˈWhere are you	ˎgo-	-ing?
ˈDon't you ˈthink you ought to	ˎdo	that?
ˈCan't you ˈget that	ˎco-	-pied?
	ˎlike him,	(ˎdon't you?)
	ˎwants.	
ˈCarry	ˎon.	
ˈDon't be so im-	ˎper-	-tinent!
ˈWho were you	ˋtal-	-king to?
ˈWhere on ˈearth are you	ˋgo-	-ing?
ˈDon't you ˈthink it is ˈhigh ˈtime to	ˋdo	that?
ˈShouldn't that have been	ˋco-	-pied by now?
ˈdefinitely be ˈfinished on	ˋtime.	
ˈmiss your	ˋtrain.	
ˈKeep on	ˋtry-	-ing.
ˈDon't be so im-	-ˋper-	-tinent!
ˈWhere are you	go ˇ ing?	
ˈWhat are we	play ˇ ing?	
ˈDo I like	ˇ what?	
ˈget that	co ˇ pied	for me straight away?
	ˇ type	them if you like.
ˈmiss your	ˇ train.	
	Carry ˇ on.	
ˈDon't always be so im-	ˇ -per-	-tinent!

	Speaker's attitude	Sentence structure	Pre-head (except if in brackets)
Low Rise	mildly sceptial or suspicious	Special Question	
	neutral question; objective	General Question	
	mildly critical; non-final	Statement	We You'l
	(gently) suggesting or warning	Command	
High Rise	asking the question for the sec. time; unbelieving; suspicious	Special Question	
	insistent; suspicious	General Question	It's
	emphatic; impatient	Statement	But I But you were
	persuasive not understanding; unbelieving	Command	('Keep on 'trying.)
Rise-Fall	challenging; shocked; disapproving	Special Question	How on earth can
		General Question	Are you
	exaggerated exaggerated and ironic	Statement	It'll take
	shrugging off responsibility; not caring; sarcastic	Command	

Head	Nucleus	Tail (except if in brackets)
ˈHow are you so	↗sure?	
ˈWhere are you	↗go-	-ing?
ˈAre you going to	↗do	that now?
ˈCan you get that	↗co-	-pied as usual?
ˈmust ˈfinish it	↗some-	-time.
ˈprobably ˈmiss your	↗train	(if you ˈdon't hurry up.)
ˈCarry	↗on.	
	↗Now, ↗now!	(ˈDon't be so imˈpertinent!)
ˈWho were you	ˊtal-	-king to? (Anyone I know?)
ˈWhat did you	ˊtell	him?
ˈnot the one she	ˊˈwants,	you say?
ˈDid you ˈsay that you	ˊweren't	going to do that?
	ˊtold	you I couldn't ˈfinish it on ˈtime
	ˊtal-	-king to him only ˈyesterday.
ˈDo ˈkeep on	ˊtry-	-ing.
ˈKeep on	ˊtry-	-ing? (What do you mean?)
ˈWho were you	tal^king	to?
	^I	do that?
	^sure	that's the same person?
ˈAren't you	^al-	-ways going to the cinema?
ˈTrains are out-	^ra-	-geously expensive nowadays.
	^years	to finish that.
ˈKeep on	^try-	-ing. (don't give up so ˈeasily.)
ˈAlright – be im-	^per-	-tinent, (if you must!)

14.8.1 Bedeutung der Tunes in Satztypen

1. *Low Fall.* Daß Fragen mit Fragewort einen *final fall* haben, ist im Deutschen selten, im Englischen sehr häufig. Die Frage erheischt dann wirklich Antwort und klingt ernst, neutral und vielleicht etwas distanziert und kühl. Bei Fragen ohne Fragewort ist dieser Tonfall selten. Er verleiht der Frage einen eindringlichen bis ungeduldigen Charakter. Aussagesätze und Aufforderungen mit *Low Fall* klingen ruhig und überlegt, aber auch endgültig und fest. Echte Befehle, die keine Widerrede offen lassen, können niemals *final rise* haben.

2. *High Fall.* Die gegenüber dem *Low Fall* etwa doppelt so große Tonbewegung drückt generell eine stärkere innere Beteiligung des Sprechers aus. Fragen mit *High Fall* wirken forschend oder gar besorgt – und gerade daher meist nicht unfreundlich oder kalt. Die *General Question* kann mit diesem Tonfall eine gewisse Überraschung, Warnung oder Skepsis ausdrücken. Man kann damit jemand an schon Besprochenes oder an eingegangene Verpflichtungen erinnern. Auch Aussagesätze und Aufforderungen klingen mit dem *High Fall* anteilnehmend und warnend, eindringlicher und weniger kühl distanziert als mit dem *Low Fall.*

3. *Fall-Rise.* Fragen beider Arten mit *Fall-Rise* drücken Interesse, Überraschung, Erstaunen des Fragenden aus. Der Sprecher braucht diese *wave intonation* auch, um Fragen eines anderen, die er – tatsächlich oder scheinbar – nicht verstanden hat, als Echofragen zu wiederholen. Bei Aussagesätzen impliziert die Umleitung der Stimme nach oben eine Offenheit für Konzessionen. Man kann damit einen Vorschlag machen, ohne den Gesprächspartner zu brüskieren: der Ton deutet eine Bereitschaft an, dessen eigene Stellungnahme zu hören. Aufforderungen mit dem *Fall-Rise* haben etwas freundlich Abwartendes, etwas nur sanft Drängendes an sich. Sie schließen eine Gegenäußerung nicht aus.

4. *Low Rise.* Eine Fragewort-Frage mit diesem ruhig und maßvoll ansteigenden Ton klingt weit weniger distanziert und kritisch als mit *Low Fall.* Sie beinhaltet meist eine

freundliche Nachfrage; der Sprecher scheint mit dem Partner in Beziehung treten zu wollen. Die Frage kann aber auch ein wenig skeptisch oder mißtrauisch klingen. Für die Entscheidungsfrage (ohne Fragewort) dagegen ist der *Low Rise* der Normalfall: die neutrale, sachliche Frage entsteht mit diesem Ton. Aussagen mit *Low Rise* haben etwas deutlich Unabgeschlossenes und lassen Raum für einen *afterthought* des Sprechers oder des Partners. Manchmal klingen sie aber auch so, als ob der Sprecher in selbstsicherer Haltung beruhigend oder behutsam kritisierend auf sein Gegenüber einwirken wollte. Aufforderungen mit *Low Rise* richten sich meist an Kinder: linde ermunternd und manchmal mit dem Tonfall des väterlichen Freundes gesprochen.

5. *High Rise* ist die typische Intonation für Fragen, die zum zweiten Mal gefragt werden, weil man vorher etwas nicht verstanden hat oder etwas nicht glauben kann. *General Questions,* die direkte Fragen sind, können sowohl beharrlich und etwas mißtrauisch, als auch manchmal leicht hingesagt wirken. Sätze, die ihrer grammatischen Struktur nach Aussagen sind, werden mit dem *High Rise* in Fragen umgewandelt. Feststellungen klingen unabgeschlossen und lassen eine Fortsetzung der Äußerung erwarten. Aufforderungen mit dieser Stimmführung erscheinen eindringlich und zeigen den Willen des Sprechers, Überredungskunst einzusetzen. Der *High Rise* kann aber auch den Inhalt des *Command* ganz oder teilweise in Frage stellen oder überhaupt in eine Frage umwandeln.

6. *Rise-Fall.* Dieser steigend-fallende Wellenton am Ende einer Äußerung läßt diese kaum ruhig oder freundlich erscheinen. Starke Gemütsbewegungen stehen im Hintergrund. Der Sprecher kann tief beeindruckt oder sogar schockiert sein, er kann sich aber mit diesem Ton auch selbstbewußt und überlegen äußern. Fragen haben dabei oft einen Anflug von Herausforderung und Gegnerschaft. Bei Aussagen dient der *Rise-Fall* vor allem zur Intensivierung und ersetzt häufig ein *even.* Er eignet sich daher auch gut zur (ironischen) Übertreibung. Befehle mit dem *Rise-Fall* können schroff bis feindselig wirken – wenn sie

nicht ein gewisses wegwerfendes Desinteresse beinhalten. Im Falle von *Special Question, Statement* und *Command* kann der *Rise-Fall* überdies dazu dienen, sich mit einem Achselzucken aus der Affäre zu ziehen und leichthin oder sarkastisch jede Verantwortung zurückzuweisen.

14.8.2 **Question-tags.**

Diese in der englischen Umgangssprache so beliebten und in einer ganzen Reihe von Strukturvarianten auftretenden Anhängsel-Fragen (deutsch stereotyp: **„nicht wahr"**) müssen noch erwähnt werden. Wir haben eine unter *Low Fall* in unsere Beispiel-Übersicht aufgenommen:

You ˎlike him, ˎdon't you?

Der Satz hat also eigentlich einen zweiten *Nucleus* bei dem die *Low-Fall*-Tonbewegung des ersten *Nucleus* erneut auftritt. Diese hier gewählte Stimmführung ist eine von zwei hauptsächlichen Möglichkeiten. Sie bedeutet, daß der Sprecher entweder eine offensichtliche Wahrheit ausspricht oder daß er – wie hier – der Richtigkeit seiner Äußerung ziemlich sicher ist und Zustimmung erwartet. Will er dagegen eine echte Frage stellen, um die – möglicherweise andere – Meinung des Gesprächspartners zu erforschen, so wählt er den *Low Rise.*

You ˎlike him, ˏdon't you?

Wenn man will, kann man diese Intonation als einen über mehrere Silben verteilten *Fall-Rise* auffassen. Das gleiche Verhältnis zwischen *speaker's attitude* einerseits und *Low Fall* oder *Low Rise* andererseits gilt auch, wenn der Vordersatz negativ ist:

You don't ˎlike him, ˎdo you?

Der Sprecher weiß oder ist ziemlich sicher, daß das so ist.

You don't ˎlike him, ˏdo you?

Der Sprecher will wissen, ob seine Annahme richtig ist und erwartet eine – gegebenenfalls widersprechende – Antwort.

Wenn der *Question-tag* nur ein bekräftigender Zusatz zu einer ohnehin zustimmenden Antwort ist, so hat er *Low Fall.*

They like him. – Yes, they ↘do, ↘don't they?
They don't like him. – No, they ↘don't, ↘do they?

Es gibt noch eine weitere Art des *Question-tag,* die Sarkasmus oder eine gewisse Trotzhaltung ausdrückt. Sie stellt insofern einen Sonderfall dar, als dabei nicht der übliche Wechsel zwischen affirmativ und negativ und umgekehrt auftritt. Dieser *Question-tag* wird mit einem nur geringfügig aufsteigenden *Low Rise* gesprochen:

He likes your sister. – Oh, he ↘does, ↗does he?
He doesn't like your sister. – Oh, he ↘doesn't, ↗doesn't he?

A13 AUFGABE 13: 24 Sätze mit Hinweisen zur *speaker's attitude.* Der halbfett gedruckte *Nucleus* ist die Stelle, auf der die Tonbewegung stattfindet, die einem der sechs *Tunes* entspricht. Unter den danach folgenden Silben können noch solche mit Betonung sein. Aber diese Betonung ist abgeschwächt und nicht mit einem besonderen Tonhöhenunterschied verbunden.
Setzen Sie in den freien Raum den *Tune* ein, mit dem nach Ihrer Meinung ein Sprecher, der die angegebene innere Haltung hat, den Satz sprechen würde! – Lesen Sie die Sätze laut!

Aufgabe 13: *(Der intendierte Nucleus ist halbfett gedruckt)*

		Tune	Speaker's attitude
1.	How do you say that in **English?**		neutral; detached
2.	Watch **out!**		concerned; warning
3.	Be careful with the **baby!**		mildly warning
4.	Do you like traveling by **train?**		neutral; genuine question
5.	How can that possibly be **changed** now?		challenging
6.	Why **not?**		completely puzzled; not understanding

		Tune	Speaker's attitude
7.	You've written **how** many books?		unbelieving; inquiring for the 2nd time
8.	Why have you told me **that?**		mildly suspicious
9.	**Tell** them (if you like)		not caring; shrugging off responsibility
10.	Don't you play the **piano?**		neutral; non-final; seeking affirmation
11.	Petrol is **terribly** expensive.		shocked; intensifying
12.	Don't get **excited!** Keep your **hair** on!		neutral; detached
13.	What are you trying to **say?**		puzzled; pleasantly inquiring
14.	It was absolutely **marvellous.**		very enthusiastic and interested
15.	Can't **I** do anything to help?		insistent; impatient
16.	It's a nice **day,** isn't it?		neutral; detached
17.	Can you **afford** a sports car?		disapproving
18.	Did you enjoy the **party?**		neutral; mildly sceptical
19.	I don't think I can **manage** that.		reluctant; incomplete statement
20.	I've **seen** that film.		neutral; detached
21.	What are you **doing** here?		inquisitive
22.	Repeat after **me.**		(gently) suggesting
23.	When did you say you were at my **place?**		unbelieving; inquiring for the 2nd time
24.	But why did you have to **repeat** that?		inquisitive

15. **Lösungen der Aufgaben**

T R A N S K R I P T I O N I

AUFGABE 1 (Lösung)

George and Mary at the Hotel

George — Well, here we are! Eighteen and a half minutes past seven. Not bad going, considering the traffic we've had on the way.

Mary — Are you sure this is the hotel?

George — Why, yes. It says "Grand Hotel" on the front, doesn't it?

Mary — It doesn't look very grand to me. In fact, it could do with a coat of paint. I don't think I'm going to like it.

George — Oh, come on, Mary! Old Robinson recommended it. And I should think he's fussy about where he stays. Unpretentious and reasonable, he said.

Mary — Let's hope it's better inside. There's no harm in trying it, I suppose.

(Inside the hotel).

Mary — So this is our room! It's not very big, is it? You did ask for a double room, I suppose?

George — Of course I did. It is on the small side, I admit. But I don't expect we'll be spending much time in here.

Mary — We have to sleep here. Just let me have a closer look at the bedclothes. I might have known it! The sheets haven't been aired.

(Adapted from Arnold/Gimson, *English Pronunciation Practice*, London 1969, 1. Auflage 1965, S. 72.)

TRANSKRIPTION II

AUFGABE 2 *(Lösung)*

ə ˈskuːlbɔi huː əd bi(ː)n ˈwəːkiŋ ə ˈguˈdiːl ət əˈriθmətik ˈkeim ˈhəum wʌn ˈsʌmə fə hiz (fəriz) ˈhɔlədeiz. ˈwʌn ˈiːvniŋ ðεə wə ˈtuː ˈrəust ˈpidʒinz ɔn ðə ˈdinəˌteibl; ən(d) ðə ˈbɔi huː ˈθɔːt (h)imself ˈveri ˈsmɑːt ˈsed tu (h)iz ˈfɑːðəˌ ai kən ˈpruːv tə juː bai əˈriθmətik ðət ˈðəuz ˈtuː ˈpidʒinz ə ˈθriː. ˈəu sed (h)iz ˌfɑːðə ˈhɑu djuː (du jə) ˈmænidʒ ˈðæt? ˈwel ˈðis iz ˈwʌn ən(d) ˈðæts ˈtuː; ən(d) ˈwʌn ən ˈtuː meik ˈθriː. hɑu ˈveri ˈklevə(r) ikˌskleimd (h)izˌfɑːðəˌ ðen jɔː (juə) ˈmʌðə ʃl hæv ðə ˈfəːst ˈail ˈiːt ðə ˈsekənd ənd ˈjuː kən ˌhæv ðə ˈθəːd.

A schoolboy who had been working a good deal at arithmetic, came home one summer for his holidays. One evening there were two roast pigeons on the dinner table; and the boy, who thought himself very smart, said to his father, “I can prove to you by arithmetic that those two pigeons are three.” “Oh!” said his father, “how do you manage that?” “Well, this is one, and that is two; and one and two make three.” “How very clever!” exclaimed his father. “Then your mother shall have the first, I’ll eat the second, and you can have the third.”

(Adapted from D. Jones, *Phonetic Readings in English,* Carl Winter, Heidelberg [3]1964, pp. 6 und 57.)

AUFGABE 3 (Lösung)

1. a)	/ˈlepəd/	l)	/ˈbutʃə/
b)	/əˈprentis/	m)	/ˈθʌrə/
c)	/wəːm/	n)	/vɑːz/
d)	/ˈædʒail/	o)	/jɔt/
e)	/ˈkuʃən/	p)	/ˈbælkəni/
f)	/ˈsəːkit/	q)	/ˈmɑːtə/
g)	/sjuːˈpəːfluəs/	r)	/pəˈtikjulə/
h)	/ˈresipi/	s)	/ˈsiːzə/
i)	/ˈledʒ(ə)nd/	t)	/ruːˈtiːn/
k)	/plæd/	u)	/riˈwɔːd/

2. a)	4, 1, 2, 5, 3;	b)	3, 5, 4, 1, 2

3. a)	ja	f)	ja
b)	nein	g)	ja
c)	nein	h)	ja
d)	ja	k)	nein
e)	ja		

AUFGABE 4 *(Lösung)*

1. a)	ride	e)	rose
b)	plays	f)	played
c)	lied	g)	grows
d)	bowed		

2. a)	/steik/	g)	/wɔːk/
b)	/fəuk/	h)	/kəult/
c)	/sut/	i)	/kɔf/
d)	/ˈælibai/	k)	/ˈɛə.həustis/
e)	/pɛə/	l)	/ˈnaiilist/
f)	/geidʒ/	m)	/ˈʃəuldə/

3. a) [ɑː] e) [daə]
b) [baə] ([baː]) f) [sə'saːti]
c) [ʃɑː] g) [ʃa(ɛ)ə]
d) [faː] h) [gəuə]

AUFGABE 5 (siehe Lösung Seite 234/235)

AUFGABE 6 *(Lösung)*

1.
a) plosiv, bilabial, stimmlos
b) frikativ, dental, stimmhaft
c) nasal, velar, stimmhaft
d) frikativ, labio-dental, stimmlos
e) affrikativ, palato-alveolar, stimmhaft

2.

a)	court – caught	g)	threw – through
b)	throne – thrown	h)	right – write
c)	reign – rain	i)	nor – gnaw
d)	new – knew	k)	wood – would
e)	no – know	l)	knight – night
f)	weigh – way	m)	nun – none

3.
a) [iz it'ʃuəz]
b) [didʒu'gəu]
c) nein
d) [hævju'tɔːtʃet]
e) [hi'ʒʒel]
f) nein

TRANSKRIPTION III
AUFGABE 5, Discrimination Exercise *(Lösung)*

1. The **cup** is underneath the **cap.**
2. Let's **march** to the **match.**
3. It won't **harm** if we **hum** while we eat the **ham.**
4. It was impossible to **budge** the **barge.**
5. The **cat cut** across in front of the **cart.**
6. I **wonder** whether he wants the **lock done.**
7. You're **nuts not** to take the chance.
8. If we're **lucky,** we can **lock-**up before six.
9. I do **not** like the **colour** of that **collar.**
10. I'm **sorry** but the **gun** is **gone.**
11. It's so **warm** I'd prefer to go for a **walk** than to **work.**
12. **Turks talk** a lot.
13. **Word** quickly went round the **ward** that the doctor was coming.
14. **Worms** like **warm** weather.
15. I **warn** you, the **world** is not as it should be.
16. Mum'll be raging, we've broken the **bowl** with the **ball.**
17. **Haul** the **whole** lot over here to the **hole.**
18. If **Paul** falls from that **pole,** he's finished.
19. I **bought** this **boat** cause I think it's **cosy.**
20. It's **gnawing** at me, **knowing** that he's coming too.
21. Don't let's have a **row,** just **row** on.
22. Her **bow** fell off just as she was about to **bow.**
23. We used to have the **sow** in this field but we're going to **sow** seeds here now.

1.	kʌp	kæp		
2.	mɑːtʃ	mætʃ		
3.	hɑːm	hʌm	hæm	
4.	bʌdʒ	bɑːdʒ		
5.	kæt	kʌt	kɑːt	
6.	ˈwʌndə	wɔnts	lɔk	dʌn
7.	nʌts	nɔt		
8.	lʌki	lɔk		
9.	nɔt	ˈkʌlə	ˈkɔlə	
10.	ˈsɔri	gʌn	gɔn	
11.	wɔːm	wɔːk	wəːk	
12.	təːks	tɔːk		
13.	wəːd	wɔːd		
14.	wəːmz	wɔːm		
15.	wɔːn	wəːld		
16.	bəul	bɔːl		
17.	hɔːl	həul	həul	
18.	pɔːl	pəul		
19.	bɔːt	bəut	kəuzi	
20.	ˈnɔːiŋ	ˈnəuiŋ		
21.	rɑu	rəu		
22.	bəu	bɑu		
23.	sɑu	səu		

AUFGABE 7 (Lösung)

Voiced Consonants + /z/	Vowels or Diphthongs + /z/
Nouns (plural or possessive case)	
1	2
fields	characters
demands	personalities
preparations	supporters
instructions	everybody's
wilds	boarders
ones	ancestors
moods	years
	selectors
	days
	enemies
Verbs (3rd person present)	
5	6
seems	is
comes	has
happens	rallies
belongs	qualifies
recalls	does
remains	
loves	
raves	
falls	

Voiced Consonants + /d/	Vowels or Diphthongs + /d/
Verbs (Past Tense or Past Participle)	
9	10
described	said
joined	discovered
blamed	bestowed
received	considered
	required

Sibilants or Affricates + /iz/	Voiceless Consonants + /s/
distances 3	backs 4 ramparts limits tricks moment's tactics purists sweets
charges 7 supposes	casts 8 elects makes rants

Plosives (/t/ or /d/) + /id/	Voiceless Consonants + /t/
intended 11 alerted united premeditated unexpected regarded admitted	passed 12 finished

AUFGABE 8 (Lösung)

Voiced Consonants + /z/	Vowels or Diphthongs + /z/
Nouns (plural or possessive case)	
1	2
films	projectors
recordings	pictures
means	cameras
electrons	numbers
programmes	industries
Britain's	
hundreds	
playings	
machines	
Verbs (3rd person present)	
5	6
comes	is
moves	has
means	

Voiced Consonants + /d/	Vowels or Diphthongs + /d/
Verbs (Past Tense or Past Participle)	
9	10
called	heard
plugged	employed
involved	replayed
seemed	said
formed	had
scanned	
turned	

Sibilitants or Affricates + /iz/	Voiceless Consonants + /s/
cartridges 3	sets prints techniques costs 4
7	works 8

Plosives (/t/ or /d/) + /id/	Voiceless Consonants + /t/
invented recorded printed eliminated expected 11	produced developed announced 12

1.	Your **progress** in English is slow but remember you are **progressing.**	ˈprəugres	prəuˈgresiŋ
2.	We've **increased** the numbers and we expect an **increase** in output.	inˈkriːst	ˈinkriːs
3.	These **records** sound better when they're **recorded.**	ˈrekɔːdz	riˈkɔːdid
4.	I **object** to your last remark, in fact, I dislike being the **object** of your discussion.	əbˈdʒekt	ˈɔbdʒikt
5.	I think the **advertisement** is good, but I dont't think that particular perfume is worth **advertising.**	ədˈvəːtismənt	ˈædvətaiziŋ
6.	There seem to be quite a few **absent** today. I do hope they have good reason for **absenting** themselves.	ˈæbsənt	æbˈsentiŋ
7.	He's continually trying to **perfect** his accent and it's quite **perfect** as it is.	pəˈfekt	ˈpəːfikt
8.	The police **suspect** him but I'm not sure they're right in holding him as a **suspect.**	səsˈpekt	ˈsʌspekt
9.	He's such an **insulting** type, that really, he's an **insult** to the college.	inˈsʌltiŋ	ˈinsʌlt

10. My Goodness, it's so hot here, it's just like being in the **desert!** I think we'd best have ice-cream for **dessert.**	ˈdezət	diˈzəːt
11. In taking English as a main **subject,** you **subject** yourself to a lot of work.	ˈsʌbdʒikt	səbˈdʒekt
12. On a day with **frequent** showers, I **frequent** such places.	ˈfriːkwənt	friˈkwent
13. The theatre **entrance** is difficult to find, but worth looking for because it's a performance that will **entrance** you.	ˈentrəns	inˈtrɑːns
14. A very polite gentleman could say: "Will you **permit** me to say that to fish here you need a **permit**".	pəˈmit	ˈpəːmit
15. The **transport** of this furniture is going to be expensive, but what can we do? We can't **transport** it ourselves.	ˈtrænspɔːt	trænsˈpɔːt
16. Now that all our colleagues are **present,** we would like to **present** you, Mr Doyle, with this gift.	ˈpreznt	priˈzent
17. Your **accent** is perfect, it's just sometimes you **accent** the wrong syllable.	ˈæksənt	ækˈsent
18. They **conducted** him to jail. Up to this his **conduct** had been perfect.	kənˈdʌktid	ˈkɔndʌkt

A K Z E N T I I:

AUFGABE 10 *(Lösung)*

1.	A **politician** must learn to be **political.**	ˌpɔliˈtiʃən pəˈlitikəl
2.	How long has he been in **politics?**	ˈpɔlitiks
3.	Shriver: “I’m not a member of an organized political party – I am a **Democrat**”.	ˈdeməkræt
4.	“In a **democracy,** at least theoretically, the people rule themselves”.	diˈmɔkrəsi
5.	The **Democratic** Vice Presidential candidate is emerging as the cutting edge of the McGovern campaign.	ˌdeməˈkrætik
6.	He’s quite a **personality,** that chap that writes the **personal** column.	ˌpəːsəˈnæliti ˈpəːsnl
7.	When you attribute personal nature to something. abstract, you then **personify** it.	pəːˈsɔnifai

8.	The **photographer** did take a very good **photograph.** But then, you know, she's very **photogenic.**	fəˈtɔgrəfə ˈfəutəgrɑːf ˌfəutəuˈdʒenik
9.	He's not only **intelligent,** he's also **intellectual.**	inˈtelidʒənt ˌintiˈlektʃuəl
10.	We should try to develop our **intellects.**	ˈintilekts
11.	He hasn't a **particle** of sense.	ˈpɑːtikl
12.	I told you for no **particular** reason.	pəˈtikjulə
13.	It is a **particularity** of that party.	pəˌtikjuˈlæriti
14.	I'm quite **familiar** with the problems of that **family.**	fəˈmiljə ˈfæmili
15.	**Familiarity** can help, if you want to learn the language.	fəˌmiliˈæriti
16.	The **competition** is about to begin. Will the **competitors** please come forward.	ˌkɔmpiˈtiʃən kəmˈpetitəz
17.	He's very **competent,** I'm glad to recommend him.	ˈkɔmpitənt
18.	**Hypocrites** are **hypocritical** and practice **hypocrisy** all the time.	ˈhipəkrits ˌhipə(u)ˈkritikəl hiˈpɔkrəsi
19.	The **mechanism** of this **machine** is quite simple.	ˈmekənizəm məˈʃiːn
20.	He's a **mechanical** engineer.	miˈkænikəl

(1) ▫ □ ▫ ▫ □ ▫ ▫ □ ▫ ▫

(2) ▫ □ ▫ □ ▫ □ ▫ □

(3) ▫ □ ▫ ▫ □ ▫ ▫ □ ▫ ▫ □

1.	He ˈsays that he ˈwants us to ˈtake it aˈway.	3
2.	I ˈlike to sit ˈdown with a ˈgood cigaˈrette.	3
3.	I ˈwonder if ˈDavid has ˈheard of it?	1
4.	I ˈalways ˈlike a ˈcup of ˈtea.	2
5.	He ˈplayed us a ˈtune on the ˈgramophone.	1
6.	I ˈwanted to ˈfinish my ˈlibrary ˈbook.	3
7.	I ˈknow you ˈdidn't ˈmean to ˈhurt.	2
8.	I ˈcan't forˈget the ˈthings he ˈsaid.	2
9.	It ˈwon't be the ˈfirst time I've ˈgone without ˈlunch.	3
10.	He ˈdid his ˈbest to ˈsave the ˈchild.	2
11.	That's ˈnothing to ˈdo with the ˈargument.	1
12.	I ˈought to have ˈsent her a ˈChristmas card.	1
13.	A ˈwoman has ˈfallen and ˈbroken her ˈleg.	3
14.	A ˈglass of ˈbeer is ˈwhat I ˈneed.	2
15.	You ˈought to ˈknow the ˈway by ˈnow.	2
16.	Now ˈwhat have I ˈdone with my ˈhandkerchief?	1
17.	They ˈsaid they ˈhad to ˈleave at ˈonce.	2

18.	I ˈshouldn't have ˈthought he could ˈget here in ˈtime.	3
19.	Whenˈever you ˈcan you must ˈvisit us.	1
20.	I ˈtold him ˈnot to ˈgo aˈway.	2
21.	He ˈleft the ˈroom wiˈthout aˈword.	2
22.	A ˈfriend of mine's ˈmarried a girl from aˈbroad.	3
23.	She ˈpromised to ˈcarry it ˈcarefully.	1
24.	I ˈsee he's forˈgotten to ˈleave his adˈdress.	3
25.	I ˈnever say ˈno to a ˈhot cup of ˈtea.	3
26.	Apˈply for a ˈpost as a ˈlecturer.	1
27.	We ˈought to be ˈgrateful we ˈhaven't to ˈpay.	3
28.	He ˈhas to ˈgo to ˈwork at ˈeight.	2
29.	Reˈmember to ˈget me aˈnother one.	1
30.	You ˈknow that we ˈought to disˈcuss it to ˈday.	3

*"n't" counts as a syllable

Adapted from W. St. Allen, *Living English Speech,* London 1965, 1. Auflage 1954.

TRANSCRIPTION III, AUFGABE 12
(Lösung)

M: I must be going home now.
G: Don't leave me alone. – I feel depressed.
M: You were screaming for peace just now. – I'll be here first thing in the morning.
G: I wish you were coming with me. – I shall be utterly lost with some dreary temporary African.
M: Is Liz coming to the station?
G: No.
M: Why don't you go round and see her?
G: You know perfectly well. She's still in a rage. I haven't seen her for a week.

M: I must be going home now.
G: Don't leave me alone. – I feel depressed.
M: You were screaming for peace just now. I'll be here first thing in the morning.
G: I wish you were coming with me. – I shall be utterly lost with some dreary temporary African.
M: Is Liz coming to the station?
G: No.
M: Why don't you go round and see her?
G: You know perfectly well. She's still in a rage. I haven't seen her for a week.

FORMAL COLLOQUIAL

1 ai ˈmʌst bi ˈgəuiŋ ˈhəum ˈnɑu./
2 ˈdəunt liːv miː əˈləun/ ai ːfiːl diˈprest./
3 juː wəː ˈskriːmiŋ fə ˈpiːs dʒʌst ˈnɑu./ai l
4 biː hiə ˈfəːst ˈθiŋ in ðə ˈmɔːniŋ./
5 ai ˈwiʃ juː wəː ˈkʌmiŋ ˈwið miː/ai ʃæl bi
6 ˈʌtəli ˈlɔst wið sʌm ˈdriəri ˈtempərəri ˈæfrikən./
7 iz ˈliz ˈkʌmiŋ tə ðə ˈsteiʃən?/
8 ˈnəu./
9 ˈwai dəunt juː gəuˌrɑund æn(d) ˈsiː həː?/
10 juː nəu ˈpəːfiktli ˈwel./ ʃiː iz ˈstil in ə ˈreidʒ./
11 ai hævnt ˈsiːn həː fər ə ˈwiːk./

12 *FAMILIAR*
13 ai ms bi ˈgəuiŋ ˈhəum ˈnɑu/
14 ˈdəunʔ liːv mi əˈləun/ ai fiːl diˈprest./
15 ju wə ˈskriːmiŋ fə ˈpiːs dʒʌs ˈnɑu./ai l
16 bi hiə ˈfəːs ˈθiŋ in ðə ˈmɔːniŋ./
17 ai ˈwiʃ ju wə ˈkʌmiŋ ˋwið mi./ai ʃl bi
18 ˈʌtəli ˈlɔst wið sʌm ˌdriəri ˌtemp(r)əri ˈæfrikən./
19 ˈiz ˈliz kʌmiŋ tə ðə steiʃn?/
20 ˈnəu./
21 ˈwai dəuntʃu gəu ˌrɑund n ˈsiː ə?/
22 ju nəu ˈpəːfikli ˈwel./ʃi z ˈstil in ə ˈreidʒ./
23 ai ˈhævn ˈsiːn (h)ə fər ə ˈwiːk./

From *Present Laughter* by NOEL COWARD.
Adapted from J. D. O'CONNOR, *New Phonetic Readings*, Bern 1948, p. 51

AUFBABE 13

Sentences for INTONATION PRACTICE (Lösung)

		Tune	Speaker's attitude
1.	How do you say that in **English?**	*Low Fall*	neutral; detached
2.	Watch **out!**	*High Fall*	concerned; warning
3.	Be careful with the **baby!**	*Fall-Rise*	mildly warning
4.	Do you like traveling by **train?**	*Low Rise*	neutral; genuine question
5.	How can that possibly be **changed** now?	*Rise-Fall*	challenging
6.	Why **not?**	*High Rise*	completely puzzled; not understanding
7.	You've written **how** many books?	*High Rise*	unbelieving; inquiring for the 2nd time
8.	Why have you told me **that?**	*Low Rise*	mildly suspicious
9.	**Tell** them (if you like)	*Rise-Fall*	not caring; shrugging off responsibility
10.	Don't you play the **piano?**	*Low Rise*	neutral; non-final; seeking affirmation
11.	Petrol is **terribly** expensive.	*Rise-Fall*	shocked; intensifying
12.	Don't get **excited!** Keep your **hair** on!	*Low Fall*	neutral; detached
13.	What are you trying to **say?**	*Fall-Rise*	puzzled; pleasantly inquiring
14.	It was absolutely **marvellous.**	*High Fall*	very enthusiastic and interested

		Tune	*Speaker's attitude*
15.	Can't **I** do anything to help?	*High Rise*	insistent; impatient
16.	It's a nice **day,** isn't it?	*Low Fall*	neutral; detached
17.	Can you **afford** a sports car?	*Rise-Fall*	disapproving
18.	Did you enjoy the **party?**	*Low Rise*	neutral; mildly sceptical
19.	I don't think I can **manage** that.	*Fall-Rise*	reluctant; incomplete statement
20.	I've **seen** that film.	*Low Fall*	neutral; detached
21.	What are you **doing** here?	*High Fall*	inquisitive
22.	Repeat after **me.**	*Low Rise*	(gently) suggesting
23.	When did you say you were at my **place?**	*High Rise*	unbelieving; inquiring for the 2nd time
24.	But why did you have to **repeat** that?	*High Fall*	inquisitive

LITERATURVERZEICHNIS

Abercrombie, David
1965
Studies in Phonetics and Linguistics, London: Oxford University Press.

1967
Elements of General Phonetics, Edinburgh: University Press.

Alfes, Leonhard
1975
„Neue Transkriptionssymbole im ALD kontrovers“, *Die Neueren Sprachen,* 334–339.

1976
„Zur Abwandlung der Vokalumschrift im ALD“, s. ZE-Diskussion 1976.

Akhmanova, Olga
1971
Phonology, Morphonology, Morphology, Janua Linguarum, The Hague und Paris: Mouton.

Allen, W. Stannard
²1965
Living English Speech, (1. Auflage 1954) (mit 2 Tonspulen), London: Longman.

Armstrong, L. E. und Ward, I. C.
²1949
A Handbook of English Intonation, (1. Auflage 1926), Cambridge: Heffer.

Arnold, G. F. und Gimson, A. C.
⁴1969
English Pronunciation Practice, (1. Auflage 1965) (mit 1 Tonspule), London: University of London Press.

Arnold, Roland und Hansen, Klaus
⁴1968
Phonetik der englischen Sprache, VEB Enzyklopädie (1. Auflage 1965): Leipzig. (2. Auflage Lizenzausgabe München: Hueber 1975).

Barry, William J. und Gutknecht, Christoph
[3]1972
Practical English Phonetics. A Programmed Course in English Pronunciation, (mit 1 Tonspule), Hamburg: Buske.

Bierwisch, Manfred
1967
„Skizze der generativen Phonologie“ in: *Studia Grammatica VI,* 7–33, Berlin.

Bolinger, Dwight
[2]1975
Aspects of Language, (1. Auflage 1968), New York et al.: Harcourt Brace Jovanovich.

Branford, William
1967
The Elements of English, London: Routledge & Kegan Paul.

Buck, Timothy
[2]1971
Modern Phonetic Texts, (1. Auflage 1968), München: Hueber.

Bunjes, Werner E. und Dittmer, Detlev M.
1972
A Systematic Approach to English Pronunciation, München: Hueber.

Chomsky, N. und Halle, M.
1968
The Sound Pattern of English, New York, Evanston und London: Harper & Row.

Dieth, Eugen
1950
Vademecum der Phonetik, Bern: Francke.

Egersten, Erik
1974
Understanding American English, Stuttgart: Klett.

Friederich, Wolf
[2]1967
Englische Aussprachelehre, München: Hueber.

Fudge, Erik C.
1970
“Phonology” in Lyons, J., (Hrsg.), 76–95.

Fudge, Eric C. (Hrsg.)
1973
Phonology, Harmondsworth: Penguin.

Galinski, Hans
³1975
Amerikanisches und britisches Englisch. Zwei Studien zum Problem der Einheit und Verschiedenheit einer Weltsprache, (1. Auflage 1957) München: Hueber.

Germer, Erich
1970
Die Aussprache im Englischunterricht, Hannover und Dortmund: Schroedel-Lensing.
1976
„Die neuen Lautzeichen unter phonetischem, didaktischem und pragmatischem Aspekt", s. ZE-Diskussion 1976.

Gimson, A. C.
²1972
An Introduction to the Pronunciation of English, (1. Auflage 1962), London: Arnold.
1975
A Practical Course of English Pronunciation, (mit 1 Tonspule: "Pronunciation drills recorded by A. C. Gimson"), London: Arnold.

Halle, Morris
1974
„Die Strategie der Phonetik", in: Heike, G. (Hrsg.) 1974, 179–195.

Harkness, Shiona und Schmidt, Friedhold
1969
A Workbook of English Pronunciation, (mit 2 Langspielplatten), München: Hueber.

Heike, Georg (Hrsg.)
1974
Phonetik und Phonologie, Kritische Information, München: Fink.

Hill, L. A.
1961
Drills and Tests in English Sounds, London: Longmans.

Hornby, A. S., Gatenby, E. V. und Wakefield, H.
²1963
The Advanced Learner's Dictionary of Current English = (ALD), (1. Auflage 1948), London: Oxford University Press.

Hornby, A. S.
³1974
Oxford Advanced Learner's Dictionary of Current English (= OALD), (1. Auflage 1948), London: Oxford University Press.

Isačenko, Alexander V.
1974
„Hat sich die Phonologie überlebt?", in: Heike, G. (Hrsg.) 1974, 196–218.

James, A. R.
1975
„Problems and Progress in English Transcription“, *Die Neueren Sprachen,* 52–56.

Jones, Daniel
[9]1964 [a]
An Outline of English Phonetics, (1. Auflage 1918), Cambridge: Heffer.
[3]1964 [b]
Phonetic Readings in English, (1. Auflage 1955), Heidelberg: Winter.
[13]1967 [a]
English Pronouncing Dictionary, ed. by A. C. Gimson, (1. Auflage 1917), London: Dent.
[4]1967 [b]
The Pronunciation of English, (Paperback), (1. Auflage 1909), London: Cambridge University Press.

Kenyon, J. S. und Knott, T. A.
1953
A Pronouncing Dictionary of American English, Springfield (Mass.): G. & C. Merriam.

Kelz, Heinrich P.
1976
„Die neue Umschrift im ALD“, s. ZE-Diskussion 1976.

Keutsch, Muriel
1974
Praxis der englischen Aussprache, Tübingen: Niemeyer.

Kingdon, Roger
1958 [a]
The Groundwork of English Intonation, London: Longmans.
1958 [b]
The Groundwork of English Stress, London: Longmans.

Krieger, Klaus (Hrsg.)
1976
Elementary Dictionary of English, München: Langenscheidt-Longman.

Kufner, Herbert L.
1971
Kontrastive Phonologie Deutsch – Englisch, Stuttgart: Klett.

Ladefoged, Peter
1975
A Course in Phonetics, New York et al.: Harcourt Brace Jovanovich.

Leisi, Ernst
[6]1974
Das heutige Englisch, (1. Auflage 1955), Heidelberg: Winter.

Lewis, J. Windsor
1972
A Concise Pronouncing Dictionary of British and American English, London: Oxford University Press.
Lindner, Gerhart
1969
Einführung in die experimentelle Phonetik, Berlin: Akademie.
Loggen, Karl
1972
Didaktische Phonetik des Englischen im Studium des Sprachlehrers, Bad Heilbrunn: Klinkhardt.
Lyons, John, (Hrsg.)
1970
New Horizons in Linguistics, Harmondsworth: Penguin.
MacCarthy, Peter
[4]1965
English Pronunciation, (1. Auflage 1944), Cambridge: Heffer.
Malmberg, Bertil
1963
Phonetics, New York: Dover Publications.
Marckwardt, Albert H. und Quirk, Randolph
1964
A Common Language. British and American English. London: BBC. Berlin: Langenscheidt.
Martinet, André
1963
Grundzüge der Allgemeinen Sprachwissenschaft, (Orig.: Eléments de linguistique générale, Paris, Colin: 1960), Stuttgart: Kohlhammer.
1973
"Morphophonemics", in Fudge, E. C., (Hrsg.), 91–100.
Moulton, William G.
1962
The Sounds of English and German, Chicago: The University of Chicago Press.
Mutschmann, Heinrich und Scherer, Günther
1963
Englische Phonetik, Berlin: de Gruyter (Göschen).
O'Connor, J. D.
1948
New Phonetic Readings from Modern English Literature, Bern: Francke.

[6]1956
English by Radio. A Course of English Intonation, Stockholm: BBC.

[2]1963
Stress, Rhythm and Intonation, (1. Auflage 1959), (mit 2 Langspielplatten), Alhambra, Madrid: BBC.

1967
Better English Pronunciation, (mit Tonspulen), London: Cambridge University Press.

O'Connor, J. D. und Arnold, G. F.
1961
Intonation of Colloquial English. A Practical Handbook, London: Longman.

Pike, Kenneth L.
1945
The Intonation of American English, Ann Arbor: The University of Michigan Press.

Pilch, Herbert
[3]1974
Phonemtheorie, 1. Teil, (1. Auflage 1964), Basel und New York: Karger.

Pring, Julian T.
1959
Colloquial English Pronunciation, (mit 2 Schallplatten), London: Longman.

Quirk, Randolph, Greenbaum, S., Leech, G., Svartvik, J.
[3]1973
A Grammar of Contemporary English, (1. Auflage 1972), London: Longman.

Rauchbauer, Otto
1976
„Praktische Englische Phonetik an der Universität – Überlegungen zu einem Modell“, *Neusprachliche Mitteilungen* 1/1976, 17–22.

Robert, Paul
1971
Micro-Robert. Dictionnaire du français primordial, Paris: S.N.L.

Schane, Sanford A.
1973
Generative Phonology, Englewood Cliffs N. J.: Prentice Hall.

Scherer, Günther
[3]1968
Language Laboratory Drills in English Pronunciation and Intonation, (1. Auflage 1965), (9 Tonspulen), Berlin und Bielefeld: Cornelsen.

Scherer, Günther und Wollmann, Alfred
1972
Englische Phonetik und Phonologie, Berlin: Schmidt.

Schubiger, Maria
1958
English Intonation. Its form and function, Tübingen: Niemeyer.

1970
Einführung in die Phonetik, Berlin: de Gruyter (Göschen).

Serjeantson, Mary S.
1968
A History of Foreign Words in English, (1. Auflage 1935), London: Routledge & Kegan Paul.

Siebs, hrsg. v. de Boor, H., Moser, H. und Winkler, C.
[19]1969
Deutsche Aussprache, Berlin: de Gruyter.

Welte, Werner
1974
Moderne Linguistik: Terminologie/Bibliographie, 2 Bände, München: Hueber.

Wilkins, D. A.
1972
Linguistics in Language Teaching, London: Arnold.

ZE-Diskussion
1976
„Neue Lautzeichen im Advanced Learner's Dictionary, Stellungnahmen zum Pro und Kontra", *Zielsprache Englisch* 1/1976, 6–16.

Sachregister (und Abkürzungen)

Die Zahlen beziehen sich auf Seiten, die hochgestellten Zahlen auf Anmerkungen (= Fußnoten)

Namenregister

Die Zahlen beziehen sich auf die Seiten, die Hochzahlen auf die Anmerkungen (= Fußnoten).